课题资助号
2020AAA0108400
NSFC72210107001
NSFC72004114
XDA23020203

# "双碳"背景下产业、市场和数智技术研究

◎吴德胜 编

群言出版社
QUNYAN PRESS

**图书在版编目（CIP）数据**

双碳背景下产业、市场和数智技术研究 / 吴德胜编
. -- 北京：群言出版社，2024.6（2025.3重印）
ISBN 978-7-5193-0901-5

Ⅰ. ①双… Ⅱ. ①吴… Ⅲ. ①低碳经济—研究—中国
Ⅳ. ①F124.5

中国国家版本馆CIP数据核字（2024）第026841号

---

策划编辑：刘　波
责任编辑：孙平平
封面设计：尚丞印刷

出版发行：群言出版社
地　　址：北京市东城区东厂胡同北巷1号（100006）
网　　址：www.qypublish.com（官网书城）
电子信箱：qunyancbs@126.com
联系电话：010-65267783　65263836
法律顾问：北京法政安邦律师事务所
经　　销：全国新华书店

印　　刷：北京尚丞印刷科技有限公司
版　　次：2024年6月第1版
印　　次：2025年3月第2次印刷
开　　本：710mm×1000mm　1/16
印　　张：17.25
字　　数：220千字
书　　号：ISBN 978-7-5193-0901-5
定　　价：89.00元

# 顾问委员会

# 编委会成员

（按姓氏拼音排序）

主　编：吴德胜

编　委：安　晖　陈甲斌　陈凯华　陈　玲　丁肇勇　董祚继

金　锋　李奇霖　李卫海　李　悦　刘　超　刘练波

刘慕仁　聂宾汗　强海洋　孙　晋　王军生　王　喆

魏雪梅　吴　伟　许艳丽　杨　捷　杨　越　杨志明

殷　越　尤东晓　余红辉　张旭亮　赵风清　赵　吉

郑晓龙　周青燕　左　更

# 参与调研单位

鎄樻咽鎴泎峁一

奐龇簳泎

綵鍋　泎峁一

皠鍋　泎峁一

皠　　泎峁一

泎一

綵　妛泎

泎峁一

玜樜妛泎一

阧　妛泎一

麱緂

姺檏玃靓鎴嬑瘦銫　柌　　鎄艽

# 序 言

　　人类不可持续的生产和消费所导致的气候危机、生态危机和污染危机已经成为当前必须共同应对的全球性危机。能否找到恰当的突破口，通过话题引领和行动表率，深化命运共同体理念，寻求在《联合国气候变化框架公约》下更广泛、更紧密的国际气候合作，以及能否形成系统性的解决方案，兼顾气候治理长期目标与短期经济复苏需求，深化气候应对与其他领域的协同增效，实现多重效益联动，成为新形势下全球气候治理困境破解的关键。

　　2020年9月，国家主席习近平代表我国向世界作出庄严承诺：我国二氧化碳排放力争于2030年前达到峰值，努力争取2060年前实现碳中和。自此之后，我国各地掀起一股争取实现"双碳"目标的热潮，并为此作了大量人力和物力的投入。这表明我国上上下下对这个"双碳"目标的态度是十分严肃的，国际社会应该对我们这个"需要在不长时期内作出世上规模最大的碳减排"的国家有充分信心。

　　但同时我们自己也应深刻认识到：根据我们国家的能源资源禀赋以及目前所处的发展阶段，要真正在2060年前实现碳中和，困难非比寻常。这里面最大的困难是我们尚没有全面支持从"高碳社会"向"碳中和社会"转型的技术体系，因而绿色低碳的产业体系还需要在研发大量新技术的基础上才能逐步得到发展和确立，行业间的协调共进极其重要，分行业设计的路线图和有效的激励约束机制需要尽快完成。

为了更好地向政府制定相关政策和规划提供科学支撑，民盟中央组织了包括北京、广东、江西、山西、山东、河北、宁夏、新疆、广西等各地区民盟组织，以及来自民盟中央经济委、科技委、社会委、农业委在内的研究力量形成专项课题组，开展了题为"'双碳'背景下产业、市场和数智技术研究"的集成课题，聚焦煤炭、有色、电力、新能源、农业、金融等关键领域，就"双碳"背景下该产业发展的问题与挑战开展深入调研，并形成一系列调研报告、政策建议等课题成果。

2023年年底结束的《联合国气候变化框架公约（UNFCCC）》第28次缔约方大会（COP28）在很多议题上有突破性的进展，但离解决问题仍有非常大的差距，化石能源、可再生能源、碳捕集利用与封存、甲烷管控、生态碳汇、资金和碳市场等热点问题的解决仍然需要大量的科学技术和系统性解决方案。这也再次提示我们相关研究的重要性、必要性和紧迫性，而上述集成课题正是在聚焦这些关键问题的基础上展开的，此时将相关课题的成果集结出版是非常有意义的一件事。

是为序。

全国人大常委会委员

教育科学文化卫生委员会副主任

民盟中央专职副主席

张道宏

实现"碳达峰、碳中和"目标是一场深刻的经济社会系统性变革,任重而道远,不仅需要坚定不移的治理决心和切实有效的解决方案,还需要努力突破现有技术与社会认知的边界,形成全社会的共识与行动。

本书作为"'双碳'背景下产业、市场和数智技术研究"集成课题的重要成果,受民盟中央委托,在民盟中央相关领导的支持下,由中国科学院大学玉泉智库主任吴德胜教授组织编写而成。本书不仅汇聚了民盟"双碳"课题的调研成果,还以专栏的形式吸纳了20余位来自民盟各地区委员会、高校、科研院所研究团队和学者们的智慧和见解。这些研究为我们更好地理解"双碳"时代的机遇和挑战提供了独特的洞察力,并为实现可持续发展的目标提供了有力的理论和实践指导。

本书内容紧紧围绕"双碳"主题,划分为产业发展、市场机制和数智融合治理上中下3篇,总计11个章节,集合了11个地区民盟委员会的调研成果和30余位专家学者的研究成果,并提炼编写形成相应的摘要和政策建议。上篇为"双碳"背景下的产业发展,以煤炭产业、光伏产业、有色金属产业、农业和生态碳汇产业为代表,介绍了产业绿色低碳转型面临的机遇和挑战,指明可能的技术创新方向及相关产业发展动态,并立足于产业特色和地方实践着重分析实现双碳目标的现实路径,有针对性地提出政策意见。中篇为"双碳"背景下的市场机制,介绍了包括碳交易、碳税等工具在内的碳定价机制,结合我国碳排放权交易市场和绿色金融相关政策实践,重点分析了双碳目标下市场机制和金融工具的角色、机遇和挑战,给出我国碳市场及绿色金融发展的路线图展望。下篇为"双碳"背景下的数智治理,该篇根据地域边界以西北地区和黄河流域为例探讨我国区域综合能源转型和新型电力系统建设等问题,系统探讨了数字化、智慧化技术在转型中的应用,并以双碳背景下传统城市治理体系转型需求和应对策略为议题,提出城市"双碳"治理的总体思路和策略框架,为面向双碳的城市治理标准和工具选择提供理论基础和决策依据。

在此,特别要感谢所有顾问委员会的领导和老师们对本书编排的大力支持,感谢所有编委会成员为本书付出的辛苦努力和远见卓识,同时也感谢群言出版社对于本书出版给予的大力支持,他们的高效工作使得本书得以顺利面世。我们对以上机构和人员致以诚挚的感谢和敬意。

吴德胜

2023年8月　北京

为了有助于读者更好理解实现"双碳"的底层逻辑,我们邀请读者共同学习全国人大常委会副委员长、民盟中央主席、中国科学院院士丁仲礼的文章《深入理解碳中和的基本逻辑和技术需求》,作者从碳中和的基本概念入手,重点介绍完成碳中和的"技术需求清单",并在此基础上讨论几个公众比较关心的问题。

## 一、碳中和的概念

碳中和应从碳排放(碳源)和碳固定(碳汇)这两个侧面来理解。碳排放既可以由人为过程产生,又可以由自然过程产生。人为过程主要来自两大块,一是化石燃料的燃烧形成二氧化碳($CO_2$)向大气圈释放,二是土地利用变化(最典型者是森林砍伐后土壤中的碳被氧化成二氧化碳释放到大气中);自然界也有多种过程可向大气中释放二氧化碳,比如火山喷发、煤炭的地下自燃等。但应该指出:近一个多世纪以来,自然界的碳排放比之于人为碳排放,对大气二氧化碳浓度变化的影响几乎可以忽略不计。

碳固定也有自然固定和人为固定两大类,并且以自然固定为主。最主要的自然固碳过程来自陆地生态系统。陆地生态系统的诸多类型中,又以森林生态系统占大头。所谓的人为固定二氧化碳,一种方式是把二氧化碳收集起来后,通过生物或化学过程,把它转化成其他化学品,另一种方式则是把二氧化碳封存到地下深处和海洋深处。

过去几十年中,人为排放的二氧化碳,大致有54%被自然过程所吸收固定,剩下的46%则留存于大气中。在自然吸收的54%中,23%由海洋完成,31%由陆地生态系统完成。比如最近几年,全球每年的碳排放量大约为400亿吨二氧化碳,其中的86%来自化石燃料燃烧,14%由土地利用变化造成。这400亿吨二氧化碳中的184亿吨(46%)加入到大气中,导致大约2ppmv的大气二氧化碳浓度增加。

所谓碳中和,就是要使大气二氧化碳浓度不再增加。我们可以这样设想:我们的经济社会运作体系,即使到有能力实现碳中和的阶段,一定会存在一部分"不得不排放的二氧化碳",对它们一方面还会有54%左右的自然固碳过程,余下的那部分,就得通过生态系统固碳、人为地将二氧化碳转化成化工产品或封存到地下等方式来消除。只有当排放的量相等于固定的量之后,才算实现了碳中和。由此可见,碳中和同碳的零排放是两个不同的概念,它是以大气二氧化碳浓度不再增加为标志。

**二、我国二氧化碳排放来源及实现碳中和的基本逻辑**

我国当前二氧化碳年排放量大数在100亿吨左右,约为全球总排放量的1/4。这样较大数量的排放主要由我国的能源消费总量和能源消费结构所决定。

我国目前的能源消费总量约为50亿吨标准煤,其中煤炭、石油和天然气三者合起来占比接近85%,其他非碳能源的占比只有15%多一点。在煤、油、气三类化石能源中,碳排放因子最高的煤炭占比接近70%。我国能源消费结构中,煤炭占比如此之高,在世界主要国家中是绝无仅有的。约100亿吨二氧化碳的年总排放中,发电和供热约占45亿吨,建筑物建成后的运行(主要是用煤和用气)约占5亿吨,交通排放约占10亿吨,工业排放约占39亿吨。工业排放的四大领域是建材、钢铁、化工和有色,而建材排放的大头是水泥生产[水泥以石灰石($CaCO_3$)为原料,煅烧成氧化钙($CaO$)后,势必形成二氧化碳排放]。电力/热力生产过程产生的二氧化碳排放,其"账"应该记到电力消费领域。根据进一步研究,发现这45亿吨二氧化碳中,约29亿吨最终也应记入工业领域排放,约12.6亿吨应记入建筑物建成后的运行排放。所以我们说,我国工业排放约占总排放量的68%,如此之高的占比在所有主要国家中,也是绝无仅有的,这是由我国作为"世界工厂"、处在城镇化快速发展阶段、经济社会出现压缩式发展等因素所决定的。

根据我国二氧化碳的排放现状,我们就非常容易作出这样的推断:中国的碳中和需要构建一个"三端共同发力体系"。第一端是电力端,即电力/热力供应端的以煤为主应该改造发展为以风、光、水、核、地热等可再生能源和非碳能源为主。

第二端是能源消费端,即建材、钢铁、化工、有色等原材料生产过程中的用能以绿电、绿氢等替代煤、油、气,水泥生产过程把石灰石作为原料的使用量降到最低,交通用能、建筑用能以绿电、绿氢、地热等替代煤、油、气。能源消费端要实现这样的替代,一个重要的前提是全国绿电供应能力几乎处在"有求必应"的状态。

第三端是固碳端,可以想见,不管前面两端如何发展,在技术上要达到零碳排放是不太可能的,比如煤、油、气化工生产过程中的"减碳"所产生的二氧化碳,又比如水泥生产过程中总会产生的那部分二氧化碳,还有电力生产本身,真正要做到"零碳电力"也只能寄希望于遥远的将来。

因此,我们还得把"不得不排放的二氧化碳"用各种人为措施将其固定下来,其中最为重要的措施是生态建设,此外还有碳捕集之后的工业化利用,以及封存到地层和深海中。

### 三、电力供应端的技术需求

传统上,电力供应系统包括了发电、储能和输电三大部分,从现在业界经常谈到的"新型电力供应系统"的角度,还应把用户也统筹考虑在内。从实现碳中和的角度,我国未来的电力供应系统应该具备以下六方面特点。

一是电力装机容量要成倍扩大。我国目前的发电装机容量在24亿千瓦左右,如果考虑以下因素:(1)未来要实现能源消费端对化石能源的绿电替代和绿氢替代;(2)从世界大部分先发国家走过的历程看,人均GDP从一万美元到三四万美元之间,人均能源消费量还会有比较明显的增长;(3)风、光等波动性能源的"出工能力"只有传统火电的三分之一左右,那么我国2060年前的装机容量至少需要60亿到80亿千瓦。二是风、光资源将逐步成为主力发电和供能资源。其中西部风、光资源和沿海大陆架风力资源是主体,各地分散式(尤其是农村)光热资源是补充。三是"稳定电源"将从目前的火电为主逐步转化为以核电、水电以及综合互补的非碳能源为主。四是必须利用能量的存储、转化、调节等技术,弥补风、光资源波动性大的天然缺陷。五是火电还得有,但主要作为应急电源和一部分调节电源之用。与此同时,火电应完成清洁、低碳化改造,有条件的情况下,用天然气代替煤炭,以降低二氧化碳排放强度。六是在现有基础上,成倍扩大输电基础设施,把西部充沛的电力输送到中东部消纳区。与此同时,加强配电基础设施建设,增强对分布式能源的消纳能力。在这样的电力供应系统中,碳中和本身的目标要求未来电力的70%左右来自风、光发电,其他30%的稳定电源、调节电源和应急电源也要尽可能地减少火电的装机总量。

正因为如此,未来需要促进发电技术、储能技术和输电技术这三方面的"革命性"进步。

发电技术要为绿色低碳电力生产提供支撑。这里面需重点促进可再生能源发电技术的进步,特别是要注重发展以下技术:(1)光伏发电技术虽已发展到可平价上网的程度,但这类技术在降成本、增效率上还有潜力可挖;(2)太阳能热发电技术对电网友好,既可保证稳定输出,也可用于调峰,但目前发电成本过高,未来应在材料、装置上寻求突破;(3)风力发电技术也基本具备平价上网的条件,未来要在大功率风机制造、更高空间风力的利用、更远的海上风电站建设上下功夫;(4)地热分布广、总量大,但能量密度太低,如要将地热用于发电,还得重点突破从干热岩中提取热能的技术;(5)生物质能也是可再生能源,目前生物质能发电技术是成熟的,但其在总的电力供应上的占比较为有限;(6)海洋能和潮汐能的总量不小,但其利用技术有待进步;(7)传统的水电我国开发程度已经较高,未来在雅鲁藏布江、金沙江上游开发上还有较大潜力。除以上可再生能源发电以外,社会公众还得接受这样的现实:要达到碳中和,核电还得较大程度地发展,因为核电应作为"稳定电源"的重要组成部分。此外,火电还得在"稳定电源""应急电源""调节电源"方面发挥作用,正因为如此,"无碳电力"在很长时期内是难以实现的,除非我们把火电站排放出的二氧化碳收集起来再予以封存或利用。

储能技术在未来的电力供应系统中将占有突出的位置,这是因为风、光发电具有天然波动性,用户端也有波动性,这就需要用储能技术作出调节。可以这样说,如果没有环保、可靠并相对廉价的储能技术,碳中和目标就会落空。储能是最重要的电力灵活性调节方式,包括物理储能、化学储能和电磁储能三大类,而灵活性调节还有火电机组的灵活性改造、车网互动、电转燃料、电转热等方式和技术。

物理储能主要有四类。一是抽水蓄能电站,它是最成熟的技术,我国以东部山地为依托,已建、在建和规划中的抽水蓄能电站总量很大,但可再生能源丰富的西部如何建抽水蓄能电站还得探索。二是压缩空气储能,主要是利用地下盐穴、矿井等空间,该类技术在我国还处在起步阶段。三是重力储能,简单地说是利用悬崖、斜坡等地形,电力有余时把重物提起来,需要电力时把重物放下用势能做功,这类技术我国尚处在试验阶段。四是飞轮储能,这是成熟的技术,但其能量密度不高。

化学储能就是利用各类电池,大家熟知的有锂电池、钠电池、铅酸(碳)电池、液流电池、液态金属电池、金属空气电池、燃料电池(氢、甲烷)等。不同的电池有不同的应用场景,它们在未来的电力供应系统中具有不可或缺的地位,但今后会遇到电池回收、环保处理、资源供应等问题。

电磁储能主要是超级电容器和超导材料储能,目前看,它的作用还有待观察。

现有火电机组的灵活性改造是指使其"出工能力"具备灵活性,用电高峰时机组可以发挥100%发电能力,用电低谷时只"出工"20%或30%。这个技术一旦成熟,应该非常管用,尤其在实现"双碳"目标的早中期阶段,应将其作为主打技术。车网互动是指电动汽车与电网的互动。简单地说,今后大量的电动汽车整合起来就是一个非常庞大的储能系统,如果在电网电力有余时,它们中的一部分集中充电,而电力不足时,它们中的一部分向电网输电,这样就起到了平滑峰谷的作用。这个想法很美好,也有点"浪漫",但如何将理论上的可能性转化为实践中的可行性,估计还得创新商业模式。电转燃料就是把多余电力转化为氢气、甲烷等燃料,电力不足时再把燃料用于发电。电转热储能则是用水、油、陶瓷、熔盐等储热材料把多余的电转化为热储存,需要时再为用户放热。

新型电力供应系统的第三个主要组成部分是输电网络。从实现碳中和的逻辑分析,我国未来的电网将有以下几个突出特点:(1)远距离的输电规模将在现有的基础上增加数倍,意味着要把西部的清洁电力输送到东部消纳区,输电基础设施建设的需求巨大;(2)为了统筹、引导大空间尺度上的发电资源和用户需求,大电网应是基本形态;(3)贴近终端用户(如工业园区、小城镇等)的分布式微电网建设将受到重视,并将成为大电网的有效补充;(4)为解决波动性强的可再生能源占比高、电力电子装置比例高的特点,需要在电网的智能化控制技术上实现质的飞跃。

从上面的介绍可知,建立一个新型电力系统,其实是逐步"挤出"火电的过程,或者严格地说,是一个把火电装机量占比减到最小的过程,留下的火电也得作"清洁化"改造。我国具有充足的风能、太阳能,从理论上讲,资源绝对足够。但能不能把这些分布广、能量密度低的风、光资源利用起来,并保证电价相对便宜,研发出先进的技术,尤其是储能技术是关键中的关键!

**四、能源消费端的技术需求**

能源消费端的减碳有两个关键词,一是替代,二是重建。所谓替代就是用绿电、绿氢、地热等非碳能源替代传统的煤、油、气，而重建则强调在替代过程中，一系列工艺过程需要重新建立。对此，我们可分九个领域，对能源消费端的低碳化所需研发的技术或替代方式分别作出简单介绍。

1.建筑部门应在三个方面发力。首先是对建筑本身作出节能化改造；其次是针对城市的建筑用能，包括取暖/制冷和家庭炊事等，均应以绿电和地热为主；最后是农村的家庭用能，则可采用屋顶光伏+浅层地热+生活沼气+太阳能集热器+外来绿电的综合互补方式。

2.交通部门可着眼于五个方面。未来私家车以纯电动车为主；重卡、长途客运可以氢燃料电池为主；铁路运输以电气化改造为主，特殊地形和路段可采用氢燃料电池，同时发展磁悬浮高速列车；船舶运输行业中的内河航运可用蓄电池，远航宜用氢燃料电池或以二氧化碳排放相对较少的液化天然气作为动力；航空则可用生物航空煤油达到低碳目标。

3.钢铁行业碳排放主要来自炼焦和焦炭炼铁，它可分两阶段实现低碳化。第一阶段是对炼焦炉、高炉等的余热、余能作充分利用，同时用钢化联产的方式把炼钢高炉中的副产品充分利用起来。第二阶段是逐步用新的低碳化工艺取代传统工艺，研发和完善富氧高炉炼钢工艺，炼钢过程中以绿氢作还原剂取代焦炭，对废钢重炼用短流程清洁炼钢技术等。

4.我国建材行业的排放主要来自水泥、陶瓷、玻璃的生产，其中80%来自水泥。建材行业低碳化应从三方面研发技术，一是用电石渣、粉煤灰、钢渣、硅钙渣、各类矿渣代替石灰石作为煅烧水泥的原料，从原料利用上减少碳排放的可能性；二是煅烧水泥时，尽可能用绿电、绿氢、生物质替代煤炭；三是用绿电作能源生产陶瓷和玻璃。

5.化工排放来自两大方面，一是生产过程用煤、天然气作能源，二是用煤、油、气作原材料生产化工产品时的"减碳"，比如用煤生产乙烯，需要加氢减碳，其中加的氢如果不是绿氢，就会有碳排放，减的碳一般会作为二氧化碳排放到大气中。因此，化工行业的低碳化应从四个方面入手，一是蒸馏、焙烧等工艺过程用绿电、绿氢；二是对余热、余能作充分的利用；三是适当控制煤化工规模，条件许可时尽量用天然气作原料；四是对二氧化碳作捕集—利用处理。

6.有色工业中的碳排放主要来自选矿、冶炼两个过程，在整个冶金行业排放中，铝工业排放占比在80%以上，因为电解铝工艺用碳素作阳极，碳素在电解过程中会被氧化成二氧化碳排放。因此，冶金工业的低碳化一是在选矿、冶炼过程中尽可能用绿电；二是研发绿色材料取代电解槽中的碳素阳极；三是对电解槽本身作出节能化改造；四是对铝废金属作回收再生利用。

7.在其他工业领域中，食品加工业、造纸业、纤维制造业、纺织行业、医药行业等也有一定量的碳排放，其排放来源主要有两个方面，一是生产加工过程中用的煤、油、气，二是其废弃物产生的排放。这些行业的低碳化改造主要在于用绿电替代化石能源，同时做好废弃物的回收再利用。

8.服务业是一个庞大的领域，但服务业以"间接排放"为主，即服务业用电一般被统计到电力系统碳排放中，运输过程中的用油一般被统计到交通排放中，建筑物中的用能(包括餐饮业的用气)则被统计到建筑排放中，似乎"直接排放"的量并不大。但这样说,并不是说服务业可以置身于低碳化之事外,恰恰相反,服务业亦有可以"主动作为"的地方,这一方面是大力做好节能工作,另一方面是尽可能用电能替代化石能源的使用。

9.农业的碳排放主要来自农业机械的使用,与此同时,农业中的畜牧养殖业以及种植业是甲烷($CH_4$)、氧化亚氮($N_2O$)的主要排放源,而这二者的温室效应能力是同当量二氧化碳的数十倍至数百倍。从这样的前提出发,农业的低碳化一是农业机械用绿电、绿氢替代柴油作动力;二是从田间管理的角度,挖掘能减少甲烷和氧化亚氮排放但不影响作物产量的技术;三是研发出减少畜牧业碳排放的技术;四是尽可能增加农业土壤的碳含量。

根据这九方面的介绍,我们可以看出:在能源消费端用绿电、绿氢等替代煤、油、气,从理论上讲是不难做到的,但工艺和设备的再造重建绝不是一件简单的事。同时我们也可以想象,这样的替代和重建一定会增加最终消费品的成本。所以说,替代和重建需要时间。

**五、固碳端的技术需求**

提起固碳,我们首先想到的是自然过程,即通过海洋和陆地表面把大气中的二氧化碳吸收固定。但这里必须指出,人类活动每年都向大气中排放二氧化碳,这其中的一部分可以被自然过程所吸收,余下部分如不通过人为手段予以固定,则大气中的二氧化碳浓度还会逐年增高。所以我们讲固碳,主要是指通过人为努力固定下的那部分,而地球自然固碳过程则属于"天帮忙",很难归功于具体的国家或实体。

"人努力"进行固碳一般可分两大途径,一是生态系统的保育与修复,二是把二氧化碳捕集起来后,或加工成工业产品,或封埋于地下或海底。这第二方面就是经常谈到的"碳捕获、利用与封存"——CCUS(Carbon Capture and Utilization-Storage)。

公众对生态系统固碳都比较熟悉,它是利用植物光合作用吸收大气中的二氧化碳,所吸收的碳有一部分长久保存在植物本身之中(比如树干),也会有一部分凋落后(比如树叶)腐烂进入土壤中以有机碳的形式得到较为长期的保存,当然有机碳也会部分转化成无机碳并同地表系统中的钙离子结合形成石灰石沉积。地表生态系统尽管类型多样,但真正起主要作用的还是森林生态系统,这是因为森林中的各种树木都有很长的生长期,在树木适龄期内,固碳作用可持续进行;当树木进入成熟期,固碳能力就会减弱,但人们可以通过砍伐—再造林的方式继续保持正向固碳作用,而砍伐的木材可以做成家具等产品,不至于把多年来固定的碳快速返还给大气。因此,生态系统固碳的重点在于森林生态系统,森林生态系统的管理一在于保育,二在于扩大面积。我国有大量适宜森林生长的山地,这些地区过去生态受到过较大程度的破坏,最近几十年来,一直处在恢复之中,而这些人工次生林或乔/灌混杂林都很"年轻",有进一步发育、固碳的潜力。同时,我国又有不少非农用地可作造林之用,包括近海的滩涂种植红树林,城市乡村的绿化用地种植树木。所以说,生态系统建设在我国实现碳中和过程中将起到至关重要的作用。

人为固碳的另一条途径是CCUS,它包括碳捕集技术、捕集后的工业化利用技术(分为生物利用和化工利用两大类)、地质利用和封存技术。对这些技术,国内外尚处在研发阶段,真正大面积的应用尚未见到。

碳捕集技术分三大类。一是化学吸收法,它用化学吸收剂同烟道气中的二氧化碳生成盐类,再加热或减压将二氧化碳释放并收集。二是吸附法,又细分为化学吸附法和物理吸附法。化学吸附法是用吸附材料同二氧化碳分子先作化学键合,再改变条件把二氧化碳分子解吸附并收集;物理吸附法是利用活性炭、天然沸石、分子筛、硅胶等对烟道气中的二氧化碳作选择性吸附后再解吸附回收。三是膜分离法,即利用膜对气体分子透过率的不同,达到分离、收集二氧化碳之目的。在具体操作上,碳捕集还可分为燃烧前捕集、燃烧后捕集、化学链燃烧捕集、生物质能碳捕集、从空气中直接捕集等技术。

碳捕集后的工业化生物利用技术目前主要有四大类,一是利用二氧化碳在反应器中生产微藻,这些微藻再用作生产燃料、肥料、饲料、化学品的原料。二是将捕集到的二氧化碳注入温室中,用以增加温室中作物的光合作用,这个过程又可称为二氧化碳施肥。三是把二氧化碳同微生物发酵过程相结合,生成有机酸。四是把二氧化碳用于合成人工淀粉。

碳捕集后的工业化化工利用又分两大类技术途径,一大类是把二氧化碳中的四价态碳还原后加甲烷、氢气等气体,再整合成甲醇、烯烃、成品油等产品。另一大类为非还原技术,有二氧化碳加氨气后制成尿素、加苯酚后合成水杨酸、加甲醇后合成有机酸酯等技术,也有合成可降解聚合物材料、各类聚酯材料等技术。

地质利用技术也有很多类型,这些技术有的已在工业化示范中,有的尚停留在实验室探索阶段。比如利用收集起来的二氧化碳驱油、驱煤层气、驱天然气、驱页岩气等,这属于油气开采领域的应用,这类技术的一个共性是通过生产性钻孔把超临界的二氧化碳压到地层中,利用它驱动孔隙、裂隙中的油、气流出开采性钻孔,达到油气增产或增加油气采收率的目的,与此同时,二氧化碳则滞留在孔隙、裂隙中得以长期封存。该类技术国内外已有工业应用示范。

而另一些技术则在探索过程中,比如用于开采干热岩中的地热。干热岩埋深在数千米,其内部基本没有流体存在,温度在180℃以上,开采干热岩中的热能需要打生产井并用压裂手段使岩石增加裂隙,然后在生产井中注入工作介质,让其流动并采集热量,最后从开采井中收集热量。一些研究表明:用二氧化碳作为工作介质,既起到开采干热岩热量的作用,又可把部分二氧化碳封存于地下。地质封存技术则是把二氧化碳收集后直接通过钻孔注入地下深处或灌入深部海水中。这里要特别指出:深海对二氧化碳的溶解保存能力是巨大的。

总之,固碳的技术有多种,但这些技术不可避免地需要额外能量加入,因此有可能把最终产品的成本提高一大块。至于地质封存,尽管理论和实践上可行,但它似有"空转"之嫌。从现阶段看,只有生态固碳才可兼顾经济效益和社会效益。

**六、碳中和的路线图规划**

实现碳中和,是一个长期过程,需要有一个指导全局性工作的规划,并根据形势的发展、技术的进步,能形成不断完善规划的工作机制。

我国的目标是2060年前实现碳中和,显然在目前的认知水平下,要做一个能覆盖近40年时间长度的规划是不太现实的,但有一点我们是必须一开始就要做到心中有数的,那就是我国到时候还可以排放多少二氧化碳,或者说从目前约100亿吨的二氧化碳排放减少到多少才可以宣布完成了碳中和目标。这个问题不易确切回答,但寻找答案的思路是具备的,那就是"排放量=海洋吸收量+生态系统固碳量+人为固碳量+其他地表过程固碳量"这个公式。对此,我们可以逐项做出分析。

过去几十年,海洋对人为排放二氧化碳的吸收比例为23%,这个过程还是比较稳定的,尽管我们很难预测未来是否会产生重大改变,但假定海洋将保持这个吸收比例不变,应该是有依据的。

我国陆地生态系统固碳能力非常强。根据相关研究,2010—2020年间我国陆地生态系统每年的固碳量为10亿—13亿吨二氧化碳;一些专家根据这套数据并采用多种模型综合分析后,预测2060年我国陆地生态系统固碳能力为10.72亿吨二氧化碳/年,如果增强生态系统管理,还可新增固碳量2.46亿吨二氧化碳/年,即2060年我国陆地生态系统固碳潜力总量为13.18亿吨二氧化碳/年。此外,我国近海的生态系统固碳工程还没启动,这块儿也应该有较大潜力。至于把碳捕集后作工业化利用及封存的量有多大,这要取决于技术水平与经济效益,目前要对此作出估计是有难度的。但我们也可以作出这样的假定:如果届时实现碳中和有"缺口",政府将对人为工业化固碳予以补贴,争取每年达到3亿—5亿吨二氧化碳的工业化固碳与地质封存。以中国的工业技术发展速度,这个假定还是相对"保守"的。其他地表过程固碳是指地下水系统把有机碳转化成石灰石沉淀、水土侵蚀作用把有机碳埋藏于河流—湖泊系统之中等地表过程,它一年能固定的碳总量目前没有系统研究数据,但粗略估计中位数在1亿吨二氧化碳左右。

为此,我们可以做出这样的分析,假如我国2060年前后二氧化碳年排放量在25亿吨左右,那么海洋可吸收25×23%=5.75亿吨二氧化碳,陆地和近海生态系统固碳14亿吨二氧化碳,工业化固碳和地质封存4亿吨二氧化碳左右,基本上可以做到"净零排放"。当然,要从100亿吨的二氧化碳排放量降到25亿吨,难度亦是非常之大的,这需要我们先有一个宏观的粗线条规划。根据我国五年规划的惯例,可考虑以两个五年规划为一个阶段,分四个阶段,四十年时间实现碳中和目标。

第一步为"控碳阶段",争取到2030年把碳排放总量控制在100亿吨之内,即"十四五"期间可比目前增一点,"十五五"期间再减回来。在这第一个十年中,交通部门争取大幅度增加电动汽车和氢能运输占比,建筑部门的低碳化改造争取完成半数左右,工业部门利用煤+氢+电取代煤炭的工艺过程大部分完成研发和示范。这十年间电力需求的增长应尽量少用火电满足,而应以风、光为主,内陆核电完成应用示范,制氢和用氢的体系完成示范并有所推广。

第二步为"减碳阶段",争取到2040年把二氧化碳排放总量控制在85亿吨之内。在这个阶段,争取基本完成交通部门和建筑部门的低碳化改造,工业部门全面推广用煤/石油/天然气+氢+电取代煤炭的工艺过程,并在技术成熟领域推广无碳新工艺。这十年火电装机总量争取淘汰15%落后产能,用风、光资源制氢和用氢的体系完备及大幅度扩大产能。

第三步为"低碳阶段",争取到2050年把二氧化碳排放总量控制在60亿吨之内。在此阶段,建筑部门和交通部门达到近无碳化,工业部门的低碳化改造基本完成。这十年火电装机总量再削减25%,风、光发电及制氢作为能源主力,经济适用的储能技术基本成熟。据估计,我国对核废料的再生资源化利用技术在这个阶段将基本成熟,核电上网电价将有所下降,故用核电代替火电作为"稳定电源"的条件将基本具备。

第四步为"中和阶段",力争到2060年把二氧化碳排放总量控制在25亿—30亿吨。在此阶段,智能化、低碳化的电力供应系统得以建立,火电装机只占目前总量的30%左右,并且一部分火电用天然气替代煤炭,火电排放二氧化碳力争控制在每年10亿吨,火电只作为应急电力和一部分地区的"基础负荷",电力供应主力为光、风、核、水。除交通和建筑部门外,工业部门也全面实现低碳化。尚有15亿吨的二氧化碳排放空间主要分配给水泥生产、化工、某些原材料生产和工业过程、边远地区的生活用能等"不得不排放"领域。其余5亿吨二氧化碳排放空间机动分配。

"四阶段"路线图只是一个粗略表述,由于技术的进步具有非线性,所谓十年一时期也只是为表达方便而定。

### 七、碳中和对我国的挑战和机遇

从前面的介绍可知,实现碳中和,可以理解为经济社会发展方式的一场大变革,对当今世界的任何一个国家来说,都是一场巨大的挑战。

对我国来说,主要的挑战在以下几个方面。一是我国的能源禀赋以煤为主。在煤、油、气这三种化石能源中,释放同样的热量,煤炭排放的二氧化碳量大大高于天然气,也比石油高不少。我国的发电长期以煤为主,这同石油、天然气在火电中占比很高的那些欧美发达国家比,是资源性劣势。二是我国制造业的规模十分庞大。我们在前面的介绍中提到,我国接近70%的二氧化碳排放来自工业,这个占比高出欧美发达国家很多,这同我国制造业占比高、"世界工厂"的地位有关。三是我国经济社会还处于压缩式快速发展阶段,城镇化、基础设施建设、人民生活水平提升等方面的需求空间巨大。四是我国的能源需求还在增长,意味着我国的二氧化碳排放无论是总量还是人均都会继续增长。五是我国2030年达峰后到2060年中和,其间只有30年时间,而美国、法国、英国从人均碳排放量考察,在20世纪70年代就达峰了,它们从达峰到2050年中和,中间有80年的调整时间。

为了更加清晰地阐明碳中和对我国的挑战性,我们下面用几组碳排放有关的数据,以国际比较的方式,来做进一步说明。第一组数据是从1900年到2020年间,不同国家的累计二氧化碳排放量(以亿吨二氧化碳为单位),美国为4047,欧盟27国为2751,中国为2307,俄罗斯为1152,日本为655,英国为618,印度为545,墨西哥为201,巴西为156。这个累计排放量可大略表明一个国家长期以来积累起来的"家底",但这样的统计没有考虑人口基数,因此我们需要第二组数据,1900年到2020年间的人均累计排放,这套数据以国家为单位,把每年的全国排放除以人口,获得逐年人均排放,再把这120年来的人均排放加和即可得出(数据以吨二氧化碳为单位),具体为:美国2025,加拿大1522,英国1209,俄罗斯848,欧盟27国713,日本575,墨西哥295,中国190,巴西107,印度58,全球人均累计为375,中国迄今为止只有全球人均的一半,不到美国的十分之一。第三组数据是目前以国家为单位的排放量(以亿吨二氧化碳为单位),具体是:中国100,美国52,欧盟27国30,印度25,俄罗斯16,日本11。如果考虑人均,那么有第四组数据(2016年到2020年人均排放,以吨二氧化碳为单位),具体是:美国15.9,加拿大15.3,俄罗斯11.4,日本9,中国7.2,欧盟27国6.6,巴西2.3,印度1.9。

从以上四组数据可知,我国最近几十年的发展具有压缩性特征,故目前的人均和国别排放数据比较高,这也是掌握话语权的西方媒体不断给我国戴上"最大排放国",甚至是"最大污染国"帽子的所谓"理由"。但如果考察人均累计排放,我国对全球的"贡献"非常小。另外,我国的人均GDP已达全球平均水平,而人均累计排放只是全球的一半,这还是在我国能源以煤炭为主、每年净出口大量制造业产品的基础上达到的,由此说明我国绝不是如一些研究者所说的是"能源资源消耗型"经济体。

第五组数据很有意思,它是由国际能源署、世界银行等建立的居民人均消费碳排放,它考虑了国家间通过进出口而产生的"碳排放转移"。2018年到2019年间的数据如下(单位为吨二氧化碳):美国15.4,德国7.6,加拿大7.5,日本7.4,俄罗斯7.0,英国5.7,法国4.4,中国2.7,巴西1.5,印度1.1。这组数据说明,世界上一些国家只是"生存型碳排放",而有的国家早已进入"奢侈型"或"浪费型"国家行列!

前面我们谈了碳中和对中国的五方面挑战,下面再谈五点机遇。一是我国光伏发电技术在世界上已是"一骑绝尘",风力发电技术处在国际第一方阵,核电技术也跨入世界先进行列,建水电站的水平更是无出其右者。二是我国西部有大量的风、光资源,尤其是西部的荒漠、戈壁地区,是建设光伏电站的理想场所,光伏电站建设还可带来生态效益;东部我们有大面积平缓的大陆架,可以为海上风电建设提供大量场所。三是我国的森林大都处在幼年期,还有不少可造林面积,加之草地、湿地、农田土壤的碳大都处在不饱和状态,因此生态系统的固碳潜力非常大。四是我们实现碳中和目标的过程,也是环境污染物排放大大减少的过程,这意味着我们将彻底解决大气污染问题,其他污染物排放也将实质性降低。此外,碳中和也意味着我们将实现能源独立,国内自产的原油、天然气将能满足化工原料之需要,进口油气将大为减少,所谓的"马六甲困境"将不再是一个实质性威胁。能源独立从某种程度上还会为粮食安全提供助力。五是我国的举国体制优势将在碳中和历程中发挥重大作用,因为碳中和涉及大量的国家规划、产业政策、金融税收政策等内容,需要真正下好全国一盘棋。

这点我们从我国推动光伏产业的历程中就可以看出,并且诸如此类的经验未来还会不断被总结、深化。我们甚至可以预计,即使是坚持自由市场经济的那些国家,它们如想真正实现碳中和,也将在国家产业政策设计上获得助力。

——丁仲礼:《深入理解碳中和的基本逻辑和技术需求》

# 目 录

## 上篇 "双碳"背景下的产业发展

## 中篇 "双碳"背景下的市场机制

## 下篇 "双碳"背景下的数智融合

# 上篇

婵　　　頦銓　靓鋃嬐瘦

# 第一章 煤炭产业的绿色化利用与经济协调发展

民盟山西省委员会

煤炭清洁高效利用是我国经济发展的必然要求，是实现"双碳"目标、保障我国能源安全的必然之举。习总书记明确指出：一是必须立足煤炭主体能源地位的基本国情，当前保障煤炭供应和国内能源安全是硬任务；二是碳中和碳达峰等不得快不得，要兜住底线、有序统筹推进；三是减碳不是不用煤而是要煤炭清洁高效利用，这是未来煤炭产业发展的重要方向。

## 一、煤炭清洁高效利用是煤炭产业的发展方向

我国经济不断发展决定了对能源需求的不断增加，在目前新能源未能快速发展的背景下，煤炭具有稳定调节和保障供给作用，在一段时间内将继续发挥重大作用。2013年全国煤炭消费量为42亿吨，2013—2020年处于一个略微下降的平台期，所以当时得出结论，煤炭消费峰值出现在2013年，2021年煤炭消费开始反弹，2022将再创新高。这说明煤炭作为主体能源，对我国经济发展仍具有巨大作用。在我国化石能源中，煤炭储量占90%以上，"缺油、少气、富煤"是我国化石能源特点，这也决定了煤炭是我国的主要能源资源。从能源安全的战略角度来看，煤炭是保障能源稳定供给和安全可靠的主要资源。

2021年以来，我国煤炭供应紧张问题突出，库存回落至低位，煤炭等能源价格创多年来新高，区域性出现"拉闸限电"，加上俄乌战争导致

能源供应紧张，能源安全和煤炭保供引起国家高层及社会广泛关注。2021 年 9 月以来，习总书记密集视察煤炭企业，明确指出煤炭主体能源地位，保障煤炭供应和能源安全是当前重大政治任务。国家相关部委先后出台煤炭产业和市场政策 70 余项，重在煤炭增产、保供、稳价。与2021 年严格限煤的政策相比，2022 年的煤炭政策在一定程度上有所缓和。煤炭需求的增长，无疑会导致碳排放的进一步增加，加大"3060"目标实现的难度，但这是中国经济发展的需求，是能源安全的要求，也是碳达峰过程中的必经阶段。减碳不是不用煤而是要煤炭清洁高效利用，这是未来煤炭产业发展的重要方向。

## 二、煤炭清洁高效利用面临的问题

技术创新是驱动煤炭清洁高效利用的主要手段，碳排放市场体系和能耗双控体系政策设置对煤炭清洁高效利用具有强力促进作用。这两方面存在的问题主要体现为以下几点。

### （一）碳排放市场体系目前存在的问题

自从 2020 年国家提出"双碳"战略以来，从国家层面、省级层面都制定出大量的碳减排政策并推进落实，为促进我国碳减排、推动产业结构转型发挥了重要作用。在政策的制定上，却存在一个统筹发展的问题。无论是在能耗双控指标的设定上还是碳排放指标的分配上，尚未从全国一盘棋的角度，以及各省产业结构、能源结构的差异性上来考虑，只是简单在各省原来环境容量、能耗的基础上进行设定，这样就会导致传统能源省份碳排放空间较小，而外贸、制造业发达的省份指标富余。这样就可能导致传统能源省份的碳排放空间不足，部分高碳产业如焦炭、钢铁、火电等被迫关闭，以减少碳排放、达到国家既定指标。

但我国经济仍处于上升期，用能需求持续增长，需要稳定充足的能源供应，传统能源及相关产业仍要发挥关键作用。传统能源省份高碳企业的关闭，对相关产品有需求的省份只能自己生产或者从碳排放空间相对宽松的省份购得，必然会增加新的投资。例如，在能耗双控指标的压力下，山西的火电、焦炭企业部分被迫关闭淘汰，相当于山西将这部分的火电和焦炭的市场需求让渡给其他省份，因为在市场中，需求和供给会保持一个动态平衡。例如浙江需要电力和焦炭，但市场供应不足，只能自己生产或者从能耗双控指标相对宽松的省份购买，但无论浙江自己生产还是从外购买，必然都会重新建立火电、焦炭企业或者扩大原有企业规模。

因此，从总量上而言，碳排放总体并未减少，只不过是碳排放的地区间转移而已，并且增加了建设成本、运输成本以及损耗，最终的结果必然是相关产品的成本上升和因此而导致价格上涨，但全国范围内碳排放总量却并没有显著降低。从国际角度来看，德国的能源转型可谓成功，兼具煤炭减量清洁利用、新能源的大规模使用和下游制造业成本有较强竞争力等特点，但要知道德国自己本身减碳做得好，是因为进口了大量周边国家的天然气。在地缘政治剧烈变化下，周边国家能源供应减少，德国能源价格飞涨，制造业成本也随之上涨，竞争优势随之降低。德国案例也充分说明在一个大的区域内，一个小区域碳排放的减少，很可能是以其他区域碳排放增加或者低碳能源的支持为代价。

## （二）煤炭生产及相关产业链清洁高效利用存在一定困难

煤炭生产及相关产业链，包括火电、焦炭和钢铁、水泥、煤化工以及煤炭直接燃烧，这些都是碳排放的主要来源。煤炭直接燃烧部分主要是建材制造用燃煤锅炉、居民取暖用小锅炉，经过多年煤改气治理，这部分的比例已经极小，可以忽略不计。传统煤炭转化产业包括发电、焦炭和钢铁、水泥，在经过多轮淘汰落后产能、上大压小、产能替换政策实施后，碳排放领域貌似空间较小，但若将现有技术条件充分利用起来，碳排放领域仍然有一定潜力可挖。现代煤化工所占比例偏小，示范项目少，发展速度慢，像煤制天然气、煤制油这种高附加值、高质量、高科技含量、外向型的深加工终端产品占比较小。在关键技术没有取得重大突破，或者市场体系能极大激发出这类企业绿色低碳发展的动力之前，这类企业在煤炭绿色发展、清洁高效利用方面将主要依靠现有技术进行升级改造、节能挖潜等。

### （三）在提升煤炭清洁高效利用的投资方面存在一定顾虑

"双碳"政策实施不到两年，整体目标设置清晰，路径明确，但在减碳的具体操作上，存在政策的模糊性和不确定性。2021年，旗帜鲜明地提出"减碳"，全国上下纷纷行动起来，以煤炭为核心进行减碳，从产能、投资、排放标准等一系列角度进行控煤减碳，结果在2021年后半年出现煤炭价格高涨、发电成本攀升企业不愿多发电现象，加之部分能耗双控考核的原因，导致能源供应不足，影响经济良性发展。为此，国家相关部委先后出台煤炭产业和市场政策70余项，重在煤炭增产、保供、稳价。与2021年严格限煤的政策相比，2022年的煤炭及相关领域政策在一定程度上有所缓和。但煤炭清洁利用项目的投资较大，动辄上亿，在政策没有清晰明确的前提下，对该领域进行投资在一定程度上风险较高，导致煤炭清洁高效利用领域的大规模投资难成气候。以山西焦炭产业为例，多轮压小上大、升级改造，导致企业资本积累不足，难以提供煤炭清洁高效利用资金。焦炭产业是典型的高耗能、高污染、高排放产业，在历次的涉煤产业升级改造中皆被列为第一目标，从最初的土焦、小机焦、大机焦到4.3米的机焦炉，每次升级改造都要投入大量资金，企业的资金积累很大一部分都投入了技术升级改造中。2022年山西省发布的《关于推动焦化行业高质量发展的意见》中提出：加快在建、拟建大型焦化升级改造项目建设，2023年年底前，分期分批关停炭化室高度4.3米机焦炉，加快推进干熄焦改造等项目建设。

### （四）在提升煤炭清洁高效利用的手段和技术上仍需提升

第一，煤炭清洁高效利用的成熟技术在实践中应用不足。以煤炭洗选为例，由于原煤产量增长快于洗选能力提升，虽然煤炭洗选量大幅度提升，但动力煤的质量仍不稳定，动力煤供应方式粗放，导致其质量无法完全达到锅炉设计要求，严重降低了锅炉的燃烧效率。第二，煤炭科技创新能力亟待提升。技术的发展与进步是实现煤炭清洁高效利用的关键，然而煤炭清洁高效利用的发展和应用还面临诸多挑战，煤炭高效转化与燃烧还有许多核心技术、工程技术方面的问题需要攻关。第三，煤炭高效利用的产业基础和科技优势未能充分利用。以山西为例，作为煤炭大省和重要的能源基地，山西在科研方面也占很大优势，中科院煤化所、太原理工大学煤化所、化工第二设计院、省化工设计院等研究水平在全国处于领先水平，且在多年的能源基地建设中，山西培养了一批富有实践经验的技术队伍。但良好的科技优势没有被充分利用，没能充分发挥科技先导和引领作用。甚至发生山西研究出的技术被其他省份率先使用，出现"花落他家"的现象。例如焦炉气部分氧化、煤制天然气等由山西省科研单位研发的新型煤化工技术均为在省外率先应用。

## 三、政策建议

推进煤炭清洁高效利用，是推动能源绿色低碳转型、实现碳达峰碳中和目标的重要途径。要立足以煤为主的基本国情守牢能源安全底线，充分发挥煤炭的"压舱石"作用，要坚持远近结合、先立后破，尊重市场规律，加强政府调控，建立有利于可持续发展的长效机制，统筹做好煤炭清洁高效利用这篇大文章。具体抓手就是建立全国统筹一盘棋的碳交易市场，尊重市场规律，同时提升煤炭转化利用效率，降低能耗。利用好现有煤炭及相关产业的存量，使资源型地区为全国经济可持续发展、稳定宏观经济大盘、稳物价保民生作出应有的贡献。

（一）推动全国统一大市场下的碳排放交易

要借鉴以往在能耗管理、排污管理中计划手段与市场手段在各个层次并用、混用的低效系统的经验教训，在碳排放交易市场的设计中要充分发挥市场作用，使市场在资源配置中起决定性作用。企业发展缺碳指标，可以去碳交易市场购买，多余的碳指标也可以出售获利。在全国碳排放总量控制的前提下，资源型地区高碳排放市场主体可以通过碳交易市场购买碳指标充分发挥煤炭资源比较优势，同时通过市场机制倒逼高碳排放的市场主体提升煤炭资源利用效率、绿色发展、转型发展，低碳排放的市场主体通过出售碳指标套现获利，体现低碳发展的经济效益。不对企业、行业贴"高碳、低碳"指标，不要搞"一刀切"，打断企业行业良性发展路径。

## （二）要站在公平的角度考虑传统资源型地区的碳排放

在初始碳排放配额和每年碳排放配额的确定方面，要从历史贡献、现实责任和产业结构的角度出发，给资源型地区留下合理的碳资产，以体现公平转型的原则。要区分存量和增量，给予传统能源供给的企业、行业和地区一个比较稳定的预期，或者阶段性的稳定的预期和相关的制度安排，在碳排放控制的时序安排上，给传统资源型地区留出一个适当的过渡期。

## （三）提升煤炭生产和消费关键领域的清洁高效利用水平

第一，积极推动煤炭开采智能化，推进新建煤矿井下矸石智能分选系统和不可利用矸石返井试点示范工程建设，加快智慧矿山建设，提升数字化、智能化、无人化煤矿占比，提高煤炭产业全要素生产率和本质安全水平。第二，促进以煤炭洗选为主的煤炭加工能力的建设，促进原料煤、动力煤供应向科学化、精细化、大型化、功能多样化发展，进一步提高动力煤的入洗率和分选效率。第三，整体提升煤炭发电能效水平，鼓励建设灵活性调峰机组。进一步推动高参数先进发电技术和淘汰低参数小机组工作，加大超（超）临界燃煤机组比例，合理配置调峰机组，确保高参数机组高效运行；大力推进清洁高效煤炭发电技术研发和工程示范。第四，全面提升冶金焦化和煤化工行业节能环保水平。推动焦炭产业实施节能、环保、安全"三改造"和干熄焦、余热发电"两运行"工程，焦化副产品深加工和高附加值利用，提高焦化行业高质量发展水平；鼓励煤化工产业能效提升，结合可再生能源制氢、二氧化碳捕集利用技术的低碳化发展；支持企业实施锅炉窑炉改造、电机系统节能、能量系统节能、余热余压利用等节能改造工程。第五，降低煤炭作为终端能源消费占比，鼓励企业因煤而异进行煤炭、电力、冶金、焦化、化工、建材一体化发展，实现煤炭全组分资源化利用，最小化污染物排放。

### （四）通过科技创新突破煤炭清洁高效利用关键技术

第一，积极开展关键技术攻关和重要装备研发。重点突破高参数超超临界发电技术、超超临界循环硫化床发电技术、燃煤火电灵活调峰技术、煤制清洁燃料和清洁燃气技术、煤炭提质高效利用技术、二氧化碳捕集利用和封存技术；煤炭利用节能关键技术。第二，积极开展核心技术工程示范。对煤炭清洁高效可持续开发利用影响广、市场需求大、节能环保效果好、行业引领作用大的核心技术，在前期技术成熟的基础上，要积极开展示范工程，为大规模推广创造条件。第三，充分利用高校、研究机构在煤炭研究方面的力量，采用科研院所、高校和大型企业联合攻关的方式，或政府专项支持的方式，解决煤炭清洁高效利用发展中的瓶颈问题。

### （五）稳定煤炭清洁利用市场的可预期性以增强市场投资信心

第一，有关煤炭清洁利用的政策文件，一定要有长期、稳定、可预期，能让资本放心投资该领域。尤其是碳达峰行动方案以及各部门与之相配套的"N+1"碳达峰行动方案中一定要体现这一思路。第二，建立全国碳排放交易的全国统一大市场，通过市场机制保障煤炭清洁高效利用的技术和企业能在市场中获益。第三，加大公共财政对煤炭清洁利用科技，特别是关键技术研发的投入力度，拿出更多资金支持煤炭清洁高效利用领域的科技开发和成果转换。第四，鼓励企业加大技术研发，在税收、融资政策方面给以实质支持。

---

**专栏1-1　走出一条符合国情的煤电有序转型之路**

煤电是我国电力供应的主力电源和基础电源，发挥着"顶梁柱""压舱石""稳定器"关键作用。目前，我国煤电机组规模大、服役时间短，机组规模的潜在增长及其带来的沉没成本为煤电转型带来了潜在风险，也给实现"双碳"目标增加了难度。未来，需统筹好煤电转型与能源安全有保障、能源价格可承受的关系；煤电退出需考虑电力供应安全保障，避免运动式减碳；煤电转型需选择合适路径，避免碳锁定效应。为此，亟需研究规划沉没成本低、经济性好的高质量发展路径，走出一条符合国情的煤电清洁低碳安全转型之路。

具体建议上，一要立足以煤为主国情，制定"双碳"目标下煤电转型路线图。以保障供电安全且煤电全生命周期转型成本最低为目标，研究制定煤电机组装机容量与发电小时数交叉调控策略，推动燃煤发电从满足基本负荷为主向满足峰值负荷转变。二要借鉴日本等发达国家经验，做好煤电机组低碳零碳发电技术的研发应用。跟踪国际上燃煤发电掺烧氢气和甲烷、加装碳捕集的整体煤气化联合循环发电系统等新型煤电系统发展情况，建设商业验证性先导工程，推动燃煤机组实现低碳转型，减少煤电机组的沉没成本。三要根据区域电力供需特点，因地制宜制定煤电转型规划。根据机组服役年限和不同地区电力需求、可再生能源替代情况，制定实施煤电绿色低碳安全转型路线图，并根据能源供需形势动态调整实施。四要充分发挥市场机制，调整煤电功能定位。发展和完善辅助服务市场及容量市场建设，发挥市场机制，提高煤电投资回报率，引导和促进煤电调整系统功能定位。

（王喆，玉泉智库专家，民盟中央经济委员会委员，国家发改委经济体制与管理研究所区域城乡室主任，副研究员）

---

**专栏1-2　推进我国能源体制机制改革的对策建议**

我国能源体制机制建设中存在的问题如下：一是能源监管体制机制亟待完善。我国能源监能按品种设置管理机构，职能分散在国家发改委、自然资源部、国土资源部、商务部、国资委、环保部、工信部、水利部、科技部等多个部门，不但职能交叉、政出多门，还存在众多监管协调盲区，导致我国在国际能源战略问题上十分被动。二是能源基本法长期缺位。缺乏完整的法律体系结构，法律实操性差；法律法规和规章之间缺乏必要的衔接。三是能源市场体系结构失序。能源市场主体过于单一，多为国有大型企业，非公资本进入受限，市场竞争不充分、垄断经营等问题非常突出。四是能源立项行政审批繁琐冗长。行政性审批过程并没有精简。如风电立项需要找20多个部门盖章，前置事项多、重复审批多、办理耗时长、中介收费高。五是能源价格难以由市场形成。行政性管制依然存在，以市场失灵的名义强化政府干预之势愈演愈烈。

我国能源体制机制改革对策建议：

1.成立国家能源部。参照美国、澳大利亚、韩国等国家能源管理模式，建立国家高级别的集中的能源管理模式，即建议重启设立能源部，新设立的国家能源部将取代现有的国家能源局（NEA），同时整合各部委涉及能源的监管权力。

2.出台《国家能源法》。构建以《国家能源法》基本法为统领，以"煤炭法""电力法""石油天然气法""可再生能源法"等法律为主干，以能源行政法规、部门规章、地方性法规和地方政府规章为配套的法律体系。配套行业节能和排放标准。

3.完善能源市场体系。全面放开能源市场准入条件，允许各类投资主体投资各个能源领域，对民营投资、外商投资一视同仁开放。松绑勘查资质管理，允许各类市场主体进行勘探开采。提高矿权持有成本，防范占而不采、圈而不采现象。

4.深化能源财税改革。着重体现国家的资源所有者权益。在油气领域，可以考虑构建矿业权使用费、价款、权益金组成的油气资源税费体系；在中央与地方之间，合理分配能源资源收益；提高油气国有企业上缴国有资本经营预算的比例。

张旭亮（浙江大学区域协调发展研究中心研究员、博士生导师）

---

### 专栏1-3　俄乌战争对我国能源安全的影响

今年2月24日。"俄乌战争"，这是第二次世界大战结束以来，发生的最为严重的地缘政治事件，导致全球产业链、供应链运行受阻，国际能源市场治理体系发生重大变化。国际信任赤字增加，国际合作更加曲折艰难，全球发展不安全性凸显，经济、粮食、能源、社会危机叠加，油气供应的稳定性受到严重冲击，对我国能源安全造成多方面的影响。

一、跨大西洋能源联盟和亚太能源共同体正在形成

俄乌冲突爆发后，美国联合欧洲国家对俄罗斯发起全面制裁，人为撕裂全球产业链，切断俄欧能源供需渠道，逼迫国际石油公司退出俄罗斯市场，导致全球油气市场加速分化，全产业链投资急剧下降。

美国将俄罗斯挤出欧洲市场，将取而代之成为欧洲能源市场的主要供应商。俄罗斯将油气出口重心转移到亚太地区，与中国、印度等国家形成事实上的亚太能源供需圈。世界能源供需区域化，降低了全球能源互联互通的程度，将助长贸易保护主义并放大地区冲突，明显提高了价格风险，增加了能源供应的脆弱性。

二、我国能源安全面临多重风险

一是我国海陆运输通道存在结构性矛盾带来的风险。我国能源运输主要依赖海运，我国原油进口经海上通道（船运）占比90%左右，陆上进口（管道输送）占比仅10%左右；天然气进口海上通道（船运）占比55%到66%。海上运输通道是保障我国能源安全供应的生命线。

二是我国传统的油气进口来源地将会受到挤压。我国原油和天然进口主要来源地是中东、非洲、中亚和俄罗斯等地区和国家。2017年到2021年，我国从中东地

区进口的原油量占全国原油进口总量的比例由43.4%提升至50.2%，增长了6.8%。欧洲制裁俄罗斯，转而到中东和北非购买石油天然气，致使一些原本卖向亚洲国家的液化天然气（LNG）运输船，在巨额利益的诱导下转而卖给欧洲国家。我国液化天然气（LNG）进口来源被挤压的情况还将继续恶化。

三是我国缺乏国际能源定价话语权。20世纪70年代以来，石油、美元一直处在主导地位。近些年来油价暴涨或暴跌受美元扰动有所减弱，但美元在国际金融市场仍然占有明显优势。我国虽然是油气进口大国，但一直没有掌握定价主动权。油气无论是作为燃料还是原料，价格过高，波及传导至产业链中下游，导致企业成本升高，利润下降，势必造成产品价格升高，由广大消费者为国际高油价买单。价格波动、价格高企，可能是我国未来能源安全的一大隐忧。

四是我国海外能源基地投资连年下降。2022年上半年我国企业海外能源投资继续下降到131亿美元，不到投资高峰年份的18%。无论是国企还是民企，面对复杂的市场变化，受限于驾驭市场风险的能力不足，海外投资越来越谨慎，投资领域收缩，投资规模减小，高质量能源投资项目越来越少。近两年来，几乎没有新的海外投资项目，这对于我国扩大国际合作、充分利用海外资源是非常不利的。

三、对保障我国能源安全的建议

第一，提高国内油气自给的能力。油气产业是国民经济的基础性产业，"能源的饭碗必须端在自己手里"，这是党中央对建设能源强国的基本要求，提高国内油气资源自给的能力是油气产业的根本任务。从俄乌冲突中，我们更加看清了油气资源的重要性，加大国内油气勘探开发的力度，在大力发展油气产业的同时，要科学规划煤炭产业的发展，优化调整产业布局，有效推动煤炭清洁利用。不要轻易提"去煤"的口号，在保障能源供应方面，要充分发挥煤炭调峰保驾的"压舱石"作用。

第二，提高资源全球配置的能力。我国是油气资源消费大国，国内资源丰富但禀赋相对较差，开发技术难度大，完全做到自给自足有相当大的难度，必须利用国际资源弥补国内不足。应多措并举加强国际产能合作，坚持"走出去、走进去、走上去"三步走战略，按照建立"利益共同体""命运共同体"的要求，多点、多元、多渠道建设海外油气供应基地，提高全球资源配置的能力，提升利用海外油气资源的水平。

第三，坚持走创新驱动发展的道路。现阶段我国能源安全的主要任务还是资源保供问题，未来能源安全则是技术保障问题。现在是资源为王，我们正在走向技术为王、数字为王的时代，新技术正在取代资源成为能源安全的基本问题。传统能源随着资源的劣质化对技术的要求越来越高，无论是常规还是非常规油气资源勘探开发，都要有新技术，实现绿色开发，建设智能、智慧油气田，都还需要开展一系列技术攻关；石油炼制、石油天然气化工方面要"减油增化"，建设现代石油化工，要大力研发高端新技术，要加快数字化进程，延长产业链，把原料吃干榨尽，节能高效零排放，多出高附加值新产品；新能源发展关键在于突破技术瓶颈，当前的重点是研发储能技术、绿色发电、氢能、碳捕集与利用等技术。能源企业要把技术创新落到实处，这是头等大事，没有创新就没有发展。企业搞好创新，一要改革科研体制，二要加大科技投入，三要建设良好的创新环境。

第四，加速油气战略储备建设。我国目前战略石油储备基地容量5.03亿桶，而日本和美国的战略石油储备量分别高达9亿桶和20亿桶。2021年我国战略石油储备为32天，国际能源署要求达到90天，美国和日本分别是107天和269天。在国际能源安全不确定因素增加的情况下，要加强研究我国油气战略储备策略、储备技术，改进储备方式，提高战略储备管理水平，降低储备的成本，发挥储备的安全保障作用。加大油、气、煤、电综合调峰能力建设，确保能源供应平稳运行。

第五，开发绿色能源，实现"双碳"目标。彻底解决我国能源安全问题，根本出路在于发展绿色能源。新能源替代传统能源之日，是我国基本实现能源强国之时。新能源替的大趋势，科学配置人才，合理利用资源，积极向绿色低碳高质量发展转型。要全面落实《中共中央　国务院关于完整准确全面贯彻新发展理念做好碳达峰碳中和工作的意见》，把发展传统能源与新能源结合起来，互生互补，互相促进，实现共同发展。国有大型能源企业要发挥骨干作用，大力开展技术创新，带动能源行业大调整、大转型、大发展。国有大型能源企业要主动深化内部经营机制改革，积极参与国内统一大市场建设，按照"双循环"发展新格局的要求，提高市场竞争能力，把企业做强做优，真正成为推动我国能源绿色转型的主力军，为保障我国能源安全做出新贡献。

（王军生，民盟中央经济委员会副主任，研究员）

# 第二章　光伏产业的高质量发展

民盟新疆区委会

## I　决策者摘要

## 一、新疆发展光伏产业的背景

自哥本哈根会议在全球范围内提出了低碳的倡议后，大力推动新能源产业发展已成为国际社会的共识，该产业已成为各国尤其发达国家发展的重点。当前，我国尚处于工业化、城镇化深度发展阶段，能源需求还在保持刚性增长，但是传统粗放型经济增长模式也导致了资源消耗高居不下、污染物和碳排放的成倍增长，带来了巨大的气候与环境压力。实现"双碳"目标，预示着传统能源到低碳绿色能源产业转型的深刻变革。转变能源生产消费结构，加快发展光伏产业，已经成为全社会共识。

经过多年来的布局和推进，我国光伏产业得到了大力推动和政策扶持，装机规模稳步扩大，发电量持续上升，并保持着高利用率水平。新疆地区光伏产业也得到了长足发展，装机规模稳步增长，光伏利用水平显著提升，为促进能源结构优化、推动高质量发展提供了有力支撑。

## 二、新疆发展光伏产业的现状、优势

### （一）发展现状

据数据显示，2020年，新疆地区（含新疆生产建设兵团）累计光伏装机容量达 1261 万千瓦，其中集中式电站规模为 1206 万千瓦，分布式装机 55 万千瓦。全年太阳能发电量 149.13 亿千瓦时，同比增长 12.86%，占总发电量的 4.21%，设备平均利用小时数为 1490 小时。弃光限电情况持续好转，光伏发电运行情况稳中向好。

### （二）光伏产业链已基本形成

新疆基本形成乌鲁木齐、石河子、奎–独经开区、阿拉尔四大光伏和电子新材料基地，正向规模化快速迈进。乌鲁木齐高新技术开发区"国家光伏发电装备高新技术产业化基地"被列为第二批国家新型工业化产业示范基地，已形成了全疆最大的光伏产业生产基地，关键技术均处于国际领先水平。

### （三）自然资源优势

首先新疆具有光照充沛气候的先天优势。太阳能光照资源总量在全国排名第二，戈壁沙漠地区的年均日照小时数为 3200—3400 小时，大部分属于Ⅰ类太阳能资源区。其次具有地理资源环境优势。新疆占地面积达 166 万平方公里，其中适合人居的绿洲面积仅为 10%，适合大规模铺设光伏组件。新疆石英硅矿储量非常丰富，其矿石中的多晶硅含量在99% 以上，抗爆性强，可以为发展光伏产业提供充足的原材料，有助于光伏产业周边产业链的形成，进一步降低光伏产业生产成本。

### （四）成本优势

新疆地区电力充足，有利于发展高载能产业。由于光伏产业上游，即硅料制备、提纯和硅片生产过程中需要消耗较大的电量，因此较低的电力成本使新疆在多晶硅生产方面具有较强的竞争力，充足的电力供应可以保证硅料及硅片的生产成本最低。

## 三、新疆发展光伏产业存在的问题

### （一）产业链不完善

新疆光伏产业中没有中游太阳能电池制造行业的配套，在硅锭和硅棒的拉制以及硅片切割行业上只有特变电工一家本土企业可以独立完成，其他企业基本不涉及深加工生产，整个产业链上还很薄弱。

## （二）位置偏远

新疆地处我国西北部，而负荷中心主要集中在东南部和沿海城市，造成了能源分布和负荷中心严重的不平衡，是新疆新能源产业发展的刚性约束。电力的远距离输送技术难，且"疆电外送"通道建设周期长，配套的设施不能及时跟上新能源产业的发展，会造成"疆电无法外送"的情况，进一步阻碍新能源产业规模的发展。

## （三）区域环境差异较大

北疆地区纬度高，太阳辐射弱，空气中的水气较多；南疆地区气候干旱，晴天多，但是受季风、沙漠、戈壁、沙地地貌的影响，沙尘暴的发生也会影响光伏发电的正常运作，使其具有不稳定性和间歇性。因此要求大力发展光伏发电的储能装置，进而带来了成本提高、电池维护和循环使用等问题。

## （四）产能过剩及国外"双反"对产业带来威胁

全国乃至全世界的光伏市场目前处于供过于求的状况，产能过剩意味着光伏产品价格将被压低，新疆光伏产业的源头以及多晶硅行业的利润就会大幅缩减。加之美国和欧盟等已经确定对我国光伏产品收取高关税，这将会对我国光伏产业造成出口成本增加、产业利润削减、市场份额降低的影响，从而导致以原料供给为核心的新疆光伏产业发展受阻。

## （五）设备回收再利用率低

新疆早期的光伏发电机组，已不能满足现在电网运行的要求，急需产品更新换代。但淘汰产品的回收再利用产业还未形成，大量设备淘汰，形成固体废物，对生活环境造成极大危害。

### （六）新型太阳能电池板技术对传统晶硅产业带来冲击

晶硅制造技术已接近极限，而新型太阳能电池技术单位功率用料是晶硅的千分之一，节能减排效果显著，生产成本降低50%，这将使传统晶硅产业面临巨大的压力。

### （七）人才储备匮乏与引进困难并存

新疆拥有多所科研院所及从事新能源设计、咨询、集成、运行与维护的服务队伍，已经初步具备服务新能源的能力。但高校培养人才与光伏产业所需人才衔接不畅，高端产业复合型人才引进困难制约新疆光伏产业关键技术的突破。

## 四、新疆发展光伏产业的对策建议

### （一）打造完整产业链，提升制造能力

提高新疆光伏产业设备生产能力，补齐新疆光伏产业建设原材料—零部件—产品—工程建设—生产运行—退役全生命周期产业链条，重点培育发展风能、太阳能相关的新材料、新技术和新工艺及高效率的零部件及成套部件能力。充分发挥新疆资源优势和龙头企业引领作用，贯穿光伏产业上下游产品供给链。需要联合疆内外高等院校、研究所等新能源研发机构，搭建为光伏全产业链提供技术研发、技术标准、检验认证、实验测试等综合性平台，并在各个环节上扶持新疆本土光伏优秀企业做大做强。

### （二）推进疆电外送工程建设

远离主要消费市场是新疆新能源产业发展的制约瓶颈，通过推进疆

电外送工程的建设，可改善电网调峰压力，提高发电负荷率，减少弃光限电现象的发生。同时，可以结合新疆优势资源采取"光、风、火打捆"等措施传输电能，以提高经济效益，减少碳排放。

### （三）因地制宜，采用综合型能源系统

新疆地势复杂，气候多变，太阳辐射在不同地点、不同时间变化悬殊。因此，开发利用的重点也不应相同，可采用综合型能源系统，如光伏-风力互补发电系统、风力-光伏互补发电系统、带有备用柴油发电机的光-风-柴或风-光-柴互补系统，太阳能光伏与照明应用系统等，从而高效利用资源，提升光伏产业的经济与环境效益。

### （四）依托"一带一路"，开拓海外市场化解产能过剩

依托"一带一路"、中巴"经济走廊"和中蒙俄"经济走廊"等战略机会，积极开展国际光伏合作，支持疆内企业与沿线及周边国家开展重点项目合作，化解产能过剩的窘境并提振国内光伏市场。

### （五）培育新能源产业回收利用行业，促进资源循环利用

新疆新能源产品开发较早，由于技术革新升级及设备运行达到寿命年限，早期投入的设备急需淘汰或更新换代，因此，应加快培育回收利用新能源行业淘汰品产业，对淘汰产品进行循环利用，因地制宜建立大、中、小型回收基地，在减少资源消耗及污染的同时也可为经济发展注入新动能。

### （六）推动传统晶硅制造产业转型升级

因新型薄膜太阳能电池转换效率高、原材料消耗低、弯折性和弱光性能较好，具有较大的生产成本优势和节能减排效益，使传统晶硅电池产业面临较大冲击。因此应加大对新型电池研发投入，改造和提升现有晶硅电池制造技术，向高性能超薄电池发展以适应新能源产业升级转型。

这个方面主要着力点是推进新疆新型薄膜太阳能电池产业化，加快引进国内龙头企业，以引领新疆薄膜太阳能电池制造产业化进程，推动传统晶硅制造产业转型升级。

## （七）强化人才培养，适应新能源产业发展需求

人才是事业发展的重中之重，新疆始终面临人才难引进，引进留不住的困扰。发展光伏产业亟需针对国家政策，制定新疆相应配套制度，为新能源产业人才的长足发展提供政策保障和倾斜。制定专门人才培养计划，在新能源产业逐年增加人才培养数量。鼓励和引导职业院校围绕新能源产业调整专业设置，下达订单培养计划。突出产教融合、校企合作，提升新能源人才供给总量，优化人才结构。并从人才政策方面给予新能源行业从业人员优厚待遇，留住引进人才，增强人才的稳定性。

# II 调研报告[①]

## 一、 新疆发展光伏产业的宏观背景

### （一）国际背景

进入工业时代，人类活动对气候的影响主要表现在陆地、海洋温度和海平面不断上升，融冰和冰川后退，气候变化对社会经济发展、粮食安全和全球生态系统安全带来了严重威胁，成为当今全球面临的重大挑战。2021年4月19日世界气象组织发布的《2020年全球气候状况》报告指出，2020年全球主要温室气体排放浓度仍在持续上升，全球平均温度比工业化前水平高1.2℃，显现出气候变化正在演变成为关系人类命运的"气候危机"，减少碳排放成为共同面对的挑战。

1992年，联合国召开地球问题首脑会议，达成《联合国气候变化框架公约》。1997年，《京都议定书》正式通过，要求发达国家缔约方遵守减排目标。2015年12月，里程碑式的《巴黎协定》达成。这是史上第一份覆盖近200个国家和地区的全球减排协定，其核心目标是：加强对气候变化所产生的威胁做出全球性回应，实现与前工业化时期相比将全球温度升幅控制在2℃以内的共同目标，并力争将温度升幅限制在1.5℃以内。标志着全球应对气候变化迈出了历史性的重要一步。

温室气体上升伴随工业化的进程化石能源的消耗，也因此推动全球能源革命进入了能源经济转型时代。自2009年12月17日的哥本哈根会议在全球范围内提出了低碳的倡议后，新能源产业成了各国尤其是发达

---

① 课题主持人：陈闻君（新疆财经大学丝路经济与管理研究院教授，博士生导师）；课题组成员：张旭东（新疆财经大学经济学院区域经济学博士生）。

国家发展的重点。一方面是由于国际市场上传统能源的供需变得越来越紧张越来越不稳定，很多地区呈现枯竭态势；另一方面是因为传统能源的大规模使用导致温室效应加剧，引发气候危机。相比于传统能源，新能源显示出可再生、污染小等优点。新能源的发展可以为一个地区的经济发展带来新的增长动力，尤其在当前的国际环境下，更可以帮助自身摆脱经济不景气的阴霾。大力推动新能源发展已成为国际社会的共识，各国纷纷制定新能源产业发展战略，该产业已成为各国的重点发展方向。

### （二）国内背景

改革开放以来，我国经济发展取得了举世瞩目的成就，但是传统粗放型经济增长模式也导致了资源消耗高居不下、污染物和碳排放的成倍增长带来了巨大的气候与环境压力。我国尚处于工业化、城镇化深度发展阶段，能源需求还在保持刚性增长。同时，我国气候类型复杂，区域差异较大，易受气候变化不利影响，应对气候变化刻不容缓。我国始终把主动适应气候变化作为积极应对气候变化国家战略的重要内容，坚定维护以《联合国气候变化框架公约》为主渠道的应对气候变化国际多边机制，积极推动包括《京都议定书》《巴黎协定》等气候公约的签署、批准和实施，建设性地参与国际气候治理进程[1]。

2020年9月习近主席在第75届联合国大会一般性辩论上宣布："中国将提高国家自主贡献力度，采取更加有力的政策和措施，二氧化碳排放力争于2030年前达到峰值，努力争取2060年前实现碳中和。"2020年12月12日习近平主席在气候雄心峰会上宣布："到2030年，中国单位国内生产总值二氧化碳排放将比2005年下降65%以上，非化石能源占一次能源消费比重将达到25%左右，森林蓄积量将比2005年增加60亿立方米，风电、太阳能发电总装机容量将达到12亿千瓦以上。"2021年9月第76届联合国大会一般性辩论上习近平主席再次强调中国将力争2030年前实现碳达峰、2060年前实现碳中和，宣布中国将大力支持发展中国家能源绿色低碳发展，不再新建境外煤电项目。2022年10月16日中国共产党第二十次全国代表大会召开，会上明确提出"积极稳妥推进碳达峰碳中和……立足我国能源资源禀赋，坚持先立后破，有计划分步骤实施碳达峰行动……深入推进能源革命，加强煤炭清洁高效利用……加快规划建设新型能源体系……积极参与应对气候变化全球治理"，表达出要加快发展方式绿色转型、发展绿色低碳产业的决心。

实现"双碳"目标，预示着传统能源到低碳绿色能源产业转型的深刻变革。我国拥有丰富的可再生资源，包括太阳能、风能、海洋能、地热能等。在各种可再生能源中，太阳能以其清洁、安全、取之不尽、用之不竭等显著优势，已成为发展最快的可再生能源。开发利用太阳能对调整能源结构、推进能源生产和消费革命、促进生态文明建设具有重要意义。光伏发电产业作为开发利用太阳能的重要抓手，国家对其重视程度日益提高。转变能源生产消费结构，加快发展光伏产业，已经成为全社会共识。我国光伏产业得到了大力推动和政策扶持，装机规模稳步扩大，发电量持续上升，并保持着高利用率水平。国家能源局数据显示，2022年1—7月，全国光伏新增装机3088万千瓦，其中，光伏电站1123万千瓦、分布式光伏1965万千瓦，全国光伏发电平均利用率97.7%，截至2022年6月底我国光伏发电装机达3.36亿千瓦。全国光伏发电利用小时数623小时，同比增加7小时，表明光伏发电利用率保持较高水平[①]。同时光伏产业带动产业链同步发展，光伏整机、组件以及光伏电池、新能源汽车等相关企业进入成长期。

## 二、新疆发展光伏产业发展现状及SWOT分析

### （一）新疆发展新能源产业的政策支持情况

在"双碳"目标下，我国在国家和地方层面先后发布了一系列碳达

① 本部分数据来源于国家能源局 http://www.nea.gov.cn/2022-08/02/c_1310648934.htm.

峰、碳中和顶层设计文件及配套政策，为经济社会发展全面绿色转型提供政策指导，为光伏新能源产业高质量发展注入新动能。

2021年10月12日习近平主席在《生物多样性公约》第十五次缔约方大会领导人峰会上的主旨讲话中指出，为推动实现"双碳"目标，中国将陆续发布重点领域和行业碳达峰实施方案和一系列支撑保障措施，构建起碳达峰、碳中和"1+N"政策体系。中国将持续推进产业结构和能源结构调整，大力发展可再生能源，在沙漠、戈壁、荒漠地区加快规划建设大型风电光伏基地项目。同年10月24日，国务院发布的《中共中央国务院关于完整准确全面贯彻新发展理念做好碳达峰碳中和工作的意见》明确了"双碳"总体要求、主要目标和具体举措，是实现碳达峰、碳中和的纲领性文件。同年10月26日国务院印发《2030年前碳达峰行动方案》，方案指出要大力发展新能源，全面推进风电、太阳能发电大规模开发和高质量发展，坚持集中式与分布式并举，加快建设风电和光伏发电基地。国家发改委、财政部等五部门联合发布的《关于引导加大金融支持力度 促进风电和光伏发电等行业健康有序发展的通知》指出，我国实现"双碳"的目标任务艰巨，需要进一步加快发展风电、光伏发电、生物质发电等可再生能源。2022年5月14日，国家发改委和国家能源局出台《关于促进新时代新能源高质量发展的实施方案》，其中首要抓手就是加快推进以沙漠、戈壁、荒漠地区为重点的大型风电光伏基地建设。

新疆早在2012年发布的《新疆太阳能光伏产业发展规划（2011—2015年）》中提出，将发挥新疆能源、资源、光能等优势，把新疆打造成我国重要的太阳能光伏产业制造基地和高端大规模综合应用示范区。2021年12月，自治区发展改革委、国家能源局新疆监管办印发《关于2021年风电、光伏发电年度开发建设方案有关事项的通知》中提出持续深化"放管服"改革，进一步优化营商环境，规范开发建设秩序。要统筹资源开发条件和电源送出通道，科学合理选取新能源布点，积极落实项目建设条件，推动出台土地、财税和金融等支持政策，减轻新能源开发建设不合理负担，调动各类市场主体投资积极性。要加大与自然资源、林业草原、生态环境、住房建设等部门的沟通协调，为风电、光伏发电项目开发建设创造有利条件。2022年4月，新疆维吾尔自治区发展改革委印发的《完善我区新能源价格机制的方案》明确了2021年起投产的新能源平价项目目标上网电价0.262元/千瓦时，为促进自治区风电、光伏发电产业持续健康发展奠定基础。

## （二）新疆光伏产业发展现状[①]

在"双碳"目标的激励下，在各层面政策的支持下，经过近年来的布局和推动，2020年新疆地区光伏装机规模稳步扩大，光伏利用水平显著提升，为促进能源结构优化、推动高质量发展提供了有力支撑。据数据显示，新疆维吾尔自治区（含兵团）累计装机容量达1261万千瓦，同比增长16%，其中集中式电站规模为1206万千瓦，分布式装机55万千瓦。2020年新增光伏装机22万千瓦，其中分布式新增装机4.1万千瓦，集中式新增装机17.9万千瓦。全年太阳能发电量149.13亿千瓦时，同比增长12.86%，占总发电量的4.21%。全年太阳能发电设备平均利用小时数为1490小时，同比增加57小时。光伏发电量和发电设备利用小时数同比均有所增加，弃光限电情况持续好转，光伏发电运行情况稳中向好。从弃光情况看，2020年，新疆全年弃光电量7.24亿千瓦时，较去年同期下降29.09%；平均弃光率4.61%，同比下降2.6%。自"十三五"以来，新疆弃光率连续两年下降到10%以下，完成国家对新疆光伏发电消纳目标要求。分区域看，除克州弃光率略高于10%以外，新疆其他地（州、市）弃光率均在10%以下，其中吐鲁番市、昌吉州、乌鲁木齐市光伏发电消纳情况最好，弃光率分别为2.39%，2.36%，1.75%。

从产业发展情况看，目前全疆光伏产业链已基本形成。新疆基本形成乌鲁木齐、石河子、奎-独经开区、阿拉尔四大光伏和电子新材料基地，正向规模化快速迈进。乌鲁木齐高新技术开发区"国家光伏发电装

---

① 本部分数据来源于中国光伏行业协会秘书处，赛迪智库集成电路研究所，《2020—2021年中国光伏产业年度报告》，2021.5。

备高新技术产业化基地"被列为第二批国家新型工业化产业示范基地，已形成了全疆最大的光伏产业生产基地，关键技术均处于国际领先水平。

其中多晶硅产业产能达到了一定规模，在全国占据领先地位。2020年新疆多晶硅产能继续扩大，全年新增产能2.6万吨，总产能达24.7万吨，占全国总产能一半以上，是全球多晶硅产业最为集中的地区。2020年新疆维吾尔自治区多晶硅总产量21.3万吨，约占全国产量53.8%，产值约150.5亿元。全区多晶硅企业4家，且均为全球产能前十企业，包括：新疆大全，产能7.5万吨，产量约7.7万吨；新特能源，产能7.2万吨，产量约6.5万吨；东方希望，产能为6万吨，产量为4万吨；新疆协鑫，产能4.0万吨，产量3.1万吨。伊犁州新源县的新疆晶科能源有限公司，是我国排名前五的硅片生产企业，当前拉棒产能达5GW，技术水平处于行业领先地位。新疆东方希望光伏科技有限公司总投资4亿元，建设100台单晶炉的1GW单晶拉棒、切片项目完成投产[①]。近六年来全区光伏发电情况见表2-1：

表2-1　2015—2020年新疆地区光伏发电基本情况

| 年份 | 总装机容量/万千瓦 | 年发电量/亿千瓦时 | 全年弃光率/% | 年均可利用小时数/h |
| --- | --- | --- | --- | --- |
| 2015 | 504 | 45.8 | 26 | 1107 |
| 2016 | 894 | 66.6 | 32.23 | 990 |
| 2017 | 932 | 103 | 22 | 1223 |
| 2018 | 952 | 117 | 16 | 1337 |
| 2019 | 1239 | 139 | 7.4 | 1420 |
| 2020 | 1261 | 149.13 | 4.61 | 1490 |

注：数据来源于《2020—2021年中国光伏产业年度报告》

## （三）新疆发展光伏产业的SWOT透视

新疆占我国国土面积六分之一，中国十大沙漠中有三大沙漠在新疆，

---

① 本部分数据来源于中国光伏行业协会秘书处，赛迪智库集成电路研究所，《2020-2021年中国光伏产业年度报告》，2021.5。

戈壁和荒漠区域面积位于全国首位,在大型风电光伏基地建设中具有得天独厚不可替代的区域优势。但是该产业发展也面临一系列制约因素。从优势、威胁、机遇和挑战几个方面分析如下。

1. 优势

新疆地区发展光伏产业具有得天独厚的优势,可从气候条件、地理环境资源、成本优势几方面来分析。

首先具有光照充沛的气候先天优势。新疆地区拥有丰富的太阳能光照资源,水平表面年辐射总量在5300—6700兆焦耳／米²,年平均日照时数在1600—2200小时之间,太阳能光照资源总量在全国排名第二。太阳能资源按区域分布为:东疆地区年总辐射量为6400兆焦耳／米²,年峰值日照时数2100小时;南疆地区年总辐射量为5900兆焦耳／米²,年峰值日照时数1700小时;北疆地区年总辐射量为5300兆焦耳／米²,年峰值日照时数1600小时。太阳能光热和光能资源优势明显[①]。日照时间的长短直接影响着光伏发电装置所能获得的太阳辐射,一般太阳能光伏发电装置要求日照时长大于6小时才可以发挥正常效益。新疆全年平均日照时数达1600—2200小时。但日照时数呈现:"东部多,西部少;盆地多,山区少"的格局,按照日照时数来划分新疆区域太阳能丰富程度,除了西部山区日照时数相对较少外,其余地区太阳能资源均很充沛,有着巨大的开发潜力。新疆戈壁沙漠地区的年均日照小时数为3200—3400小时,大部分属于Ⅰ类太阳能资源区,这为新疆地区发展光伏产业提供了有利的条件和环境。

日平均气温的高低影响着光伏装置发电效率,环境气温一般要求大于10℃,太阳能装置才能发挥正常效益。新疆区域内南疆年平均气温大于北疆,盆地年平均气温大于山区。若不考虑其他因素,以日平均气温来评判新疆地区太阳能丰富程度的话,除部分北疆地区和山区的年平

---

① 数据来源于新疆维吾尔自治区工业与信息化厅.http://gxt.xinjiang.gov.cn/gxt/xjxq/hd_xjxq.shtml?id=af10ee66ae5d442a98507a6e4dde2536.

均气温较低外，其他地区太阳能资源均非常丰富，极利于光伏产业的发展[2]。

第二是具有地理资源环境优势。新疆占地面积达166万平方公里，为我国总面积的1/6，其中适合人居的绿洲面积仅为10%，多为干旱和半干旱荒漠区域，尤其南疆地区有大量的沙漠、戈壁和沙地，干旱缺水，且土地盐碱化程度严重，大多数无法改造为耕地、林地和园地等用地，适合大规模铺设光伏组件。同时，沙漠、戈壁和沙地地区每年接收的太阳辐射量相当于$4×10^3$亿吨标准煤。如果年发电量按每平方米150千瓦时计算，仅利用1%的荒漠戈壁面积，全年的发电量将达到1.5万亿千瓦时，适宜建设大型、超大型并网和离网光伏电站，以及光伏综合应用示范基地[①]。如表2-2：在所有土地利用类型中，未利用土地区域面积最大，且其占比在2001年、2010年和2018年均超过70%[3]。

表2-2 新疆各土地利用类型变化情况

| 年份 | 耕地 | | 林地 | | 草地 | | 水体 | | 建设用地 | | 未利用地 | |
|---|---|---|---|---|---|---|---|---|---|---|---|---|
| | 面积/km² | 占比/% | 面积/km² | 占比/% | 面积/km² | 占比/% | 面积km² | 占比/% | 面积/km² | 占比/% | 面积/km² | 占比/% |
| 2001 | 45656.15 | 2.78 | 2725.47 | 0.17 | 372122.09 | 22.79 | 18020.83 | 1.11 | 2527.52 | 0.15 | 1191992.84 | 73.00 |
| 2010 | 58095.33 | 3.56 | 2242.06 | 0.14 | 374754.78 | 22.95 | 22588.34 | 1.37 | 2533.05 | 0.16 | 1172702.90 | 71.82 |
| 2018 | 70614.83 | 4.32 | 2723.50 | 0.17 | 383403.07 | 23.48 | 26529.20 | 1.63 | 2573.25 | 0.16 | 1146954.82 | 70.24 |

数据来源：米尔扎提江·木艾塔尔江，古丽米热·艾尔肯，阿依吐尔逊·沙木西.基于MODIS数据的新疆土地利用、覆被时空变化及驱动因素分析[J].湖北农业科学，2022，61（16）：58-63.

除丰富的太阳能资源和荒漠资源外，新疆还有丰富的矿产资源。新疆石英硅矿储量非常丰富，其矿石中的多晶硅含量在99%以上，抗爆性强。比如准噶尔地区已经探明石英硅储量1.2亿吨，同时还可以提供生产

---

① 数据来源于新疆维吾尔自治区工业与信息化厅.http://gxt.xinjiang.gov.cn/gxt/xjxq/hd_xjxq.shtml?id=af10ee66ae5d442a98507a6e4dde2536.

和加工石英硅所需的液氯、烧碱、石油焦、碳化硅砂等资源。可以为发展光伏产业提供充足的原材料，有助于光伏产业周边产业链的形成，进一步降低光伏产业生产成本[4]。

第三是成本优势优势。新疆地区电力充足，有利于发展高载能产业。新疆地区的煤炭、风能、太阳能资源均位居全国前列，因此电力成本较低。由于光伏产业上游，即硅料制备、提纯和硅片生产过程中需要消耗较大的电量，因此较低的电力成本使新疆地区在多晶硅生产方面具有较强的竞争力，充足的电力供应可以保证硅料及硅片的生产成本最低。目前，新疆地区的多晶硅生产企业的平均电价约为0.24元/千瓦时，部分多晶硅生产企业的电价甚至可以低至0.10元/千瓦时①。

2. 劣势

新疆光伏产业的发展还面临着中游产业配套能力弱、电力外送能力弱以及产业发展的体制机制不完善以及人才短缺等各种制约因素。发展劣势表现为：

第一是产业链不完善。新疆光伏产业主要集中在两头，多晶硅制造和光伏的应用。依托资源和成本优势的多晶硅制造行业在全国来说都有很强的竞争力，依托光照充沛和地理优势的光伏电站的建设正如火如荼。但是中游产业配套来看新疆至今为止没有太阳能电池的制造行业，在硅锭和硅棒的拉制以及硅片切割行业上只有特变电工一家本土企业可以独立完成，其他企业基本不涉及深加工生产。而从事晶硅片切割专业刃料的配套生产、组件和平衡系统的制造虽然也有企业涉及，但是在整个产业链上还很薄弱。

第二是位置偏远。中国可再生能源资源大部分都分布在西北部，而负荷中心主要集中在东南部和沿海城市，造成了能源分布和负荷中心严

---

① 本部分数据来源：迪力亚·穆合塔尔. 新疆维吾尔自治区战略性新兴产业发展对策研究[J]. 中外企业家，2013（13）：35-36.

重的不平衡，远离主要消费需求市场是新疆新能源产业发展的刚性约束。远离主要电力消费区域，电力的远距离输送技术难且"疆电外送"通道建设周期长，这些配套的设施不能及时跟上新能源产业的发展，会造成"疆电无法外送"的情况，因此出现"弃光限电""弃风限电"的现象，反过来进一步阻碍新能源产业规模的发展[5]。

第三是区域环境差异较大。昼夜变化、天气、季节对太阳能光伏发电的正常运作有着直接的影响。北疆地区纬度高，太阳直射角小，太阳辐射弱，且北疆地区空气中的水气较多；南疆地区气候干旱，晴天多，但是受季风影响，加之南疆沙漠、戈壁、沙地的地貌，沙尘暴的发生也会影响光伏发电的正常运作，均为光伏发电带来了不稳定性和间歇性。因此要求大力发展光伏发电的储能装置，减少这类因素产生的影响，但发展储能设备又带来了提高成本的问题，且电池的维护和循环使用等问题也随之产生。

第四是该行业人才储备匮乏与引进困难并存。新疆拥有新疆新能源研究所、中科院新疆理化所、新疆新能源股份有限公司、新疆大学以及不少从事新能源设计、咨询、集成、运行与维护的服务队伍，已经初步具备服务新能源的能力，但高校培养人才与光伏产业所需人才不能很好衔接，培养过程中缺乏一流师资和生源，甚至一些学科专业还处于缺失状态。新疆地处偏远、发展相对落后，社会保障水平以及资金待遇相对较低，大多数高校毕业生或是技术人员引进困难。客观上人才培养的不平衡和人才结构的不合理，特别是高端产业复合型人才引进困难制约着新疆光伏产业关键技术的突破。

3. 机遇

首先，总体而言"双碳"目标的提出，要求我国转变经济增长方式，传统部门将被逐渐淘汰，带来了新能源产业发展的历史机遇。新疆光伏产业在此重大机遇面前需要整合优势、推动产业升级。

其次，新疆在"一带一路"建设中具备新的机遇，"一带一路"倡议推进新疆同周边国家的合作进一步增强。"一带一路"沿线许多国家资源丰富，但电力建设相对落后，且其新能源市场较为广阔。新疆"一带一路"核心区战略地位的确立有利于加速疆内光伏产业"走出去"。中亚国家是新疆光伏产业的热门市场，由于中亚国家居民别墅建筑较多，小型风光互补综合发电设备极受当地市场欢迎。由于地理位置十分接近以及多处通商口岸的建立，相较于内地其他省市对中亚市场的新要求与合作开拓有着显著优势，新疆光伏设备市场面向中亚广阔的市场前景十分乐观。

再次，是对口援疆和国家光伏差异化政策带来机遇。在对口援疆的政策背景下，内地光伏企业将加大在新疆投资光伏产业的力度，新疆可凭借巨大的需求承接高品质低价格的光伏产品。同时国家对新疆多晶硅产业项目实行差别化政策，新疆可建设内地条件所不允许的年产3000吨规模的项目。政策机遇带动很多内地企业必然会来新疆投资建设，促使新疆光伏产业催生做大做强的契机。

最后，是电力需求的逐渐递增创造市场机遇。虽然我国电力工业总体上保持稳定发展，但受到国际能源价格波动、火电装机增长慢等因素，还是会出现区域性、时段性、季节性的缺电，对国家的经济发展产生越来越严重的影响，近年"拉闸限电"现象提醒我们，要科学有序推进"双碳"目标的实现，但也不能因为"拉闸限电"而因噎废食。因此，快速发展利用光伏发电可以有效填补由于不确定因素导致的空白，不仅可以为电力结构调整、节能减排做出贡献，也减缓了电力供需平衡的巨大压力。同时，"电化新疆""疆电外送"通道扩容等工程的启动将大幅增强新疆地区本地的新能源消纳能力。随着±1100kV准东-皖南等特高压直流外送通道的建成，新疆地区的新能源外送能力将得到大幅增强。

### 4. 威胁

新疆光伏产业的发展目前面临的威胁首先是产能过剩的威胁。产能过剩意味着光伏产品价格将被压低，新疆光伏产业的源头以及主要部分多晶硅行业的利润就会大幅缩减。虽然不断有企业退出或转产，但是新疆光伏产业仍将受到全国乃至全世界产能过剩带来的威胁。太阳能光伏发电主要有离网型独立发电、光电建筑并网发电和大规模荒漠并网发电三种方式。2020年新疆光伏发电总装机容量达到1261万千瓦，全年太阳能发电量占全国总发电量的4.21%。全国乃至全世界的光伏市场目前处于供过于求的状况，加之欧洲各国补贴政策的下调，使得需求紧缩。国内光伏市场的产能过剩正导致一场光伏企业的重新洗牌。加之我国经济增长和居民收入增长的放缓，致使市场景气程度不高，会导致国内对光伏产品需求受到一定限制，同时可能对离网光伏产品的质量、性能和价格提出更高的要求。且在短期内，并网的大型光伏项目也可能受到资金短缺的影响而难以进一步推进。

其次是美欧印对华光伏产业进行"双反"调查的威胁。美国和欧盟已经确定对华光伏产品收取高关税，将对我国光伏产业产生较为严重的打击。仅欧洲市场就占据了我国光伏出口市场的70%，欧美的高关税将会大幅增加我国光伏产品出口的成本，削减我国光伏产业的利润，降低我国光伏产品的市场份额，从而导致以原料供给为核心的新疆光伏产业发展受阻。

再次是设备回收再利用率低。新疆光伏产业起步较早，光伏设备装机容量大，但是不少设备已经不能满足现在电网的要求，亟待新产品替代。例如，新疆早期安装的光伏发电机组，虽然机组未到寿命期，但是，已经不能满足电网功率控制、高低电压穿越及一次调频等要求，亟需产品更新换代。但淘汰产品的回收再利用产业还未形成，大量设备淘汰，必然带来大量固体废物，对生活环境造成极大危害。

最后是新型太阳能电池板技术对传统晶硅产业带来冲击。近年来，晶硅制造技术不断进步，制造成本、转换效率已接近技术极限，而非晶硅、碎化镉、砷化镓（GaAs）等薄膜太阳能电池已基本成熟。新型电池薄膜厚度仅几十至几百微米，单位功率用料是晶硅的千分之一，节能减排效果显著。相较于多晶硅太阳能电池，新型电池的生产成本可降低50%，这将使传统晶硅产业面临巨大的压力。

# 三、新疆光伏产业对碳排放的影响研究

能源是工业发展的引擎，是经济增长和社会发展的基本要素。新疆是我国重要的资源战略区，煤炭、石油和天然气等化石能源丰富，具有明显的能源优势。新疆经济发展战略始终离不开能源，新疆的经济史就是能源发展的进化史[7]。改革开放以来，新疆经济发展迅速，随着经济的快速增长和能源的大量消耗，碳排放量也急剧增加。"一带一路"建设与"双碳"目标的提出，给新疆的发展带来了崭新机遇，也使其面临全新的挑战，如何转换发展模式，实现经济发展与碳排量降低的双赢已成为新疆新能源及光伏产业发展面临的现实问题。

## （一）新疆地区碳排放量的时序分析

为清晰刻画新疆碳排放的主要特征，进一步分析碳排放量的时序变化规律，本节采用中国碳排放核算数据库（CEDAs）中的新疆碳排放数据并对其进行时序分析①。具体如图2-1所示。

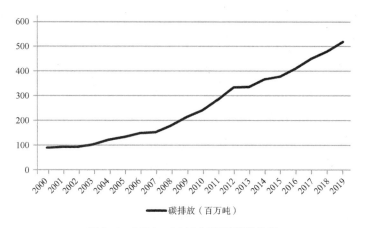

图2-1　2000—2019年新疆碳排放量

---

① 中国碳核算数据库 https://www.ceads.net.cn/.

整体来看，新疆碳排放量从2000年的89.33百万吨上升至2019年的519.31百万吨，年均增长率为26.74%，呈现出持续上升的特征。从演变过程来看，新疆碳排放量呈现出"先疾后缓"的上升趋势，在快速上升至2012年的333.44百万吨后，随后较为平缓上升至2019年的519.31百万吨。其中2000—2012年年均增长率为27.33%，2012—2019年年均增长为7.96%。说明近年来新疆对低碳经济发展日益重视，正逐步改变高投入、高排放的增长模式，并取得了一定成效。

碳排放强度是衡量一个国家或地区碳排放效率的重要指标，一般使用碳排放总量与GDP的比值进行刻画。碳排放强度越低，其经济效益越高。图4为2000—2019年新疆碳排放强度变化趋势图。整体来看，新疆碳排放强度从2000年的0.065下降至2019年的0.038，年均下降率为2.31%，呈现出波动式下降的趋势，表明碳排放效率正逐年提高，节能减排取得一定成效。

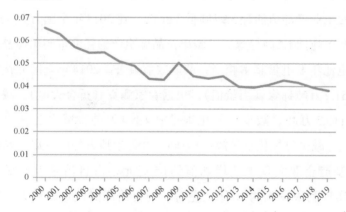

**图2-2　2000—2019年新疆碳排放强度变化趋势图（百万吨/亿元）**

（二）新疆光伏产业发展对碳排放的影响研究

"一带一路"的建设与"双碳"目标的提出，给新疆光伏产业的发展带来前所未有的机遇。新疆光伏装机规模从2011年的12万千瓦上升至2021年的1277万千瓦。

已有研究对于新疆光伏产业经济效应的评价基本一致，而对其环境效应有两种截然不同的观点[6]。第一种观点聚焦于光伏产业发展的负面影响：①晶硅制造业能耗高。经多年发展，新疆晶硅制造企业虽实现了单位电耗和成本双降，但仍属高载能产业。晶硅制造产业链电耗以平均175千瓦时/千克计，2014年耗标煤50.8万吨，占新疆规模以上工业能源消费量的0.4%。②晶硅生产中的废气废渣对环境产生影响。目前多晶硅生产项目采用先进、高效、清洁的生产工艺，建立了循环产业链。多晶硅冶炼过程中仍然产生少量废液尾气，据专家测算（折合火电），2014年晶硅制造业排放碳粉尘112.3万吨，二氧化碳411.8万吨，二氧化硫12.39万吨，氢氧化物6.2万吨，对环境造成一定影响。③光伏发电成本较高。由于光伏发电项目投资较大，每千瓦装机投资在13000元左右，高于火电投资1倍，高于风电投资0.5倍，成本较高。

第二种观点则关注光伏产业发展的积极作用：①"节能减排"效益显著。新疆多晶硅生产万元工业增加值能耗仅为0.58吨标煤，比2013年新疆万元工业增加值能耗3.94吨低3.36吨，比2013年全国万元工业增加值能耗1.78吨低1.2吨标煤。新疆单位晶硅生产的耗电量与单位晶硅生产的光伏电池年发电量基本相当，节能效益显著。2014年全区光伏发电减少能耗51.2万吨标煤（当量值），根据专家测算（折合火电），减少碳粉尘排放113.3万吨，减少二氧化碳排放415.4万吨，减少二氧化硫排放58.2万吨，减少氢氧化物排放6.2万吨。②带动地方经济发展。2014年新疆晶硅制造企业实现工业增加值约65亿元，占自治区工业增加值的2.1%，实现利税总额约30亿元左右，为自治区财政贡献约为7.5亿元，解决12000人就业。新疆全区光伏发电产业实现工业增加值28亿元，拉动工业增加值增长0.8个百分点，为财政增收5500万元。若按照光伏发电容量占全网容量的15%计，可实现工业增加值9.2亿元，每年将为自治区财政贡献3500万元。按照光伏电站25年设计寿命，可正常持续纳税20年。③拉动相关产业发展。新疆光伏电站建设将带动光伏支架、汇流器件、逆变器等产业发展。按未来几年新增光伏发电容量计算，将为钢铁、铝材等产业创造160亿元市场，给汇流器、逆变器企业创造25亿元市场，预计新增工业增加值45亿元，为财政增收6.5亿元。

新疆光伏产业发展的环境效应究竟如何，新疆光伏产业发展能否带来碳排放的降低，本节通过研究新疆光伏产业发展对碳排放的影响进行探索。本节实证部分重点检验新疆光伏产业发展对碳排放的影响，设定回归模型如下：

$$\ln y=\beta_0+\beta_1\ln x+\beta_2x+\varepsilon$$

其中，被解释变量 $y$ 为碳排放量，数据来源于中国碳排放核算数据库。核心解释变量 $x$ 为新疆光伏产业发展水平，使用光伏装机规模进行表征，数据来源于国网新能源云[①]。

$x$ 为控制变量，考虑到其他可能影响碳排放量的因素较多，为减少因遗漏变量而造成估计误差，本文选取工人受教育程度、城市规模、产业结构及固定投资水平作为控制变量。其中，工人受教育程度用高中以上人口数量表示，城市规模使用年底人口数表示，产业结构使用第三产业占GDP比重表示，固定投资水平采用固定投资总额表示；控制变量数据均来源于《新疆统计年鉴》。代表模型残差项。鉴于数据可得性，模型研究时序为2011—2019年。为消除量纲影响，本节对所有数据进行取对数化处理。表2-3为变量描述统计。

表2-3　变量描述性统计

| 指标名称 | 均值 | 标准差 | 最小值 | 最大值 |
|---|---|---|---|---|
| 碳排放量 | 5.97 | 0.19 | 5.66 | 6.25 |
| 光伏产业发展水平 | 5.60 | 1.74 | 2.49 | 6.93 |
| 固定投资水平 | 9.15 | 0.39 | 8.44 | 9.64 |
| 工人受教育程度 | 7.95 | 0.91 | 7.51 | 10.33 |
| 城市规模 | 7.76 | 0.05 | 7.70 | 7.83 |
| 产业结构 | 3.74 | 0.14 | 3.53 | 3.94 |

注：碳排放量数据来源于中国碳核算数据库；光伏产业发展水平数据来源于国网新能源云；控制变量数据来源于《新疆统计年鉴》。

---

① 国网新能源云 https://sgnec.sgcc.com.cn/.

表2-4报告了新疆光伏产业发展对碳排放影响的实证结果，从回归结果可以看出，光伏产业的发展可以带来碳排放的降低，其系数为0.0327，并在5%的水平上显著，当光伏产业发展每增加1个百分比时，会导致碳排放下降0.0327个单位，这与前文所描述光伏产业的"节能减排"效益密切相关。

表2-4　回归结果

| 碳排放 | coefficient | std.err. | t | p>|t| | [95% conf. interval] | |
|---|---|---|---|---|---|---|
| 光伏产业发展水平 | -.0326727 | .0100309 | -3.26 | 0.047 | -.0645654 | -.00075 |
| 固定投资水平 | .3684502 | .0834378 | 4.42 | 0.022 | .1029138 | .6339867 |
| 工人受教育程度 | -.029532 | .0081043 | -3.64 | 0.036 | -.0553234 | -.0037407 |
| 城市规模 | 1.710998 | .599493 | 2.85 | 0.065 | -.1968559 | 3.618853 |
| 产业结构 | .134872 | .2308221 | 0.58 | 0.600 | -.5997068 | .8694509 |
| _cons | -10.77834 | 3.866814 | -2.79 | 0.069 | -23.08427 | 1.527586 |

固定投资水平对碳排放量的影响为正，系数为0.368，在5%的水平上显著，主要是因为固定投资大多用于工业和建筑业等高能耗行业，进而导致碳排放的增加。工人受教育程度的提高可以带来碳排放的降低，其系数为0.0295，并在5%的水平上显著，高素质的工人可使企业生产效率得到提高，可以进一步带来碳排放的降低。产业结构高级化会推动碳排放量升高，但并不显著，可能由于新疆第三产业发展相对薄弱，要在短时间内表现出对碳排放的抑制效应还存在困难，这也是其不显著的主要原因。城市规模的扩大显著增加了碳排放量，其系数为1.711，并在1%的水平上显著，这主要由于随着城市规模的扩大，城市表现出"摊大饼"式的发展特征，带来资源的浪费与"城市病"的产生，进而推动碳排放量上升。

## 四、新疆发展光伏产业的对策建议

基于前文分析可见新疆有明显优势亦有短板，机遇与挑战并存。但从实证回归结果可见，光伏产业对于节能减排有显著贡献。因此，新疆应加大对光伏产业的支持力度，推进光伏产业快速升级发展，持续优化能源结构，以实现碳排放降低与光伏产业发展的双赢。如何抓住这个战略机遇，新疆新能源特色产业集群，推动光伏产业进一步向纵深发展，为区域经济发展寻求新突破，为国家双碳目标做出实质性贡献，本文提出以下对策建议：

## （一）打造完整光伏产业链，提升制造能力

新疆光伏产业主要集中在两头：多晶硅制造和光伏的应用。提高新疆光伏产业设备生产能力，补齐新疆光伏产业建设原材料—零部件—产品—工程建设—生产运行—退役全生命周期产业链条，重点发展光伏相关的新材料、新技术和新工艺，培育高效率的零部件及成套部件能力，在于如何充分发挥新疆资源优势和龙头企业引领作用，贯穿光伏产业上下游产品供给链。需要联合疆内外高等院校、研究所等新能源研发机构，搭建为光伏全产业链提供技术研发、技术标准、检验认证、实验测试等综合性平台，并在各个环节上扶持新疆本土光伏优秀企业做大做强。

## （二）推进疆电外送工程建设，减少弃光限电现象发生

远离主要消费市场是新疆新能源产业发展的制约瓶颈，通过推进疆电外送工程的建设，可改善电网调峰压力，提高发电负荷率，减少弃光限电现象的发生。同时，这条"电力丝绸之路"可以结合新疆优势资源采取"光、风、火打捆"等措施传输电能，给内地城市带来稳定优质的绿色能源，除了提高新疆的经济效益，也一定程度减少了内地碳排放。

## （三）因地制宜，采用综合型能源系统

新疆地势复杂，气候多变，太阳辐射在不同地点、不同时间变化悬殊，因此，开发利用的重点也不应相同，可采用综合型能源系统，如光伏-风力互补发电系统、风力-光伏互补发电系统、带有备用柴油发电机的光-风-柴或风-光-柴互补系统，太阳能光伏与照明应用系统等，目的在于高效利用资源，提升光伏产业的经济与环境效益[8]。

## （四）依托"一带一路"，开拓海外市场

依托"一带一路"、中巴"经济走廊"和中蒙俄"经济走廊"等战略机会，积极开展国际光伏合作，支持疆内企业与沿线及周边国家开展重点项目合作，目的在于推动疆内企业走出去。一方面可乘政策"东风"顺利开展项目合作，另一方面可化解产能过剩的窘境并提振国内光伏市场。

## （五）培育新能源产业回收利用行业，促进资源循环利用

新疆新能源产品开发较早，由于技术革新升级及设备运行达到寿命年限，早期投入的新能源设备急需淘汰或更新换代，因此，新疆应加快培育回收利用新能源行业淘汰品产业，对淘汰产品进行循环利用，因地制宜建立大、中、小型回收基地，在减少资源消耗及污染的同时也可为经济发展注入新动能。

## （六）加大研发投入，推动传统晶硅制造产业转型升级

晶硅太阳能电池是世界主流技术，市场占有率超过80%。而新型薄膜太阳能电池转换效率高、原材料消耗低、弯折性和弱光性能较好，具有较大的生产成本优势和节能减排效益，使传统晶硅电池产业面临较大冲击。因此应加大对新型电池研发投入，改造和提升现有晶硅电池制造技术，推动其向高转换率、高功率的高性能超薄电池发展以适应新能源产业升级转型的发展趋势。这个方面主要着力点是推进新疆新型薄膜太阳能电池产业化，加快引进国内龙头企业，以引领新疆薄膜太阳能电池制造产业化进程，推动传统晶硅制造产业转型升级。

## （七）强化人才培养，适应新能源产业发展需求

人才是事业发展的重中之重，新疆始终面临人才难引进，引进留不住的困扰。发展光伏产业急需要针对国家政策，制定新疆相应配套制

度，为新能源产业人才的长足发展提供政策保障和倾斜。从政策上提高支持力度，制定专门人才培养计划，在新能源产业逐年增加人才培养数量。

迫切需要推进高等教育与急需紧缺人才培养的有机结合，根据疆内企业、行业发展需要，改革人才培养模式。鼓励和引导职业院校围绕新能源产业调整专业设置，下达订单培养计划。突出产教融合、校企合作，提升新能源人才供给总量，优化人才结构。并从人才政策给予新能源行业从业人员优惠待遇，留住引进人才，增强新能源产业从业人才的稳定性[9]。

---

**专栏2-1　西北地区光伏产业高质量发展的政策建议**

近年来，随着国家对清洁能源需求的不断增加，光伏产业发展也进入了快车道。西北地区日照资源丰富，在国家能源战略布局中占据了重要地位。数据显示，截至2022年6月，西北主要六个省区总装机量达到8441.6万千瓦，占全国装机总量的25.1%，其中内蒙古1440.2万千瓦，陕西1349.8万千瓦，甘肃1228.4万千瓦，青海1692万千瓦，宁夏1436万千瓦，新疆1295.2万千瓦。在国家层面统筹顶层设计、全局规划下，过去10年西北地区光伏装机容量创造了全球新能源发展史上"现象级"增长，并率先建成甘肃、新疆、青海和宁夏等4个超大型光伏基地，西北已成为我国重要的能源战略屏障。

一、西北地区光伏产业发展现状

2021年至2030年是实现碳达峰、碳中和的关键时期，国家及西部各省区也相继发布了一系列对新能源行业的支持政策和发展规划。如国家发展改革委、国家能源局发布关于印发《以沙漠、戈壁、荒漠地区为重点的大型风电光伏基地规划布局方案》的通知。根据方案计划以库布齐、乌兰布和、腾格里、巴丹吉林沙漠为重点，以其他沙漠和戈壁地区为补充，综合考虑采煤沉陷区，规划建设大型风电光伏基地。到2030年，规划建设风光基地总装机约4.5亿千瓦。

近年来，西北各省区通过外引内培，着力在光伏产业上下游延链、补链、延链、强链，落地建设了一批大项目、好项目。西北地区光伏跨越式发展带动了我国光伏产业链的快速发展，培育了包括光伏逆变器、光伏晶硅等设备及产品在内有世界影响力的制造企业，我国光伏装备制造设备及产品成为世界一支重要力量。如宁夏风电、光伏发电持续快速发展，新能源装机突破2500万千瓦，电力装机和发电量占比分别达到43.5%和17.7%。新能源综合利用率达到97.6%，非水电可再生能源电力消纳比重连续多年居全国前列，宁夏电网成为首个新能源发电出力超过全网用电负荷的省级电网。

二、存在问题

（一）电网就地消纳能力不足。西北地区经济社会发展相对滞后，用电负荷有限，未来高比例新能源接入电网以后，系统稳定特性会发生变化。在高比例新能源接入的背景下，系统同时面临腰荷时段的消纳与晚高峰的保供压力，考虑到系统保供的要求，系统运行的首要策略为保证高峰负荷需求。新能源消纳同时面对断面受阻与调峰受阻的挑战，系统消纳新能源的能力不足。由于受市场消纳限制，西北资源利用率不高，资源优势没有有效转化为经济优势。如目前宁夏新能源发电外送通过两条主要通道——银东、灵绍两大直流线路，源源不断地将光伏发电送至上海、浙江等十余个省份，清洁能源利用率保持在97%左右，非水可再生能源电力消纳比重连续四年居全国第一，形成了"外送"大于"内供"的新能源消纳的局面。由于两条电力外送大通道已满负荷运行，"十四五"期间宁夏光伏发展最大的难题是如何提升电力系统调节能力。同时，随着分布式光伏的快速发展和分散并网规模的增多，对配电网系统的容纳能力有更高的技术要求，配电网也会是"十四五"期间制约西北地区分布式光伏发展的瓶颈。

（二）分布式光伏质量评估体系不完善。相对于西北地区众多的地面光伏项目，分布式成为了新的发展方向。分布式光伏单个项目容量小，安装却比地面电站复杂，质量把控点更多，安装场景多为企业屋顶及户用屋顶。由于建筑屋顶类型繁多、资源分散且单体规模不一，以及配电网可接纳新能源容量受限，市场面临电站设备选型、安全保障、电网接入、分散电站运维与资产管理困难等突出难题，全生命周期质量难以把控。如何确保错综复杂的分布式光伏项目得到全面的安全保障，成为目前分布式光伏发展的重中之重。光伏系统设计生命周期长达20年以上，需要一定的运维和监控，来消除出现的隐患和问题。如何保证分布式光伏项目的质量及全寿命周期内的性能，是困扰西部地区分布式光伏发展的现实问题。

（三）光伏应用场景较为单一，多元化综合应用有限。光伏主要以集中式电站的应用模式在西部地区应用，随着高耗能产业向西部转移，西北地区高耗能行业如石化、冶炼等企业或工业园区越来越多，园区清洁低碳转型任务艰巨，而大量的园区清洁低碳转型也对增量配电网、综合能源服务、低碳节能改造产生了较大的需求，这其中分布式光伏所起到的角色日趋重要。但由于部分地区电网接入空间不足、可利用土地紧张、土地调整困难、成本高等问题，限制了分布式综合场景的发展应用。

（四）产业链集聚效应不足，对产业支撑能力有限。在调研过程中，一些省区的光伏产业链中，上游单晶硅棒及硅片生产，主要配套产业单晶炉、热场、石英坩埚、金刚线、切割液等均需从外省采购，石墨毡主要依赖于从美国、德国等进口；电池片主要配套产业中的银浆，在西北地区缺乏配套相关产业。这说明现有新能源制造业产业链上下游配套不全、本地化配套不足、企业协作配套不系统等问题依然存在。

（五）技术创新及人才应用欠缺。西北地区新能源技术创新体系尚不够健全，一些科研院所、企业的相关创新平台及新型研发机构少，专业技术人才缺乏，难以推动深层次的科研项目及新能源的开发利用。行业快速发展也伴随着人才体系不完善，人才引进、培育机制不成熟等问题，使得区内光伏企业普遍面临"用工荒"现象。主要有三个方面问题：一是现有产业工人极度稀缺，人才基数小，无法满足快速扩张的光伏企业用工需求。二是人才供需之间不均衡现象严重，人才供给远远达不到产业高速发展需求，且随着产业规模扩大，这一人才供需失衡现象将更加明显。三是人才专业化、高端化程度有待提升。行业内许多产业工人是从传统能源领域转型、引流而来，不能满足新工科产业对人才产业化、高复合的需求。

三、建议

（一）优化西北地区电网及土地资源，提升光伏消纳保障能力。建议国家加大开拓西部地区新能源电力外送市场，扩大新能源消纳空间，带动西北地区光伏风电资源开发，为西北地区光伏发电提供充沛的市场空间。出台更多政策支持建设更多的抽水蓄能、新型储能设施，通过提供足够的调节资源，满足电力系统安全稳定运行要求；同时建议国家应把发展清洁能源产业作为撬动西北地区产业结构、能源结构调整的重要支点，加快特高压电网建设，进一步提高光伏发电的电力外送能力。一方面应加速西北区域的交流特高压主干网络的建设，增强光伏电力输出区域和输入区域的交流特高压联网能力；另一方面还要加大直流特高压输送通道建设力度，增强清洁能源主要产区向电力负荷中心直接供电的能力。

（二）加强西北地区光伏产业质量体系建设，提高产业发展水平。国家在政策层面应加强和完善光伏项目质量体系管理及建设，尤其针对分布式光伏项目，引入第三方质量检测评估，制定相关质量验收标准是有效的解决方法。加强光伏产业标准、科研等项目的支持力度，对在光伏组件设计开发、潜在失败模式及其后果分析、产品生命周期管理、工艺过程控制、测试控制、产品追溯、产品可靠性测试、产品一致性以及交付后活动等方面进行质量及性能把控，使产品从研发、工程设计到制造，再到成品的服务和处理等全生命周期得到合理规范控制，确保西北地区土地与电网资源利用最优化。

（三）推进光伏多场景应用，助力减碳降碳。建议加快用电侧的配电网系统对大规模分布式光伏并网的适应性改造，提升配电网对分布式光伏的消纳能力。鼓励"分布式光伏—储能系统—充放电"多功能综合电站建设，在服务区、加油站和公路沿线合理布局光伏发电设施。实施分布式光伏+工业、商业、校园、社区等"光伏+"工程，提高光电应用率。加大力度推进光伏建筑一体化的项目，涉及到光伏与建筑的深度融合，整合相关光伏企业及建筑领域传统企业结合，促进跨界的资源整合。围绕扩大光伏产业规模、延伸产业链条和增强产业集聚，为西北地区工业转型升级、调整工业结构给予支持。大力推广分布式光伏发电、"光伏+供暖"等适宜西北地区农村用能改善的技术及模式，减少碳排放，解决农村冬季无集中供暖问题。

（四）因地制宜优化产业链配套，创新差异化发展路线。国家及相关部委应避免在西部地区一窝蜂上马光伏晶硅材料、电池片、组件、光伏玻璃等重资产、高耗能项目。应依托各省区现有光伏制造领域发展基础，集聚产业创新要素，优化光伏产业创新生态，整合提升硅片、电池片、组件等光伏制造产业链，完善专用设备、金刚线、银浆等配套体系，推进差异化发展路线，打造光伏制造全产业链生态体系。积极鼓励企业实施智能化改造、结构改造、绿色改造、技术改造行动，推动新能源产业提升。围绕产业链布局创新链，整合现有较强研发能力的龙头企业和优质创新资源，带动企业加大研发投入和力度，不断提升企业科技创新能力，逐步打造成行业领域研发生产核心区。

（五）创新专业人才培养和引进机制，提升西北地区光伏产业创新能力。建议政策层面注重加强发达省区人才的柔性化引进、弹性化使用，赋予企业一定的激励政策，也要注重加强西北省区本土人才的个性化培养、产业化服务。围绕光伏产业，加快引进和培育一批创新型科技人才、领军型企业人才、技能型产业人才。支持引导职业院校积极与企业对接，共建产业学院、专业群，实施订单式、现代学徒制等定制化人才培养模式，推进教育链、人才链、创新链、产业链有效衔接、融合发展。培育能够正确判断行业技术发展方向、有能力研发革命性技术的工程型领军人才；与职业院校合作设计实操课程，快速培养能够适应并熟练掌握流水线自动化操作要求的一线工人。

（民盟宁夏区委会）

---

**专栏2-2　关于推动光伏全生命周期绿色发展的建议**

清洁能源作为战略性新兴产业的重要组成部分，对能源安全、环境保护和应对气候变化有着重要意义。清洁能源及其相关产业的发展为深化供给侧结构性改革，构建清洁低碳、安全高效的能源体系，培育中国经济新的增长点提供了重要支撑，发展清洁能源成为世界范围内应对气候变化的共同选择。有关数据显示，光伏组件的使用寿命只有20—30年，光伏组件退役报废后的回收利用和无害化处理正成为行业面临的新问题。据国际能源署预测，到2050年，全球将有近8000万吨、约43亿块报废光伏组件需要处理。我国光伏发电装机规模位居全球首位，届时如何更好应对"退役潮"挑战，实现光伏全生命周期绿色发展。据此，建议：

一是加快构建光伏供应链溯源体系，推动光伏组件回收利用技术、标准及产业化研究。废弃光伏组件包含70%的玻璃、18%的铝、4%的半导体材料等，这些材料具有较好的回收利用价值，在其他尖端技术领域有着广泛应用前景。实现循环利用，不仅能减轻生态环境影响，还可以降低资源提炼的耗能、减少对原生资源开采量。建议在充分调研评估光伏产业实际发展状况的基础上，组织开展废弃光伏组件回收产业政策体系研究，明确回收责任及企业准入门槛，制定具体回收实施细则及管理规范。加快废弃组件的判定及分级、回收技术、处理及再生等相关标准的制修订，形成完善的组件回收技术标准体系与认证规则。

| 专栏2-2　　关于推动光伏全生命周期绿色发展的建议 |
| --- |

二是加强光伏产业链全生命周期管理。部分废弃组件在电站现场随意堆放，不仅违反《固废法》有关规定，而且由于处理通道、流程不畅等原因，产废单位难以将其交到处理单位手上，后者缺乏拿到废弃组件的途径，迫切需要打通中间环节。对于部分生产企业将组件交由一般固废处理单位，没有对后续流程及实际结果进行管理，引发无序处置等问题，引导废弃组件进入合规渠道是关键。建议借鉴欧洲废旧光伏组件回收经验，整个运作与管理流程包括收集、登记、运输、回收处理以及循环利用等环节，不仅利于产业链全生命周期管理，还能产生大量的就业机会。

三是尽快制定针对废弃光伏组件回收处理的专项政策。提前布局、做好顶层设计和规划，尽快出台废弃光伏组件管理办法，修订现有政策，并将废弃光伏电站组件和设备回收处置纳入政策体系。从用地保障、回收主体和处置企业的资格认定及行为规范等方面建立绿色回收供应链体系。支持行业协会、高校和科研院所制定回收处置规范和标准。加大对废弃组件循环再利用关键技术和装备的研发支持。扶持和培育一批示范企业。研究建立相关交易平台，并设立基金，形成财政优先保障、金融重点投入、社会积极参与、政策体系约束的多元投入格局。

（强海洋，民盟中央参政议政部调研处副处长（主持工作），民盟中央生态环境委员会副主任，玉泉智库专家）

# 第三章 有色金属产业的绿色转型升级

民盟江西省委会

## I 决策者摘要

党的二十大报告提出要"推进新型工业化，加快建设制造强国、质量强国"。有色金属产业是重要的基础原材料产业，产品种类多、应用领域广、产业关联度高，在经济建设、国防建设、社会发展以及稳定就业等方面发挥着重要作用。在"双碳"战略背景下，有色金属产业正处于提质增效、转型变革的关键时期，通过促进全行业质量变革、效率变革、动力变革，以加快构建高质量发展新格局，更好地支撑制造强国、质量强国建设。

## 一、有色金属产量与碳排放情况

2021年我国有色金属生产保持平稳增长，铝、镁、铜、铅、锌等十种常用有色金属总产量为6454.3万吨（其中：电解铝产量3850.3万吨，原镁94.88万吨，精炼铜1048.7万吨，铅736.5万吨，锌656.1万吨），比上年增长5.4%；规模以上有色金属企业实现利润3644.8亿元，比上年增长101.9%，创历史新高；固定资产投资恢复正增长，比上年增长4.1%。尽管受新冠疫情影响，有色金属产业依然保持增长势头，为我国经济社会持续发展和国防科技工业建设奠定了坚实的基础。

有色金属产业在采选、冶炼、加工等生产环节，不可避免地产生碳排放。据统计，2020年全国有色金属行业$CO_2$排放量占全国总排放量的4.7%，为6.6亿吨，其中：冶炼行业、冶炼铝行业、电解铝行业$CO_2$排放量分别为 5.88 亿吨、5 亿吨、4.26 亿吨，占有色金属行业 $CO_2$ 排放量的 89%、76%、64%。可见，电解铝行业是有色金属行业碳排放第一大户，是有色金属工业实现"双碳"目标的必须攻坚的领域。

## 二、有色金属产业在"双碳"目标下面临的主要问题

"双碳"目标的提出对有色金属产业来说，面临着技术创新、生产过程减排、能源使用技术变革、工业化信息化融合等系列挑战。

### （一）行业发展与节能降碳的统筹协调难度较大

随着国际工业深度脱碳倡议（IDDI）对采购低碳产品提出要求，低碳有色金属原料的需求日益增长。但有色金属行业具有重资产特点（有形资产占比大），前期投资金额大、回收期长、改造成本高、快速转型难度大。在"双碳"背景下，有色金属企业在产业发展和产品调整过程中，面临管理、运营模式和盈利能力的重塑。在今后较长一段时期，统筹处理好发展与减排、资源与低碳、短期与中长期关系，将是有色金属企业的重大考验。

### （二）有色金属行业亟需建立健全碳排放评价标准体系

"双碳"经济在我国刚刚起步，有色金属行业碳排放评价标准体系仍在建设中，短期内对企业节能降碳的引导促进作用难以体现。一是有色行业尚未纳入碳排放权交易市场。二是对于新建、改建、扩建重点行业项目审批前的碳排放环境影响评价要求，多个省份尚在建设环评技术指南。三是重点有色金属行业单位产品的碳排放限额标准尚未建立，对新建项目的审批、在建项目的技术进步评价等缺乏评价依据。

### （三）电解铝行业用能结构调整任重道远

在国家"双控政策"引导下，以煤电为主的电解铝产能向具有清洁

能源优势的区域转移，新迁移电解铝产能逐步提高，自备电占比降低，网电占比提高。然而受水电、风电、光伏、核电等资源贮输技术影响，要完全消除自备电，全面加快太阳能、风能、水能等清洁能源和储能跨越式发展，还需电力行业和其他行业的不懈努力。

### （四）有色金属产业智能制造有待深入推进

随着互联网、5G、大数据、云计算、人工智能等前沿技术的发展，技术创新、智能制造等已成为当前制造业发展的大趋势。但大部分行业内企业技术创新投入不足、技术创新不及时、片面追求规模和速度、上下游缺乏协同创新、产学研结合不紧密、信息技术的创新与应用较慢、工业化与信息化"两化融合"广度和深度不够，总体存在智能制造基础薄弱、技术积累不足、跨界融合人才匮乏等问题，需要大力推动科技创新，加快产业转型升级步伐。

### （五）有色金属再生资源的循环利用体系有待完善

围绕"减量化、再利用、资源化"原则，加快构建废旧有色金属循环利用体系，提高有色金属资源利用效率，可为经济社会可持续发展提供有色金属资源保障。然而我国有色金属循环经济发展中仍面临再生资源回收利用规范化水平低，低值可回收物利用难，综合利用产品附加值低，铜、铝、铅等大宗有色金属再生利用仍以中低端资源化为主，稀有金属分选的精度和深度不足，动力电池、光伏组件等新型废旧产品回收拆解处理难度较大，对国有企业参与废旧有色金属再生利用的支持力度需加强等问题。

## 三、绿色转型升级建议

在未来一段时间内，有色金属行业要主动适应"双碳"战略提出的新要求，统筹产业发展与节能降碳，坚持走创新发展、绿色发展、开放发展之路，推动有色金属行业绿色低碳转型和高质量发展。

### （一）坚持规划先行，建立"双碳"工作立体推进架构

贯彻落实《2030年前碳达峰行动方案》《"十四五"工业绿色发展规划》《有色金属行业碳达峰实施方案》等要求，发挥各级主管部门、学会/协会的引领和指导作用，做好顶层设计，逐级制定规划和实施方案，逐步建立"宏观—中观—微观"的"双碳"工作立体推进架构。一是因地制宜编制与实施各地"双碳"实施方案；二是推动大型有色金属集团编制集团"双碳"战略规划，确定绿色低碳发展任务书，明确时间表和路线图；三是强化组织领导，充分发挥各级"双碳"工作领导机构决策参谋、统筹协调、推动及督导检查等职能。

### （二）突出标准引领，构建有色金属行业绿色低碳标准体系

加快构建绿色低碳标准体系，突出标准引领作用，分类推动提标达标。一是发挥中国有色金属工业协会标准化技术组织作用，制定"有色金属行业碳达峰碳中和标准化行动计划"，加快修订相关标准、行业规范及准入条件，加快制定新兴技术和产业链碳减排相关标准，争取实现有色金属行业相关环节标准全覆盖。二是加快建设有色金属行业碳排放评价指标体系。参照单位产品能耗限额标准，制定有色金属行业单位产品碳排放限额标准；充分考虑碳吸纳、碳抵消，制定有色金属行业的碳排放评价标准。三是鼓励和推动有色金属集团制定包括排放核算方法、排放限值要求、监测方法及低碳改造技术指南在内的支撑性低碳技术标准，构建以"碳"为核心的企业内部高水平低碳发展标准体系。

### （三）注重技术创新，推动"两化"融合发展

面对新的市场机遇和挑战，有色金属企业应开发利用低碳高效的前沿科技，以工业化促进信息化，以信息化带动工业化。一是鼓励有色金

属企业积极转变发展方式。推广应用智能制造和工业互联网、大数据、5G等新一代信息技术，深度融合生产经营全过程中的能源、资源、环境管理，深化生产制造过程的数字化应用，强化绿色制造。二是构建深度融合的创新体系。引导有色金属行业龙头企业联合高校、科研院所和上下游企业共建绿色低碳产业协同创新机构，形成以企业为主体、市场为导向、产学研深度融合的有色金属行业技术创新体系。三是推进有色金属行业集中集聚集约发展。形成规模效应，突出能源环境等基础设施共建共享，降低单位产品能耗和碳排放。以江西为例，建设以鹰潭为核心的世界级铜产业集群和以赣州为核心的世界级特色钨、稀土产业集群，打造以新余、宜春为核心的全球锂电产业高地。四是加大财税金融支持力度。落实节能专用装备、技术改造、资源综合利用等节能减碳技术创新方面的税收优惠政策，落实首台（套）重大技术装备示范应用鼓励政策。

## （四）优化生产结构，促进资源"原生+再生"综合利用

有色金属资源禀赋现状、再生产品循环利用的低碳优势，决定了加快有色金属再生资源的循环利用十分必要。一是鼓励企业加强有色金属再生利用分选的精度和深度。引导大型有色金属企业发挥冶炼优势，调整生产结构，进入有色金属回收处理领域，加快提高再生有色金属占比水平，特别是以再生铝替代原铝，形成"资源—产品—废弃物—再生资源"的循环发展模式，实现"原生+再生"资源高效绿色综合利用，全面提升有色金属产业链绿色循环发展水平。二是建立有色金属再生资源回收利用规范体系。明确有色金属处理环节的规模、能耗、排放标准等指标，建立集约化废旧有色金属回收、分类、提纯、清理园区，充分利用低值可回收物，增加综合利用产品的附加值，提高废旧有色金属总体回收利用效率。三是建立有色金属再生利用技术规范和制度。制度化降低有色金属再生利用的低值竞争，做到竞争有序化、规范化、公平化、合理化。四是鼓励有色金属企业在产品原生过程中充分利用共伴生金属，

从另一个角度减少共伴生金属的原生量，进而减少其碳排放量。五是财税政策鼓励有色金属矿山加快绿色矿山建设。加大科技创新投入，从采矿、选矿和冶炼等环节降低单位能耗，从源头减少碳排放量；加快选矿尾砂、废石等固体废渣资源化利用，减少对土地和生态环境以及现有绿植的破坏，以增加碳的吸纳量，加快碳中和的步伐。

# II  调研报告

## 一、有色金属基本概况

有色金属是指除铁、锰、铬三种黑色金属，以及铀、钍等25种放射性金属之外的铜、铝、铅、锌、镍、锡等59种金属，以及硅、砷、硒、碲等5种半金属，合计64种元素。其中铝（Al）、镁（Mg）、铜（Cu）、铅（Pb）、锌（Zn）、镍（Ni）、钴（Co）、锡（Sn）、锑（Sb）、汞（Hg）等十种生产量大、应用比较广的有色金属，又称"十种常用有色金属"。

2021年我国有色金属生产保持平稳增长，十种常用有色金属产量为6454.3万吨，比上年增长5.4%；规模以上有色金属企业实现利润3644.8亿元，创历史新高，比上年增长101.9%；固定资产投资恢复正增长，比上年增长4.1%。在新冠疫情的影响下，有色金属产业依然平稳增长，为我国经济社会持续发展和国防科技工业建设奠定了坚实的基础。

2021年十种常用有色金属产量大区分布不均衡，主要集中在华东、西北、西南地区，以华东地区产量最高，产量为1640.10万吨，占比达到25.69%；其次为西北地区，产量为1578.19万吨，占比为25.41%，略低于华东地区（详见图3-1）。

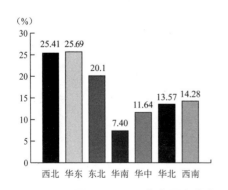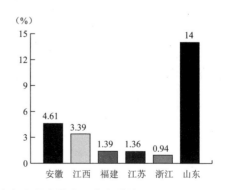

图3-1  2021年全国十种常用有色金属产量大区占比统计图

从各省市来看，2021年十种有色金属各省市产量呈现梯队式分布，山东、内蒙古、新疆产量排行前三，产量分别为903.52万吨、745.79万吨、640.13万吨（详见表3-1）。

表3-1　2021年全国十种常用有色金属产量及分布统计表

| 地区 | 省份 | 产量/万吨 | 占比/% | 产量/万吨 | 占比/% | 地区 | 省份 | 产量/万吨 | 占比/% | 产量/万吨 | 占比/% |
|---|---|---|---|---|---|---|---|---|---|---|---|
| 东北地区 | 黑龙江 | 15.50 | 0.24 | 129.66 | 2.01 | 华东地区 | 山东 | 903.52 | 14.00 | 1 657.84 | 25.69 |
| | 吉林 | 10.43 | 0.16 | | | | 江苏 | 87.90 | 1.36 | | |
| | 辽宁 | 103.73 | 1.61 | | | | 安徽 | 297.49 | 4.61 | | |
| 西北地区 | 陕西 | 211.78 | 3.28 | 1640.01 | 25.41 | | 江西 | 218.95 | 3.39 | | |
| | 甘肃 | 358.44 | 5.55 | | | | 浙江 | 60.43 | 0.94 | | |
| | 青海 | 298.39 | 4.62 | | | | 福建 | 89.55 | 1.39 | | |
| | 宁夏 | 131.27 | 2.03 | | | | 上海 | 0 | 0 | | |
| | 新疆 | 640.13 | 9.92 | | | 华北地区 | 北京 | 0 | 0 | 875.72 | 13.57 |
| 西南地区 | 四川 | 149.33 | 2.31 | 921.79 | 14.28 | | 天津 | 0.06 | 0 | | |
| | 云南 | 571.55 | 8.86 | | | | 河北 | 3.75 | 0.06 | | |
| | 贵州 | 142.81 | 2.21 | | | | 山西 | 126.12 | 1.95 | | |
| | 西藏 | 0.77 | 0.01 | | | | 内蒙古 | 745.79 | 11.56 | | |
| | 重庆 | 57.33 | 0.89 | | | 华中地区 | 湖北 | 94.82 | 1.47 | 751.6 | 11.64 |
| 华南地区 | 广东 | 49.99 | 0.78 | 477.67 | 7.40 | | 湖南 | 233.23 | 3.61 | | |
| | 广西 | 427.68 | 6.63 | | | | 河南 | 423.55 | 6.56 | | |
| | 海南 | 0 | 0 | | | | 合计 | 6 454.29 | 100 | 6 454.29 | 100 |

## 二、有色金属产业碳排放概况

有色金属产业在采选、冶炼、加工等生产环节，不可避免会产生碳排放。统计数据显示，2020年全国有色金属行业二氧化碳排放量为

6.6亿吨，占全国总排放量的4.7%，可见有色金属行业是我国碳排放重要来源之一。因此，推动有色金属产业绿色转型升级发展，对于削减我国碳排放，如期实现"双碳"目标意义重大。

## （一）有色金属行业中冶炼环节碳排放最多

2020年我国有色金属行业中的冶炼环节二氧化碳排放量为5.88亿吨，占有色金属行业总排放的89%；而采选和压延加工的碳排放量分别占总排放量的1%和10%。显而易见，冶炼环节中的碳排放量远远高于采选和加工环节的总和（详见表3-2）。

表3-2　主要有色金属碳排放一览表　　　　单位：吨二氧化碳/吨金属

| 有色金属名称 | | 采选 | 中间品 | 精炼 | 总排放 |
|---|---|---|---|---|---|
| 铜 | | 铜精矿：0.73 | 阳极铜：0.90 | 精炼铜：2.34 | 铜：3.97 |
| 铝 | 火电 | 铝土矿：0.01 | 氧化铝：0.93 | 电解铝：11.2 | 铝：12.14 |
| | 水电 | | | 电解铝：0 | 铝：0.94 |
| | 再生 | | | 电解铝：0.23 | 铝：1.17 |
| 锌 | | 锌精矿：0.01 | | 精炼锌：5.15 | 锌：5.16 |
| 铅 | | 铅精矿：0.98 | | 精炼铅：0.44 | 铅：1.42 |
| 锡 | | 锡精矿：0.02 | | 精炼锡：3.83 | 锡：3.85 |
| 镍 | | 镍精矿：0.29 | | 电解镍：6.76 | 镍：7.05 |
| 钴 | | | | | 钴：0.8 |
| 锂 | | 锂精矿：0.01 | 碳酸锂：0.01 | | 锂：0.03 |
| 镁 | | | | | 镁：0.01 |
| 稀土 | | 稀土精矿：0.50 | | | 稀土：0.51 |

## （二）有色冶炼行业中铝冶炼碳排放最多

在有色金属冶炼行业中，铝行业二氧化碳排放量占比相对集中，以2020年为例，铝行业二氧化碳总排放量5亿吨，占有色冶炼行业的85%，占有色金属全行业的76%。镍行业二氧化碳总排放量0.42亿吨，占有色冶炼行业的7%，占有色金属全行业的6%；锌行业二氧化碳总排放量0.33亿吨，占有色冶炼行业的6%，占有色金属全行业的5%；铜行业二氧化碳总排放量0.27亿吨，占有色冶炼行业的5%，占有色金属全行业的4%；铅行业二氧化碳总排放量0.12亿吨，占有色冶炼行业的2%，占有色金属全行业的2%。

### （三）铝冶炼行业中电解铝碳排放最多

在铝冶炼行业中当属电解铝行业二氧化碳排放量占比最大，2020年电解铝行业二氧化碳总排放量约4.26亿吨，占铝冶炼行业的85%，占有色冶炼行业的72%，占有色金属全行业的64%。由此可见，铝行业中的电解铝行业是有色金属行业碳排放第一大户，是有色金属工业实现"碳达峰"的重要领域。

## 三、有色金属产业在"双碳"目标下面临的主要问题

"双碳"目标的提出对有色金属产业来说，面临着技术创新、生产过程减排压力、传统能源使用技术变革、工业化信息化融合等系列挑战。今后及较长一段时期，如何统筹处理好发展与减排、资源与低碳、短期与中长期关系，将是有色金属企业面临的重大考验。

### （一）行业发展与节能降碳的统筹协调难度较大

一方面，全球各行业、全周期低碳转型进程逐步深化，在国际工业深度脱碳倡议（IDDI）对低碳产品采购的要求下，有色金属行业下游产业如新能源汽车、可再生能源发电等对低碳有色金属原料的需求日益上升。加之，双碳形势下对高耗能项目新增产能的严格控制，加剧了有色金属产品内部竞争与淘汰，倒逼企业加快低碳转型升级步伐。另一方面，有色金属行业一大特点是重资产（有形资产占比大），前期投资金额大，

投资回收期长，改造升级成本高，短期内快速转型难度较大。再者，有色金属行业也存在着一些单体规模小、集中度低、产品低端、同质扩张、竞争力较弱的企业，他们在环保资金投入有限、设备运行成本偏高、节能降碳技术差距较大，也将制约企业的转型发展。

### （二）有色金属行业碳排放评价标准体系建设迫在眉睫

"双碳"经济在我国刚刚起步，各行业碳排放评价标准体系尚在建设中。一是碳排放权交易市场尚不成熟。目前电力行业碳排放权交易正式上线运行了，而钢铁、建材、有色等行业亟需在后续推动中纳入碳市场。二是碳排放环评技术指南有待完善。对于有色行业新建、改建、扩建重点项目审批前的碳排放环境影响评价要求，目前只有江苏、重庆、福州等少数地方出台了相关文件，其他地区的碳排放环评技术指南尚在建设中。三是重点有色金属行业的单位产品碳排放限额标准建设尚未起步。对新建项目的审批、在建项目的技术进步评价等缺乏评价依据，短期内对企业节能降碳的促进和引导作用难以体现。据了解，浙江省湖州在全国首创采取"碳耗指数"（区域某一周期内规上企业总能耗产生的碳排放量比上同一周期内规上企业总产值）和"碳效码"（企业某一周期内单位产值碳排放量比上该企业所处行业同期单位产值碳排放量平均值）评价，有效推动企业降低用能成本，助力企业低碳发展。

### （三）矿山企业基础设施（如老酸性水库）与双碳目标下环保监管要求存在差异

随着国家环境保护标准要求不断提高，环保监管部门也相应提出了更加严格的要求。然而环保部门在监管过程中，对环保标准的适用范围把握、对矿山企业特别是老矿山企业的实际情况未周全考虑，存在以新法溯及既往、整改要求难以落实的现象。

以国内金属硫化矿矿山企业的老酸性水库为例，我国金属硫化矿在川、滇、黔、粤、湘、长江中下游等区域广泛分布，硫化矿产资源在开采过程中，其矿坑、露采场、废石场、排土场等往往有大量酸性水产生，这就需要在矿山周边建设酸性水收集、贮存和调节设施。对于老矿山而言，早期建设的酸性水库通常采用了碾压黏土防渗堆石坝、坝基帷幕灌浆处理和坝面土工膜防渗处理等，其环保措施满足当时的环保标准和管理要求。假如按照现行的《一般工业固体废物贮存和填埋污染控制标准》（GB 18599-2020）对矿山的老酸性水库提出"实行全酸性水库区铺膜防渗"的整改要求，一方面是难以实施，缺乏现实可操作性；另一方面是与该标准的"适用范围"不相符，此类环保督查整改意见给老矿山企业带来了困惑和整改难题。

### （四）电解铝行业用能结构调整依然任重道远

电解铝行业是有色金属行业中的耗能大户，其用电结构偏重于化石能源，2020年全国电解铝生产用电量达5022亿千瓦时，占全国总用电量的6.7%。因此，优化能源结构是电解铝行业乃至有色金属行业实施降碳的关键一环。

在国家"双控政策"引导下，自2017年开始，以煤电为主的电解铝产能逐步向具有清洁能源优势的区域转移，河南、山西等地电解铝产能向西北和西南地区转移，逐步由自备电向网电转换，全面提升清洁能源的使用比例，从源头减少二氧化碳排放量。目前电解铝产能转移步入尾声，新迁移电解铝产能逐步提高，然而受水电、风电、光伏、核电等资源贮输技术影响，要完全消除自备电，全面加快太阳能、风能、水能等清洁能源和储能跨越式发展，还需电力行业和其他行业的不懈努力。

### （五）有色金属行业智能制造有待深入推进

随着互联网、5G、大数据、云计算、人工智能等前沿技术的发展，技术创新、智能制造等已成为当前制造业发展的大趋势。我国有色金属行业正处于由数量和规模扩张向质量和效益提升转变的关键期，已经意识到智能制造的重要性，生产整体自动化水平得到了大幅提升，并在智能化应用方面取得突破。然而大部分行业内企业存在技术创新投入不足，过于追求规模和速度发展、技术创新关注不及时、上下游企业缺乏协同创新、产学研结合还不紧密、企业装备和管控与信息技术的创新应用步伐较慢、工业化与信息化"两化融合"广度深度不够，智能制造基础薄弱、技术积累不足、跨界融合人才匮乏等问题，需要大力推动科技创新，进一步促进有色金属产业转型升级，加快产业智能制造的步伐。

## （六）有色金属再生资源的循环利用体系有待健全

有色金属具有良好的循环再生利用性能，有色金属再生资源的开发利用，既保护原生矿产资源、缓解资源约束，又节约能源、减少污染，对保障国家矿产资源供给有着重要的作用。2017年1月工信部、商务部和科技部等三部委联合印发了《关于加快推进再生资源产业发展的指导意见》，引导和推动了我国再生资源产业的发展。近年来为推动行业健康稳定发展，有关部门陆续出台《国务院关于加快建立健全绿色低碳循环发展经济体系的指导意见》（国发〔2021〕4号）、《产业结构调整指导目录（2019年本）》（国家发改委）、《中华人民共和国增值税法》（财政部、国家税务总局）、《再生铜、再生铝2025年—2035年发展战略》（再生金属分会）、《关于进一步完善税收政策促进再生有色金属产业持续健康发展的建议》（再生金属分会）等相关政策与细则，国家发改委在2019年把有色金属高效、节能、低污染、规模化再生资源回收与利用列入鼓励类。

然而我国有色金属循环经济发展中仍面临再生资源回收利用规范化水平低，低值可回收物利用难，综合利用产品附加值低，铜、铝、铅等大宗有色金属再生利用仍以中低端资源化为主，稀有金属分选的精度和深度不足，动力电池、光伏组件等新型废旧产品回收拆解处理难度较大，对国有企业参与废旧有色金属再生利用的支持力度需加强等问题。因此，围绕"减量化、再利用、资源化"原则，加快构建废旧有色金属循环利用体系，提高有色金属资源利用效率，可为经济社会可持续发展提供有色金属资源保障。

## 四、有色金属产业在"双碳"目标下的发展机遇

随着新材料、新能源汽车、高效电机、高端装备等绿色环保战略新兴产业的发展，光伏、风电等新能源产业的持续发展，拉动了市场对铝、铜、镍、钴、锂、稀土等有色金属产业的崛起。有色金属使用寿命的临近，废旧有色金属回收市场将迎来高峰，循环再生利用经济有较大的发展空间。

### （一）新能源汽车快速发展，拉动了有色金属需求的长期增长

新能源汽车是实现节能减排、能源低碳转型、经济绿色发展的有效路径与产业，全球新能源汽车年产销量逐年上升，对有色金属行业具有明显的提振作用。第一，拉动了铜、钴等金属品种的需求，据有关方面的测算，基于53千瓦时的全球平均电池容量估算，每辆电动汽车的平均使用铜、钴分别为84千克和8千克。第二，新能源汽车电池以磷酸铁锂、镍钴锰酸锂为主要组成部分，这对拉动锂、钴、镍等金属品种需求的长期增长贡献最大。除新能源汽车动力电池外，消费电子电池、储能电池、电动自行车等其他锂电池的快速发展也同样拉动对锂的需求。第三，因受到电池重量、续航里程限制等因素影响，新能源汽车对轻量化需求更高，单车用铝量要高于燃油汽车，随着新能源汽车的发展，也拉动了交通用铝的增量。第四，为体现优秀的节能效果，降低电机耗电量，推动了稀土材料特别是高性能钕铁硼永磁材料在新能源汽车驱动电机及 ABS（防抱死制动系统）、EPS（电动助力转向系统）等汽车零部件的应用，大大提高了电机功率密度和运行效率。

### （二）光伏发电和风力发电蓬勃发展，带动了铜、稀土等金属需求的增长

国家正在大力发展光伏发电和风力发电，其所必需的元器件产业有

望对铜带来大量的额外需求。据有关数据测算，至2030年中国光伏新增装机用铜量将接近50万吨；而风电产业预计到2030年用铜量将达到61万吨。在国家政策加持下，风电发展趋势稳健，具备效率更高、功率因数更高、定子电流小、负载能力更高、综合节能率可达15%的稀土永磁高效电机需求将迎来爆发式增长，进而带动稀土磁材需求。

### （三）工业化与智能化融合，机器人的应用拓展，将拉动有色金属需求的增长

随着全球云计算、5G网络、新机器视觉和人工智能的发展，机器人性能的提高，新能源优化工具的研发，促进了机器人的应用范围不断扩大。近几年我国在重点领域开展数字化生产、智能制造示范工厂试点，中国工业机器人产量逐年增大，从2016的7.2万套增长至2021年的36.6万套。虽然目前国产工业机器人产品与国际水平还有一定差距，但核心零部件的关键技术正在逐步追赶，国内现已攻克减速器、伺服电机等关键核心零部件领域的部分难题，工业机器人的国产化替代正在加速。而工业制造业的智能化转型升级，也带动了工业机器人需求的大幅增加。

### （四）金属铝的优良结构和功能特性决定了更广泛的应用场景

金属铝具有多种优良的结构和功能特性，通过技术创新，不断延伸了铝产业链，特别是在交通轻量化方面，铝材具有天然的优势，在保证车辆强度和安全性能的前提下，能够最大化降低整车重量，提高动力性和续航里程，减少燃料消耗，降低碳排放。据欧洲铝业协会报告，车辆每减1吨，每百公里可节约燃油6升，减少8—9千克二氧化碳排放。由此可见，广泛拓展铝的应用领域，有助于深度减碳、降碳。

### （五）有色金属循环再生利用有较好的发展前景

近年来，我国废有色金属的回收利用率、再生率逐年增加，随着

《"十四五"循环经济发展规划》的颁布，迎来了废旧有色金属回收再生产业新的发展前景与发展趋势。据统计，2017—2020年，我国再生有色金属工业主要品种（铜、铝、铅）总产量分别为1375万吨、1410万吨、1437万吨，其中再生铜、再生铝和再生铅产量分别为325万吨、740万吨、240万吨，资源循环利用已成为保障我国资源安全的重要途径。

全球再生铝产量占铝总产量的比例从1950年的20%提升到2019年的33.1%。发达国家对铝资源再生的开发研究起步较早，废铝资源较丰富，废铝回收体系和法规相对完善，废铝回收情况较好。美国、日本、欧洲实现了再生铝的高效利用，2020年美国再生铝产量为320万吨，是原铝产量的三倍多；日本自20世纪80年代以来开始生产再生铝，并于2014年全面停止生产电解铝，2020年日本再生铝产量为69.02万吨，占全部用铝量的90%；欧洲在90年代再生铝工业已有较大规模，2020年受疫情影响欧洲再生铝产量和精炼原铝产量别为260.59万吨和798.06万吨，再生铝产量为原铝产量的32.7%。

我国2020年再生铝产量740万吨，虽然占到我国铝消费总量的16%左右，但其占比远远低于欧美国家平均水平。可以预测，大量含铝商品面临淘汰，国内废铝产量不断增加，加快废铝通过加工冶炼变为再生铝，利用再生铝替代高耗能的电解铝成为我国铝的重要供应来源，具有较大发展前景。

# 五、有色金属产业在"双碳"目标下绿色转型升级经验与案例

在我国"双碳"目标下，有色金属产业一方面积极应对生产过程减排降碳、传统能源使用技术变革等压力，一方面紧紧抓住有色金属产品新需求，实施产业结构调整，开展技术创新，试点工业化信息化融合，在探索产业绿色转型升级方面取得了一定的经验和经济社会效益。

## （一）优化用能结构，降低有色金属行业石化能源比重

在国家政策引导下，高能耗的电解铝行业优化与调整能源结构，自2017年开始向具有水能优势的云南、四川等西南地区逐步转移产能。根据统计显示，截至2022年6月底，西部地区电解铝已经建成产能3196万吨，占全国比重72.5%。云南省绿色铝产业2022年上半年增加值增长17.5%，主要产品保持稳定增长，十种有色金属增长10.3%，电解铝增长13.9%。电解铝行业通过产能结构调整，有效提高了全国电解铝产业绿色能源使用比例，降低了煤炭等传统能源消耗，减少了二氧化碳排放。

除铝行业外，其他有色金属矿山、冶炼和加工企业通过实施煤、油改气等能源使用技术改造，也取得明显节能降碳效果。如江西铜业集团有限公司贵溪冶炼厂以天然气替代重油、液化石油气、轻柴油和煤等燃料，改造后每年节约16120吨标煤。江西铜业集团有限公司永平铜矿利用排石场建设20兆瓦光伏发电，年发电约2200万千瓦时，每年节约2703吨标煤，降碳约14214吨。

## （二）两化融合，推动有色金属行业智能化转型升级

在国内外环境变化的压力下，在国家有关部委的倡导下，以信息化带动工业化、以工业化促进信息化的"两化融合"，让有色金属行业走上了可持续发展的新型工业化道路。

### 1. 智能矿山，让"有色"更有特色

随着5G、大数据、人工智能、工业互联网、智能技术装备在有色金属矿山企业的应用，用工环境恶劣的矿山企业面貌一新，完全颠覆了以往对矿山企业的认知。如江西铜业集团有限公司城门山铜矿，自2016起累计投资6700万元用于矿山智能化建设，实现资源与开采环境数字化、技术装备及生产过程智能化、信息传输网络化、生产管理与决策科学化

的矿山全流程智能化新型管理模式，取得较好的经济和社会效益，具备一定的代表性和示范性。

经济效益：铜回收率提高0.52%，硫回收率提高6.57%，年创造效益近1500万元，减员（主要是调整岗位）65人；采矿场矿石运输柴油单耗降低10%—15%。

社会效益：有效降低了人员劳动强度，提高安全水平。吸引了各级相关政府部门、众多同行参观学习，产生了良好的示范作用。如宜春钽铌矿有限公司，引进了城门山铜矿智能矿山系统，95%以上的自动化设备实现互联互通，矿山海量工业数据实时集中采集、共享、分析，一些作业环境恶劣的岗位实现机器替代人工作业。

2. 智能制造，让"有色"更有前景

新技术、新装备的应用，加速了打造自感知、自决策、自执行、自适应智能工厂的进程，逐步实现有色金属加工过程整体的智能化运行。以铜陵有色金属集团股份有限公司金冠铜业分公司为例，从智能AGV小车取代人工叉车、渣包缓冷智能化和行车无人化、智能化三个方向进行技术攻关，通过建设智能工厂，实现了过程控制智能化、管理业务信息化、设备运维远程化、部分区域作业无人化，建立了高效可靠的智能制造模式，产生显著经济效益及社会效益。

经济效益：电解阴极铜生产劳动效率大幅提升，各项技术经济指标逐年提升，55项主要经济技术指标有33项超过设计值，铜冶炼总回收率、电铜优质品率、铜冶炼综合能耗和硫捕集率等位列行业领先水平，电解生产能源利用率提升15%，电解阴极铜产能提升5%，每年新增效益1001万元。

社会效益：实现生产全流程过程管控，减人增效、节能减碳，有力提升企业综合竞争力和可持续发展能力。故障智能巡检，减轻了员工劳动强度；人员定位系统、阴极铜无人运输系统，消除了人车交叉作业安全风险，有效提高了员工人身安全。2022年优化升级的第二代智能AGV

重载运铜小车达国内同行业领先水平，并荣获全国"2022年度数字科技企业双化协同典型案例"，对提升冶炼企业生产效率、物流效率、成本节约，以及减少碳排放，具有较高的示范推广价值。

### （三）技术创新，助力有色金属行业节能增效

节能降耗、提质增效、低碳发展的关键在于技术创新。近几年有色金属行业顺应时代需求加大了技术投入，开展节能降碳技术研究和节能工艺、设备、技术改造，取得明显成效。

中国铝业集团有限公司沈阳铝镁设计研究院有限公司研发了超大型绿色节能铝电解成套技术、降低铝液中水平电流技术和节能长寿命铝电解槽阴极制造技术及装备等关键技术。有关数据表明，超大型绿色节能铝电解槽可实现吨铝节电约200—500千瓦时、减少碳排放150—400千克，现已成功应用于山西中铝华润项目等国内外20余家大型电解铝企业，累计设计电解槽1.2万余台，产能1500万吨/年，可实现每年节电50亿千瓦时、减少碳排放450万吨。

江西铜业集团有限公司贵溪冶炼厂通过优化闪速炼工序年节约标煤19216吨，闪速炉渣直排缓冷改造年节约标煤4005吨，更换新式制氧设备年节约标煤7081吨，优化蒸汽使用技术，2021年同比减少44.94%用量。德兴铜矿通过堆浸工艺改造升级，以更经济高效的化学硫化技术代替原有"堆浸—萃取—电解"废水回收工艺，每年从酸性废水中回收铜金属460吨，解决了废水后续处理难度大的问题，提高了酸性废水综合利用能力，节约了达标处理成本。

铜陵有色集团金冠铜业分公司自主研发、联合攻关研制的LIBS2200激光成分分析仪，适应冶炼现场复杂恶劣工况，无须取样制样，即可实现非接触在线高温熔体物料成分快速（5分钟内）检测，在该公司奥炉厂区（年产20万吨阴极铜）已成功应用，年新增经济效益数百万元。既解决了传统取样检测方法存在的实时性不足、代表性不足、安全性不足

的问题，又有助于开展精准调控，指导优化原料配比、过程参数设定、产品质量控制等，实现高效利用和精益生产，达到节能减排、降本增效的目的，且有助于有色行业智能工厂建设。

### （四）变废为宝，资源综合利用大有作为

当前原矿品位日趋贫化、矿产资源日渐枯竭、环保政策日益严峻，资源综合利用、循环利用是有色金属行业可持续发展的必然选择。数十年来，有色金属的矿山企业、冶炼企业、加工企业、科研院所使出浑身解数，在资源综合利用、循环利用的技术和应用上做出不懈努力，取得显著成效。

中国铝业集团长沙有色冶金设计研究院有限公司自主研发的"复杂多金属物料协同冶炼及综合回收关键技术"在2021年入选了国家发改委发布的《绿色技术推广目录》，该技术可用于处理复杂物料，确保处理后的弃渣属于一般固废，实现无害化处理，废气、废水达标排放，渣处理投资1200元/吨，渣回收铜20千克/吨，回收锌10千克/吨。该技术已推广应用于广西南丹南方金属有限公司、郴州丰越环保科技有限公司、青海湘和有色金属有限公司等多家企业。

江西铜业集团有限公司坚持绿色价值取向，通过科技创新和技术改造，变废为宝，对生产过程中的废石、废水、废气、废渣等采取"吃干榨尽"实现资源利用最大化，如今废渣选铜、废水提铜、烟气制酸、余热发电、湿法堆浸等已形成循环利用可持续发展产业链。全面综合回收利用烟气余热资源，每年余热发电19.3亿度；工业用水循环使用率达95.67%，在国内首家采用废水硫化提铜技术每年从采区含铜废水中回收铜金属1600吨；在国内首家使用废石"堆浸—萃取—电解"工艺，每年回收铜金属900多吨；建成中国最大冶炼烟气制酸工厂，总硫利用率达97%以上，达目前世界顶尖水平；充分利用冶炼废渣中资源，回收有价元素，每年铜冶炼炉渣中回收铜金属2.6万吨。

## 六、有色金属产业在"双碳"目标下绿色转型升级建议

在国内外发展形势下，未来一段时间内，有色金属行业要适应"双碳"目标提出的新要求，统筹产业发展与节能降碳，坚持走创新发展、绿色发展、开放发展之路，推动有色金属工业绿色低碳转型发展和高质量发展。

### （一）坚持规划先行，建立"双碳"工作立体推进框架

根据国家《2030年前碳达峰行动方案》《"十四五"工业绿色发展规划》《有色金属行业碳达峰实施方案》要求，发挥各级主管部门、各级学会/协会的引领和指导作用，优化顶层设计，逐级制定规划和实施方案，逐步建立"宏观—中观—微观"的"双碳"工作立体推进框架。一是加快编制与实施各省碳达峰碳中和实施方案。二是推动各省有色金属集团编制集团碳达峰碳中和战略规划，确定低碳绿色发展任务书，明确时间表和路线图。三是强化组织领导，充分发挥各级碳达峰领导工作小组或委员会决策参谋、统筹协调、推动及督导检查等职能。

### （二）突出标准引领，构建有色金属行业绿色低碳标准体系

加快构建绿色低碳标准体系，突出标准引领作用，分类推动提标达标，这对有色金属行业绿色低碳转型发展至关重要。一是发挥中国有色金属工业协会标准化技术组织作用，制定"有色金属行业碳达峰碳中和标准化行动计划"，加快修订相关标准、行业规范及准入条件，加快制定新兴技术和产业链碳减排相关技术标准，争取实现有色金属行业碳达峰产业链相关环节标准全覆盖，以助力有色金属行业产业链碳减排。二是加快有色金属行业碳排放评价指标体系建设。参照单位产品能耗限额标准，制定有色金属行业单位产品碳排放限额标准；充分考虑碳吸纳、碳抵消，制定有色金属行业在"双碳"目标下的碳排放评价标准。三是鼓励和推动有色金属集团制定一批包括各工序排放核算

方法、排放限值要求、监测方法以及低碳改造技术指南在内的支撑性低碳技术标准，构建以碳为核心的企业内部高水平低碳发展标准体系。

## （三）注重技术创新，推进"两化"融合发展

面对新的市场机遇和挑战，有色金属企业应坚持科技引领，创新驱动，开发利用低碳高效的前沿科技。一是鼓励有色金属企业积极转变发展方式，大力推动应用智能制造和工业互联网、大数据、5G等新一代信息技术，深度融合生产经营全过程中的能源、资源、环境管理，深化生产制造过程的数字化应用，强化绿色制造。二是引导有色金属行业龙头企业联合高校、科研院所和上下游企业共建绿色低碳产业创新中心、协同创新产业技术联盟，构建以企业为主体、市场为导向、产学研深度融合的有色金属行业技术创新体系，推动创新发展。三是推进有色金属行业集中集聚集约发展，形成规模效应，突出能源环境等基础设施共建共享，降低单位产品能耗和碳排放。以江西为例，建设以鹰潭为核心的世界级铜产业集群和以赣州为核心的世界级特色钨、稀土产业集群，打造以新余、宜春为核心的全球锂电产业高地。四是加大对节能减碳技术创新的财税金融支持力度，落实节能专用装备、技术改造、资源综合利用等方面税收优惠政策，落实首台（套）重大技术装备示范应用鼓励政策。

## （四）优化生产结构，推动资源"原生+再生"综合利用

有色金属资源现状、再生产品循环利用的低碳排放，决定了加快有色金属再生资源的循环利用十分必要。一是从财税方面鼓励企业加强有色金属再生利用分选的精度和深度，引导大型有色金属企业发挥冶炼优势，调整生产结构，进入有色金属回收处理领域，加快提高再生有色金属占比水平，特别是再生铝替代原铝生产比例，以"资源—产品—废弃物—再生资源"的循环发展模式，实现"原生+再生"资源高效绿色综合利用，全面提升有色金属产业链绿色循环发展水平。二是建立有色金属再生资源回收利用规范体系，明确有色金属处理环节的规模、能耗、

排放标准等指标,建立集约化废旧有色金属回收、分类、提纯、清理园区,充分利用低值可回收物,增加综合利用产品的附加值,提高废旧有色金属总体回收利用效率。三是建立有色金属再生利用技术规范和制度,制度化降低有色金属再生利用的低值竞争,做到竞争有序化、规范化、公平化、合理化。四是鼓励有色金属企业在产品原生过程中充分利用共伴生金属,从另一个方面减少共伴生金属的原生量,从而减少其碳排放量。五是财税政策鼓励有色金属矿山加快绿色矿山建设,加大科技创新投入,从采矿、选矿和冶炼等环节降低单位能耗,从源头减少碳排放量;加快选矿尾砂、废石等固体废渣资源化利用,减少对土地和生态环境以及现有绿植的破坏,以增加碳的吸纳量,加快碳中和的步伐。

---

**专栏3-1　从战略高度重视清洁能源矿产供应安全**

清洁能源矿产①是发展风能、太阳能、新能源电池等产业所必需的关键矿物原材料。"双碳"背景下,清洁能源矿产重要性日益凸显,国际竞争日趋激烈。为有效应对清洁能源矿产需求快速增长,并确保供应安全,亟待将其纳入国家"双碳"议事日程,统筹推进资源多元化稳定供应,巩固提升我新能源产业链优势,助力国家"双碳"目标顺利实现。

一、清洁能源矿产是推动全球能源绿色转型和我国"双碳"目标实现的重要原料保障

全球能源绿色转型,预计未来20—30年清洁能源矿产需求将至少增长5倍。据国际能源署2021年《关键矿产在清洁能源转型中的作用》报告,未来全球清洁能源矿产如锂、钴、镍、铜等需求将呈现"井喷式"增长,特别是用于电动汽车的锂,2040年需求预计将增长2倍,钴、石墨等需求也将增长20倍以上。世界银行2020年《矿产品促气候行动:清洁能源转型的矿产消费强度》报告同样显示,实现全球温控2度目标,部署风能、太阳能、地热能以及储能,预计2050年将需要5倍以上的清洁能源矿产,到本世纪末这一需求将累计超过30亿吨。可以预期,随着全球应对气候变化和低转型进程加快,未来围绕清洁能源矿产的全球布局和竞争将愈演愈烈。

我国实现碳达峰预计将分别推高锂、钴、镍、铜等清洁能源矿产需求1.1—3.5倍,而实现碳中和对其需求则更为强劲。根据国家有关规划和我们预测,实现2030年前碳达峰和2060年前碳中和,我国风电和太阳能发电总装机容量将分别增长2.3倍和7.5倍,新增新能源和清洁能源动力的交通工具比例也将分别达到40%和90%

---

①　清洁能源矿产特指在风电、光伏、电动车等新能源产业发展过程中,直接为能源生产或转换提供所需基础材料支撑的重要矿物的总称。考虑我国资源禀赋,本报告重点聚焦锂、钴、镍、铜、铝、锰、铬、锆、铍、铀、铂、钯、铪等13种对外依存度超50%且供应存在风险的关键清洁能源矿产。

左右。风电、太阳能及新能源汽车三大初具优势行业的强劲发展，将持续推动我国清洁能源矿产需求快速增长。保守估计，2030年我国锂、钴、镍、铜等需求将较2020年增长1.1—3.5倍，而到2060年，在无可替代材料情景下，多数清洁能源矿产需求将在2030年基础上再增长20%—50%，部分甚至可能翻一番。确保清洁能源矿产安全供应至关重要，事关我国新能源产业链能否筑牢优势，事关国家"双碳"目标能否顺利实现。

二、我国关键清洁能源矿产安全保障形势严峻

一方面，我国关键清洁能源矿产供应面临国内资源禀赋不足、境外供应风险加剧、国际治理体系不利等诸多挑战。一是我国资源家底薄弱，据美国地调局数据，我国铜、镍、钴、锰、铬、锆、铍等资源储量全球占比不足5%，对外依存度均超70%。二是境外资源分布和生产高度集中，尤其是锂、钴、镍、锰、铬、锆等，资源储量和产量前三位国家全球占比超60%，且多为"亲美"或政局不稳定国家，供应链风险日益增加。三是资源民族主义抬头加剧，主要资源生产国受西方国家挑唆，打着资源国有化、企业社会责任、生态环境保护等旗号，废除已有协议或干预正常项目建设和生产经营，加大我海外开矿办矿难度。四是国际治理体系于我不利，全球资源治理不仅转向透明、人权、环境、腐败等非经济问题，而且欧美国家相继发布关键矿产目录清单，尤其是美国还主导建立了"能源资源治理倡议"，搞"小圈子"孤立中国。此外，国内投资办矿意愿依然不强，二次资源回收利用体系尚不完善等，也对增强资源供应能力形成制约。

另一方面，我国清洁能源矿产安全保障尚未纳入现行能源和"双碳"治理体系。"双碳"目标下，清洁能源将迅速成为主体能源，所必需的清洁能源矿产供应压力将越来越大，这对我国现行能源和"双碳"治理体系无疑是一个新的挑战。目前，发达国家已普遍开展了针对包括清洁能源矿产在内的关键矿物供应状况的重新审查和评估，并将其纳入到国家安全战略和全球资源战略，美国甚至还在能源部下设了矿产可持续发展部门，负责协调新能源与矿产事宜。尽管我国一贯重视油气、铁矿石等大宗矿产的安全供应，但对锂、钴、镍等清洁能源矿产的安全保障考虑尚不充分，尤其是围绕"双碳"目标下清洁能源矿产安全保障的管理协调、规划及实施、监测评估、勘查开发投资、回收利用、替代技术研发、产品应急储备、境外投资和国际合作治理等方面的机制和政策体系亟待建立健全，亟待将清洁能源矿产纳入现行能源和"双碳"治理体系进行统筹谋划。

三、多措并举加强清洁能源矿产安全保障

将关键清洁能源矿产安全保障纳入国家"双碳"议事日程，研究制定清洁能源矿产安全战略。建议从国家"双碳"乃至国家安全战略高度出发，统筹制定和实施我国清洁能源矿产全球战略，加强能源、资源、产业、经济、外交等多部门协调，系统增强安全供给和保障能力。借鉴我国锂等资源海外并购成功经验，要强化关键清洁能源矿产海外投资、全球采购政府指导和行业协会协调。建立涵盖清洁能源矿产勘查、开采、冶炼、加工、利用、回收、储备，以及全产业链的科研体系、产业

体系和政策支撑体系。定期评估关键清洁能源矿产需求和供应前景，建立健全商业储备与战略储备体系、监测评估预警机制，研究制定应急预案，确立应急状态下的使用时序安排。适时动态调整我国关键清洁能源矿产目录，研究制定实施目录清单的配套政策措施。

尽快编制"双碳"目标下清洁能源矿产安全保障规划，释放明确的政策信号。建议成立由国家发展改革委、自然资源部、国家能源局等部门组成的清洁能源矿产安全保障工作组，并编制基于"双碳"目标的清洁能源矿产安全保障规划，将其纳入碳达峰碳中和"1+N"政策体系，确保对新矿山的及时足额投资，引导加快关键技术创新、扩大二次资源回收利用，推动形成清洁能源矿产多元化供应局面。加大国内政策支持力度，鼓励清洁能源矿产多元供应。将关键清洁能源矿产纳入新一轮找矿突破的勘查重点，并加大勘查投入。简化勘查开发许可程序，积极提供融资信贷支持和生态环境政策协调，创造有利于供应链多元化投资的市场环境。鼓励技术创新以降低原材料使用强度，加强报废太阳能电池板、电动汽车电池等产品管理，加快推进二次资源和废旧产品回收利用体系建设，扩大资源替代范围，助力减轻原矿供应压力。

推进可持续和负责任的矿产开发，加快提升我国清洁能源矿产全球控制力和话语权。积极适应采掘业透明度倡议等全球资源治理机制，严格以可持续和负责任方式在境外开展采矿业活动。建立清洁能源矿产海外投资协同机制，因地制宜采取灵活多样方式降低海外投资开发风险。充分利用我国市场规模巨大、产业配套体系完整，以及"一带一路"平台等优势，加强与非洲等资源富集区国际合作，积极构建促进双方对话和政策协调的总体框架，包括定期评估整个供应链的潜在脆弱性和可能的共同应对策略、促进知识产权转让和能力建设、推广可持续和负责任开发方式等方面，为我国参与并引领全球矿产资源治理提供有利的主流语境，稳步提升我国清洁能源矿产全球控制力和话语权。

（陈甲斌，民盟中央生态环境委员会委员，中国自然资源经济研究院矿产资源经济研究所所长）

# 第四章 农业碳排放和低碳发展

民盟中央农业委员会

## I 决策者摘要

"十四五"是我国农业现代化向农业绿色高质量进发的开端期，也是2030年碳达峰的关键期、窗口期。2021年《中共中央国务院关于完整准确全面贯彻新发展理念做好碳达峰碳中和工作的意见》提出，要加快农业绿色发展，促进农业固碳增效。相关省市也就农业农村碳达峰碳中和出台了一些政策措施，主要涉及农业产业结构升级、农村能源改造、提升土壤碳汇能力、探索农业碳汇交易、低碳科技研发和推广、建设绿色节能农房等方面。当前我国农业绿色发展在物质条件、科技支撑以及政策制度等方面都取得了长足进展，着眼未来，应进一步突出"双碳"目标约束，强化绿色导向，通过农业减排措施助推碳达峰，通过农业增汇功能效力碳中和。

## 一、存在的问题

第一是耕地面积和质量双双承压。耕地作为农业生产的基本要素，不仅是碳排放主体，更是固碳的重要单元，通过提高农田有机质可以增加温室气体吸收和固定 $CO_2$ 的能力。2017年启动的第三次全国国土调查结果显示，我国耕地面积为19.18亿亩。持续落实好最严格的耕地保护制度，牢牢守住耕地红线和永久基本农田保护面积，加强和改进耕地保护和占补平衡管理，确保耕地面积不减少是当务之急。同时，我国耕地质量也不容乐观。根据《2019年全国耕地质量登记情况公报》数据，我国耕地质量平均等级为 4.76，其中，耕地中高产田面积仅占总面积的 31.24%，中低产田占总面积的 2/3 以上。总体看，要通过保证耕地质量和数量增强农业固碳潜力。

第二是要素减量增效有待加强。用现代化生产要素开展集约化生产是提高农业产出的关键，但化肥、农药等农资在为农业增产贡献重要力量的同时，也是农业面源污染和温室气体排放的"祸首"之一。《中国统计年鉴》数据显示，2015 年以来化肥和 2014 年以来农药施用总量持续下降，至 2019 年，化肥、农药施用分别下降了 10.28%（较 2015 年）和 22.67%（较 2014 年）。但是，我国粮食、农副产品供需紧平衡的矛盾长期存在，维持一定量的化肥农药使用量是保证农产品供给不得不接受的选项，推动化肥农药减量增效是一项任重道远的工作。同时，农业机械的使用虽显著提高了农业生产效率但也是我国农业碳排放三大来源之一。总体看，要通过农业生产要素投入减量增效降低农业碳排放。

第三是科技创新潜力仍需释放。用技术进步改造传统农业是我国应对农业资源刚性约束、实现农业发展的重要路径，其中，绿色科技是农业绿色发展的关键动能。目前，我国财政对农业科技的投资占农业 GDP 的比重较低且增速放缓，且距发达国家 2%～3% 的水平和全国行业平均 2.14% 的水平有较大差距。同时，高素质农业科技人才总量偏少，不利于低碳技术的应用和推广。并且，农业科技贡献率和科技成果转化率较发达国家存在较大差距，特别是低碳农业技术水平总体不高、创新不足。总体看，要通过加速科技创新增加农业减排固碳的内部动能。

第四是生产经营方式需要转型。农业既是排放者又是固定者，用碳汇功能弥补碳排放是农业具有的天然优势。相关研究表明，农田循环生产模式、农牧结合循环模式等能够通过农田碳汇、减少废弃物污染、农业节能减排工程化等途径实现农业减排降碳。但是，在实践中常受水资源和耕地等资源短缺约束以及投入资金短缺等因素影响，亟须为低碳循环农业营造良好发展环境。总体看，要通过发展循环农业等生产经营模式搭建好绿色产业链。

第五是相关制度规范亟待健全。我国与农业绿色发展相适应的制度政策尚不健全，阻碍了各类主体参与减排降碳的动力。第一是政策不够完善和细化。宏观性有余而具体可操作性不足，与地方实际情况契合度较低，加之政策实施监管主体缺位，导致政策执行难以达到预期效果。第二是市场机制不健全。农业生产活动作为主要碳源之一和重要的碳汇主体，将其纳入碳减排与碳交易框架体系十分必要。第三是交易技术支撑不足。相关部门和部分地区对农业在碳市场中的实践探索十分有限。总体看，要通过健全制度规范完善碳交易体系和配套支撑。

## 二、政策建议

第一，统筹考虑供给安全和减排效果的要素低碳化对策。一要提高耕地质量。必须从提高耕地质量角度谋求出路，加强区域整体性保护与开发，特别是对于粮食生产功能区、重要农产品保护区等重点区域，做好耕地地力保护补贴发放工作，支持高标准农田建设和东北黑土地保护，积极改善耕地质量。二要推动要素减量增效。从化肥投入、农药投入、农机投入等农业要素上，多措并举优化农业生产要素配置。三要加强人才队伍建设。发挥好基层农技推广服务体系、新型农业经营主体带头人作用，提高农民绿色低碳技术储备与应用水平。

第二，统筹考虑环境保护与经济发展的产业低碳化对策。一要夯实低碳科技供给基础。强化低碳科技研发能力，用农业科技促进农业与资源、环境的协调发展，坚持产学研用相结合，加快农业领域低碳科技创新应用步伐。二要优化农业产业结构。鼓励各地区在满足环境承载力的前提下，发挥比较优势，通过调整产业结构、改良生产结构、优化生产方式，实现农业碳汇水平提升，提高农业净碳效应。三要打造绿色低碳农业产业链。通过新能源产业与农业耦合发展、推进农产品加工业绿色转型、建立健全绿色流通体系、促进绿色农产品消费、建设一批绿色农业产业集聚区等形式，全链条推动绿色低碳发展。

第三，统筹考虑效率与公平的制度低碳化对策。一要健全农业绿色低碳发展政策体系，细化政策内容。针对"双碳"目标和要求，出台与新发展格局相适应的农业农村碳达峰、碳中和的相关法律法规。制定政策时，要贯彻与现实相适应的原则，要深入到具体的实施对象和目标之中。二要强化区域、部门协同。正确处理顶层设计与地方探索的关系，以国家层面政策为基础，由各地出台针对农业的碳调控配套文件，但要注意避免"九龙治水"、执行"打架"，要形成有效的监督检查考核机制，以健全的监督体系保障农业农村碳达峰碳中和工作的有效性。三要加速形成农业碳排放交易市场。积极推动将农业纳入碳排放交易市场，按照先单项后全面、先基础后复杂、先试点后普及的原则，循序推进不同主体、不同产品进入碳排放交易市场。加快完善绿色信贷、债券、保险等金融支撑体系，为更多主体参与到农业碳减排中创造良好条件。

# II 调研报告

## 一、"碳达峰、碳中和"农业的工作背景

2060年前实现碳中和是我国领导人应对全球气候变化新现实的重大决策部署。碳中和要求能源、工业、建筑和交通领域的最大程度的减排，但受科学技术发展局限、资源和经济限制等因素影响，少部分排放并不能完全避免，必须借助额外的负排放技术。一直以来，国内研究低碳经济，主要侧重于工业、交通、能源和建筑等领域，对农业的固碳减排关注相对较少。《巴黎协定》的签署与实施，越来越多碳中和方案中提到农业碳汇，认为相对于其他负排放技术，农业方案将具有更低的成本，且拥有减少温室气体排放和保障粮食安全双重效果。在全球实现碳达峰，碳中和的过程中，不应忽视农业领域的巨大潜力。

### （一）"双碳农业"的整体科学认识

一方面，农业是全球重要的温室气体排放源。2019年8月8日政府间气候变化专门委员会发表《气候变化与土地特别报告》指出：土地可提供粮食、淡水、其他多种生态系统服务以及生物多样性，是人类生计和福祉的主要基础。土地在气候系统中也发挥着重要作用。在2007—2016年间全球人类活动中，农业、林业和其他土地利用（AFOLU）活动占约13%的$CO_2$排放、44%的甲烷（$CH_4$）排放、81%的氧化亚氮（$N_2O$）排放，占人为GHG净排放总量的23%。农业是温室气体甲烷（$CH_4$）和氧化亚氮（$N_2O$）的主要来源——全球超过一半的$CH_4$和$N_2O$人为排放来自农业，$CH_4$主要来自家畜反刍消化的肠道发酵、畜禽粪便和稻田等，$N_2O$主要来自化肥使用、秸秆还田和动物粪便等。目前农业机械的使用也会增加能源消耗，提高$CO_2$的排放。IPCC指出，降低非二氧化碳

（$CO_2$）气候强迫因子的排放是实现碳中和的重要因素。甲烷（$CH_4$）和氧化亚氮（$N_2O$）的全球升温潜能分别达到$CO_2$的34倍和296倍。基于以上认识，2020年11月，*Science*发表了题为*Global food system emissions could preclude achieving the 1.5℃ and 2℃ climate change target*的论文，认为没有农业部门的减排配合，本世纪控制全球相对于工业革命前升温1.5℃的目标难以实现。

另一方面，农林业也是一个庞大的碳汇系统。全球碳排放量有31%被陆地碳汇吸收，23%被海洋碳汇吸收，剩余46%滞留在大气中。陆地生态系统的碳库包括植物和土壤两个部分。全球森林植被碳储量占到了陆地碳库总量的一半以上。陆地碳汇组成中，森林碳汇占比约80%。我国的森林植被总碳储量达92亿吨，年均增加的森林碳储量2亿吨以上，折合碳汇7亿至8亿吨。相比于森林碳汇，土壤碳汇具有更高的潜力。美国、加拿大、英国、德国、法国、澳大利亚和日本等发达国家已实施超过半个世纪的保护性耕作制度，农田土壤已固定相当多的碳，我国农田土壤碳库平均水平仍远低于欧美发达国家。研究显示近30年来我国农田表层30厘米深度土壤年固碳量达到2430万吨碳/年，未来我国土壤固碳潜力至少还有197亿吨，前景非常可观。

## （二）我国"双碳"工作进展概述

2015年签署的《巴黎协定》共29条，涵盖目标、减缓、适应、损失损害、资金、技术、能力建设、透明度、全球盘点等内容。确立了全球应对气候变化的长期目标，即将全球平均温度升高控制在工业革命前2度之内，并努力控制在1.5度之内。要求全球温室气体排放需尽快达峰，到本世纪下半叶实现源排放与碳汇之间的平衡，即实现净零排放。

《巴黎协定》提供了在减缓、适应、资金、技术、透明度等方面的制度框架，开创了"自下而上"即各国自行提出自主贡献目标的方式。巴黎协定并要求各国制定实施到本世纪中叶的温室气体低排放长期发展战略。全球长期目标的实现以国家自主决定贡献为基础，同时加强各国行动和资助的透明度，从2023年开始全球每5年进行一次盘点或总结，以评估实现协定宗旨和长期目标的集体进展，促进更新和加强国家行动和资助力度。

我国也是《巴黎协定》的签约国，在此背景下，我国领导人承诺2030年碳达峰，2060年实现碳中和。2018年国家发展改革委应对气候变化及减排职责划入新组建的生态环境部，成立了新的国家应对气候变化及节能减排工作领导小组，生态环境部承担领导小组应对气候变化及减排方面具体工作。

2021年政府工作报告中提出"制定2030年前碳排放达峰行动方案。优化产业结构和能源结构。推动煤炭清洁高效利用，大力发展新能源，在确保安全的前提下积极有序发展核电。扩大环境保护、节能节水等企业所得税优惠目录范围，促进新型节能环保技术、装备和产品研发应用，培育壮大节能环保产业。加快建设全国用能权、碳排放权交易市场，完善能源消费双控制度。实施金融支持绿色低碳发展专项政策，设立碳减排支持工具"。

由此我国各省市都逐步提出了碳达峰、碳中和的时间表。北京已经宣布碳达峰，并计划于2050年达到碳中和。在产业方面，通过可持续能源消费、电力部门脱碳、终端用能部门电气化、非电力低碳燃料转换等方式降低碳排放，最终通过负排放来实现碳中和。农林生态系统的碳汇能力是实现碳中和的重要保障。

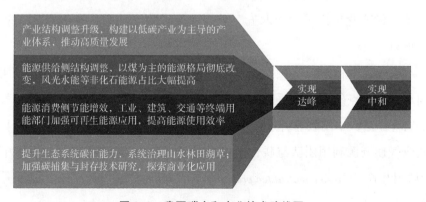

产业结构调整升级，构建以低碳产业为主导的产业体系，推动高质量发展

能源供给侧结构调整，以煤为主的能源格局彻底改变，风光水能等非化石能源占比大幅提高

能源消费侧节能增效，工业、建筑、交通等终端用能部门加强可再生能源应用，提高能源使用效率

提升生态系统碳汇能力，系统治理山水林田湖草；加强碳捕集与封存技术研究，探索商业化应用

实现达峰　　实现中和

图4-1　我国碳中和产业技术路线图

在经济政策方面，2021年7月，全国碳排放权交易市场在上海环境能源交易所正式启动，全球最大的碳交易市场诞生，按照稳步推进的原则，成熟一个行业，纳入一个行业。发电行业成为首个纳入全国碳市场的行业，纳入重点排放企业超过2200家。林业碳汇项目的交易已逐步成熟，林业碳汇（塞罕坝项目）曾经达到过38元/吨。草地、农田碳汇项目也将成为一块巨大的实体可转化市场。草地、农田碳汇的资源开发和交易却远滞后于森林碳汇。

在科研动态方面：以中科院、清华大学、中国农科院等相关科研机构均成立了专门的碳中和研究中心，针对实现路径和相关政策开展研究。同时国家在这一领域也始终有重大项目布局，例如：中科院战略先导专项（2012）"应对气候变化的碳收支认证及相关问题"、"陆地生态系统碳源、汇监测技术与指标体系（国家科技支撑计划项目2019-北大）"、国家自然科学基金委发布的"面向国家碳中和的重大基础科学问题与对策"专项等。科技部组织编制"全球变化及应对"科技发展战略（2021—2035年）专题研究报告，报告在总结分析国内外全球变化领域现状、发展趋势及存在问题的基础上，提出了"十四五"及面向2035年的重点方向和战略任务。中国科学院近期发布了学部咨询项目"中国碳中和框架路线图研究"的成果简介。这些工作中，双碳农业工作还显然未受到应有的重视。科技部也正紧锣密鼓地推动气候变化方面的"十四五"重点研发计划专项和科技创新2030重大项目。

农业碳中和方面，中国农业科学院开展相关工作较早，"十三五"期间承担了重点研发计划项目"全球变化对粮食产量和品质的影响研究"，2021年7月，中国农业科学院农业环境与可持续发展研究所智慧气象与农业气候资源利用团队与联合国粮农组织（FAO）联合发布《中国碳中和茶叶生产（*Carbon neutral tea production in China：Three pilot case studies*）》报告。

## 二、碳中和目标下农业领域碳减排对策路径

农林行业是极具潜力的碳减排技术领域。与之类似的是，2009年国际自然保护联盟提出了基于自然的解决方案（Nature-based solutions，NbS）。针对气候变化，NbS指通过对生态系统的保护、恢复和可持续管理减缓气候变化，同时利用生态系统及其服务功能帮助人类和野生生物适应气候变化带来的影响和挑战，这些生态系统包括森林、农田、草地、湿地（海岸带）生态系统，人工的或天然的NbS能够为实现《巴黎协定》目标贡献30%左右的减排潜力，同时带来巨大的环境和社会经济的协同效益。2019年9月，NbS被联合国列为应对气候变化的九大优先行动之一，是地区/企业实现碳中和、解决残余排放的"终极手段"。从图4-2中可见，NbS的大部分解决方案都与农业、林业、草业和渔业等相关。

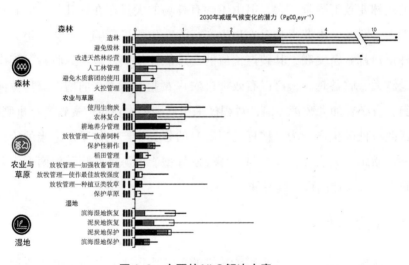

图4-2　主要的NbS解决方案

## （一）农业经济与政策

### 1. 建立区域利益协调机制

近年来一些研究证实，农业生产部门总体呈现净碳汇效应，表现出

了较强的正外部性。将生态补偿的理论构思与低碳发展的现实目标诉求有机结合，进而构建一套以政府为主体，通过补贴制度的施行促进农业生产部门增汇减排的长效机制，有助于农业正外部效应的进一步强化。

2. 探索农业碳减排补偿机制

各个地区自身农业属性与碳排放的特征不同，不能简单地将碳排放数量作为各项决策制定的判断依据，建议在明确各自碳排放权数量约束的基础上与其实际碳排放量进行对比，然后根据其盈余与否施以奖励或惩罚，具有更强的现实指导意义。

3. 建立农业碳汇交易的制度

目前中国碳汇交易以林业碳汇为主，而较少涉及农业碳汇；事实上，虽然林业碳汇数量巨大，但由于国有林场的大量存在，其与一般农户并无太多联系，由此很难对农户生产行为产生积极影响。农业与绝大多数种植户都紧密关联，其碳汇价值的实现能让他们获取实际收益，而碳汇量越大、收益越高，可以有效推进农户农业生产逐步向增汇减排方向倾斜。有必要加大政策导向，对积极采用低碳型农业生产资料（有机肥等）或践行低碳生产行为（秸秆还田等）的各类生产主体予以适当的价格补贴，激励广大农民积极参与"环境友好型、资源节约型"的两型农业之路，实现农业的可持续发展。

## （二）林业

减排对策路径：林业对碳减排的关键作用主要体现在两个方面——保护森林和发展森林生物质能源。林地转化成农地，则10年后土壤有机碳下降30.3%，保护好森林、林地就是减少$CO_2$排放，发展森林生物质能源对碳减排作用更加显著；发展CDM（清洁发展技术计划）林业碳汇项目，项目除吸收大气中的$CO_2$外，还将增加当地农民就业和收入、涵养水源、保护生态、保护生物多样性等多重效益。

增汇：森林在碳汇中发挥着不可替代的作用。通过采取有力措施，如造林、恢复被毁生态系统、建立农林复合系统、加强森林可持续管理等，可以增强陆地碳吸收量。以耐用木质林产品替代能源密集型材料、生物能源、采伐剩余物的回收利用，可减少能源和工业部门的温室气体排放量。

### （三）草业

近年来城市绿地面积日益增大，北京城区绿化覆盖率已经达到了38.5％，人均面积39平方米（2019年），城市草地、植被恢复地作为城市绿地重要的组成部分。了解城市草地生态系统的温室气体排放特征及其与环境因素之间的关系，对于减缓城市草地温室气体排放，助力碳中和有重要作用。不仅有提供景观、绿化的作用，还为城市固碳减排做出贡献。

发展生物质能产业，既是实现国际减排承诺与国内能源转型的重要举措，亦是全面实现乡村振兴的必然选择。生物质资源是生物质能发展的基础。能源草一般是指富含木质纤维素、生物质产量高、生物质品质优良、抗病虫害、耐干旱瘠薄、生态适应性强、可以规模化开发利用的草本植物，常见种类如柳枝稷、芦竹、芒荻类、杂交狼尾草等，多数多年生，是一类优质的生物质资源。

基于边际土地，规模化种植能源草，在提供丰富的生物质原料的同时，可以将空气中的二氧化碳大量固定在土壤中，对于减缓温室气体排放具有积极的意义。由于草本植物的地下碳库远比地上碳库明显，长期种植能源草可以在一定程度上促进边际土地中有机碳的积累，培肥地力，改善边际土地的土壤肥力。

### （四）种植业

增加农业碳汇的主要途径是在保障粮食安全的前提下，减少对高碳型生产资料的依赖，提高农田土壤碳库水平。这里可能包括多种措施，包括一些土壤改良措施，如秸秆还田、施用农家肥和有机肥、保留果树上修剪过的枯枝落叶以及生物炭应用等。

减少温室气体排放主要是农民可以通过调整土壤养分管理，最大限度减少农业源温室气体排放量。包括减少氮肥的使用、测土配方施肥、精准农业、使用缓释肥料或硝化抑制剂等。此外，农业土壤碳库和温室气体排放强烈受人为活动干扰，可通过农艺管理措施改变状况。有学者研究估算，仅秸秆还田、合理施肥和保护性耕作三项措施的全面推广和应用，我国农田土壤的固碳速率就可以达到1.82亿吨碳/年。其他包括免耕、覆盖作物等农业措施也被证实具有增加农业碳汇和减少温室气体的潜力。

完善农业生态系统主要是将种植方式转变高产高质的方式。减少化学农药和化肥的使用，控制农药和化肥的污染量，有效保护农业周边生态，增加农业植被覆盖率和生物量，如间作覆盖、设置防护带，提升农业生态服务能力，引入综合病虫害管理，如粘虫诱捕器和杀虫灯，确保提高资源效率和产品质量。

发展设施农业减排增汇。全球设施农业发展迅速，但其固碳减排效应往往被忽视。应根据设施农业具有生产周期长、环境因子可控、半封闭生产等特点，研发设施农业固碳技术和配备固碳设施设备。将固碳与设施农业高产栽培智能化结合，以技术与装备为基础，实现机械化自动化控制的现代设施农业，从而达到固碳—高产栽培这种良性循环。

最后是提高能源利用效率。在农产品价值链中，许多温室气体排放是由能源使用造成的。确保农业碳中和意味着要优化农产品价值链最耗能阶段的能源使用，包括在加工、运输、包装和消费过程中。

## （五）养殖业

养殖业排放的大量温室气体（二氧化碳、甲烷和一氧化二氮）是导致温室效应的重要因素。联合国粮农组织（FAO）2006年的报告指出，畜牧业的温室气体排放量占全球温室气体排放量的18%。养殖的碳排放主要来自四个方面：①动物呼吸道及肠道的碳排放；②养殖场保温、降温、通风、饲料加工等过程中产生的碳排放；③大量便污水发酵及病尸无害化处理过程中产生的碳排放；④运输相关物料（原料、产品、药品、动物等）时，消耗能源引起的碳排放。有报告表明，通过多元广泛地采用规范管理和先进技术，畜牧业的温室气体减排可高达30%。这意味着，养殖业不仅拥有体量巨大的碳排放量，同时拥有较大的碳减排潜力可挖。

1. 规模化养殖

（1）科学建设低碳型养殖场。在养殖场的选址、规划与布局，动物舍的建筑及配套设备诸方面要慎重考量，尽量做到完善合理，科学严谨。选址应考虑周边土地的消纳水平、交通运输的距离成本等。钢架结构、复合材料的选择等选取能源损耗少的材料等。

（2）我国目前饲养的家畜品种、品系繁多，应根据自身条件选择饲养耗能低、产仔多、生长快、肉质好的低碳畜种并充分利用杂交优势对实现低碳养殖具有重要的意义。

（3）采取各种措施从源头上减少碳排放。单胃动物：大力提高饲料利用率，结合当地资源合理配制饲粮、使用低蛋白日粮等，降低料重比提高养殖效率。反刍动物：采用日粮调控技术，如优化精粗比、选择合理的种类、粗饲料的加工工艺、合理添加添加剂（甲烷抑制剂、瘤胃素等）等减少甲烷排放。

（4）生产工艺方面可以采用低耗能、低排放的工艺，如在保暖、通风、降温等的措施方面采用低能耗的技术，以及养殖圈舍合理设计和养殖规模的科学制定等。同时采用循环模式，配备污水处理厂和有机肥加工厂。污水进行厌氧、好氧处理，排泄物发酵后形成有机肥，产生的沼气供当地居民生活使用。

2. 放牧式养殖

（1）农区和半农半牧区：种养结合循环利用模式主要应用于农区和半农半牧区，农牧结合的作用机制体现为农牧系统养分循环利用。农牧结合具有广泛的发展实践，如秸秆过腹还田、稻田养鸭、稻—草—鹅、青贮玉米—奶牛、牧区放牧—农区育肥和猪—沼—果（茶）等。模式的核心是提升粮草作物及农作物秸秆的利用效率，实现秸秆资源的高效利用；降低畜禽粪污集中排放带来的农业面源污染风险，提升畜禽粪污资源化利用水平；粪污还田可以丰富土壤有机质含量，有效提升土壤生产力，提高固碳能力。

（2）牧区：划区轮牧是在牧区应用的绿色畜牧业发展模式，是以草定畜确定适宜的放牧规模，进行具体的牧区放牧单元划分，根据牧草生长能力在不同放牧单元轮流放牧的发展模式。可以避免草原的过度使用和粪污的集中排放，有利于草原生态和降低土壤污染。

## （六）渔业

渔业碳减排对策路径包括渔业减排、渔业降耗、渔业节能和绿色新能源等技术的开发及应用。渔业减排技术包括减少渔业生产排放的技术，如养殖池塘节水减排技术、工厂化循环水养殖技术等。渔业降耗技术包括通过降低渔业生产活动能耗，提高能源利用效率，实现低碳目的的生产技术，如精准化养殖技术、不同营养级养殖品种混养的生态养殖技术。通过培育养殖优良品种（生长快、品质优、抗逆性强等）、开发低鱼粉高效饲料等，也可以减少饲料与其他投入品的投喂、缩短养殖周期、降低养殖成本，从而提高养殖效率，降低渔业消耗。渔业节能技术包括渔船节能技术、渔用节能材料研发、养殖设施风能、太阳能、地热利用技术等。绿色能源技术主要指可再生能源的利用，包括水体中特别是海洋中蕴藏着巨大的生物质能源、藻类、水葫芦、水风信子等具有开发生物质能源的水生植物、廉价速生海藻等。

## （七）农业废弃物处理

农业领域是即能排放碳又能产生碳汇的产业，在碳中和目标下，农业废弃物生物处理领域碳减排相关策略及技术，主要涉及处理过程、产品替代、微生物固碳等三个方面：

### 1. 处理过程中的碳减排技术

处理过程中的碳减排技术包括有机肥生产、沼气发酵、养殖污水处理等过程的温室气体减排。

有机肥生产过程减排主要在堆肥过程中减少二氧化碳及氮氧化物的排放，目前，从堆肥工艺、菌种、设备及二次污染治理等方面都在向着更加低碳的模式发展。堆肥工艺从露天堆肥、槽式堆肥等开放环境堆肥向着反应器堆肥和覆膜堆肥等温室气体排放量可控的技术发展；堆肥除臭保氮菌剂添加可以在减少臭气及温室气体排放的同时提高有机肥养分水平；智能化控制的堆肥反应器能够根据氧气和发酵水平来减少能源消耗，从而达到减排效果；尾气的回收和净化系统，能够有效地控制堆肥过程中温室气体的排放。

沼气发酵过程是养殖粪污中有机碳分解产生甲烷的过程，而甲烷利用是目前被认可的且极具潜力的碳中和技术，根据中国自愿减排交易平台信息显示，在自愿减排量（CCER）市场中，农村户用沼气技术在已备案项目数和减排量居于前列，仅次于风电和光伏发电。即使沼气工程产生沼气不进行碳交易，而实现厂区自用或者周边农业养殖或种植设施的用电替换，也能实现很好的减排效果。

养殖污水处理过程中，尤其是好氧深度处理养殖废水过程中除了处理过程能源消耗产生碳排放外，还会由于硝化和反硝化作用的不完全导致氮氧化物的大量产生，而且如果需要达标排放，后期还需要补加有机碳源以提高总氮的去除效果，更增加了碳排放，因此从碳中和的角度考虑，养殖污水处理在农业领域较为合理的路线是无害化后还田利用而不是达标排放。

### 2. 投入品替代减排技术

化肥属于碳排放较高的化工产品，而且其在储存、运输和施用过程中都存在持续的温室气体排放。《农业农村部关于落实好党中央、国务院

2021年农业农村重点工作部署的实施意见》中提到"继续推进化肥农药减量化，优化实施果菜茶有机肥替代化肥试点，研究制定大田作物有机肥施用政策，构建有机肥施用长效机制"。说明有机肥替代化肥将是未来的长期趋势，有机肥来源尤其粪肥是畜禽养殖粪便堆肥发酵后产物，其来源为生物质，没有额外的碳排放，而且有机肥在使用后还能提高土壤中的有机碳水平。通过有机肥部分替代化肥，能够在提高化肥利用率的同时降低种植业的碳排放，使土壤和种植作物吸收更多的碳。

### 3. 微生物固碳技术

部分微生物可以固定二氧化碳产生有机物，如自养细菌或者藻类等都会利用二氧化碳产生有机物，农业系统可以利用微生物作用对二氧化碳进行固定后加以资源化利用，如利用藻类光合作用固碳的光生物反应器；同样还有利用自养细菌的电化学固碳技术，其原理是利用微生物为催化剂进行阳极氧化和阴极还原的生物电化学技术，是一种模仿自然光合作用过程而构建的人造固碳系统。

## 三、对北京市农林科学院的有关调研

北京市农林科学院成立于1958年，在各级政府的支持和几代农科人的共同努力下，现已发展成为学科齐全、设备先进、学术水平高、创新能力强，为都市型现代农业和全国现代农业发展提供有力引领和支撑的综合性科研机构。

全院设有15个专业研究所（中心），业务领域涵盖农林牧渔各方面。在全国农业科研单位（1069个）综合实力评估中，6个研究所（中心）位列百强前列，其中蔬菜所专业排名第一、层次排名第一，信息中心行业排名第一，数据与经济所在省市级专业排名第一。"植物学与动物学"（Plant & Animal Science）和"农业科学"（Agricultual Science）两门学科进入 ESI 世界前1%。自然指数（Nature Index）最新一期的机构/大学的学术排名，农林科学院名列基于生命科学的国内农业院校/机构第11名，位列省级农科院首位。

作为"双碳"农业的头部研究机构，北京市农林科学院"双碳"农业研究的实际情况具有一定代表性和问题导向。

## （一）农业经济与政策

采用包含非期望产出的 SBM 超效率模型、全局与局部 Moran's I 指数、空间杜宾模型，将农业碳排放量作为非期望产出，分别测算2000—2018年京津冀农业环境全要素生产率、京津冀农业绿色发展的空间协同性、影响京津冀农业绿色发展的空间协同效率的因素。得出：

（1）2000—2018年京津冀地区13市绿色全要素生产率平均增长为3.99%，农业环境全要素生产率增长速度前三名分别为北京（10.22%）、承德（8.32%）、天津（5.41%）。

（2）2000—2018年京津冀农业绿色发展已经呈现出一定的空间聚集效应，农业协同一体化程度取得了一定成效，但是近几年京津冀农业空间聚集效应减弱，京津冀农业绿色协同程度下降。

（3）京津冀农业科技创新水平上升，对相邻地区及区域农业绿色全要素生产率发展均有促进作用。经济发展水平（GDP）、政府干预（GOV）间接效应和总效应均显著为正，说明地区经济发展水平上升、京津冀政府农业干预，对相邻地区服务业发展存在显著溢出效应。

## （二）林业

随着大规模造林和天然林保护修复，北京市森林资源得到了有效的保护和发展，森林面积和蓄积均有较大幅度增长，森林碳汇量也大幅度增加。截至2021年底，北京全市森林蓄积量增加到2520万立方米，森林覆盖率达到44.4%（全国23%、全球平均32%），森林资源年碳汇量779万吨。优质的森林植被资源是北京提前实现"碳达峰、碳中和"的优势条件。

开展森林生态服务价值研究，初步摸清了北京市森林资源的碳储量；陆续开展关于林业碳汇研究、完善技术储备，为北京林业碳汇科学发展提供了技术支持；应高度重视并推进林业碳汇工作，开展林业碳汇科普宣传和培训。

## （三）草业

围绕植物群落多样性变化和退化生态系统植被恢复对土壤呼吸通量、速率、固碳等问题，开展相关研究。预期结果能够评估不同人工恢复植被恢复方式对生态系统碳汇能力的影响（不同林分、林草组合、不同物种组合）；解释土壤呼吸对气候变化的响应机制。

承担由全球环境基金和世界银行资助的"气候智慧型草地生态系统管理项目"中草地固碳减排监测与评价工作。通过春季休牧、免耕补播和人工种草等技术措施实现我国高寒草地生态系统的固碳减排，同时也为国家制定相关的草原生态奖补政策提供实证范例。本项目在2018年起就与国内顶级草学专家和世界银行碳汇专家联合开展实地调研，共同设计项目的可行性。目标在青海祁连县通过现代草牧业技术实施，实现土壤固碳16.92万吨二氧化碳当量。

固碳能源草品种的选育，北京市农林科学院前期研究工作表明，挖沙废弃地上种植的柳枝稷、芦竹在一个生长季中固定的大气二氧化碳的量分别达到6108.75千克/公顷$^2$、18544.95千克/公顷$^2$。

## （四）种植业

（1）研究气候变暖对土壤温室气体排放以及土壤主要碳氮过程的影响。研究揭示了土壤温室气体对气候变暖的正反馈，使得大气温室气体的浓度进一步增加。

（2）针对农业碳减排与碳汇，已开展相关田间定位试验、设施蔬菜栽培、不同施肥管理与作物–土壤模型相结合，通过开展对作物生长，肥料利用率，温室气体排放，土壤有机碳储存等进行采样监测，分析保护性耕作、秸秆还田、缓控释肥和有机肥配施对减排固碳的影响及长期减排固碳潜力，并提出了一些减排固碳的优化施肥管理措施。

（3）陆地生态系统碳、氮循环的耦合作用。系统分析了未来气候变化情景下，氮利用效率的提高能够强化生态系统的碳汇功能。

（4）退耕还林还草的土壤生态效应。退耕还林还草有效增加了凋落物的输入和土壤碳氮的积累。研究进一步得出凋落物输入的增加显著增加了土壤有机质、土壤微生物量、微生物多样性和真菌细菌比等。

### （五）畜牧业

针对京津冀地区禽畜养殖业污染排放，畜牧所开展了相关研究工作。我所季海峰研究员带领项目组完成的《生猪营养减排新技术研究与推广》获得2014—2016年度北京市农业技术推广一等奖。项目组连续8年跟踪检测猪场饲料营养成分，研制出营养平衡的减排饲粮技术。项目组在京郊大面积推广了该技术，提高了饲料利用率和养猪效率，生产环境得到改善，经济、社会和生态效益明显。

北京油鸡中心研究室以北京市顺义区绿多乐林下养殖示范基地和绿多乐专家工作站为基础，建立北京农科院首个挂牌科技小院——北京雁户庄科技小院；应北京市政府林下经济试验示范要求，在房山区大石窝镇辛庄、广润庄、北尚乐3个村开展北京油鸡林下低密度分散养殖试验示范，示范规模4500只，初步形成北京市林下养鸡新模式。将继续在密云凯诚、怀柔渤海群兴养殖示范基地开展北京油鸡生态健康养殖技术集成与示范。

### （六）渔业

2019年2月国务院出台了《关于加快推进水产养殖业绿色发展的若干意见》。根据意见要求，水产所在渔业碳减排与碳汇方面做已做了大量的工作，包括优化池塘养殖技术，构建池塘绿色生态养殖节水养殖模式，培育鱼类优良新品种，开展鱼类营养需求、饲料配方与精准投喂技术研究，数字化渔业信息技术研发，养殖池塘水质精准调控与尾水生物生态综合处理技术研究，鱼类人工高效增殖放流技术等，也取得了一系列成果。但目前水产养殖过程中还存在渔业种业发展滞后、渔业生产模式落后、精准化水平较低、单位面积水产品水资源利用率低、饲料利用率低、对环境造成一定的污染等许多问题。

### （七）农业废弃物处理

（1）研究各类畜禽粪污处理技术。由于污水的产生量与处理难度远高于固体粪便，因此污水的处理与安全消纳是重点内容。污水产生后都有几个月的存储期，这期间存放期气体排放多，也可能随降雨流失，污染风险高。通过覆盖、酸化等工程措施，可以降低氨挥发54%—94%。覆盖措施成本低，易操作，实现雨污分离，已经在延庆、江苏宜兴以及河南牧原养殖公司等地进行了应用。

（2）沼液灌溉技术的应用，把过去废弃的沼渣沼液替代部分化肥在农田合理应用，减少了化学肥料的投入，也合理消纳了废弃物，并增加了土壤有机质。这项技术在北京、江苏、湖北和重庆等地大面积应用接近2000万亩，消纳沼液8000万方，减排大量的氨氮和COD等污染物，获得了北京市科技进步三等奖和神农中华农业科技奖三等奖。其中重庆地区在山顶建设养猪场，养猪场沼液处理后通过自流对周边柑橘园进行灌溉，无动力运行，效果较好。但近年来北京市沼气站数量变少，这块工作的推广更多转向河北、江苏和湖北等地，以及北京郊区的奶牛场的各类污水。北京市目前还有集约化奶牛场50多个，污水产生多，也亟待消纳解决。

（3）针对堆肥期间的温室气体排放，研究了通气工艺和组合调理剂添加等对温室气体排放的影响，合理工艺措施、调理剂的添加等，碳排放降低17.4%—52.5%。集成创新了密闭式发酵仓等新装备，改变了过去条垛式和槽式等敞开式发酵的模式，密闭发酵产生的各类气体利用酸液和基质材料进行吸附，氨挥发和臭气等浓度降低40.9%—76.8%。在山东新希望六和下属企业应用效果良好。

（4）开发了热解碳和水热炭等系列产品，这类碳在土壤中不易分解，实现碳封存，固碳效果突出。有研究认为施用生物炭 $CH_4$ 年累积排放量减少了20%—51%。与我所肥料制备技术结合，目前开发了生物炭缓释肥料。

（5）针对京郊的尾菜和果树枝条问题，技术支撑了顺义奥格尼克公司和平谷的生态桥工程，将废弃物转化成有机肥，生态效益突出。

（6）农村生产生活垃圾生物除臭技术研发。筛选获得了复合微生物除臭剂，并获得相关发明专利1项；应用该微生物除臭剂于养猪场环境除臭，除氨效果明显。虽然氨气与硫化氢不属于温室气体，但氮氧化物的排放与氨气浓度相关，且形成的除臭剂可以直接在养殖场或堆肥厂的生物除臭装置上使用，通过自养硫氧化、自养氨氧化细菌的生长，在氧化氨气、硫化物等臭气的同时，消耗空气中的二氧化碳，达到碳减排的效果。

（7）研究固相反硝化去除废水中硝酸盐技术。筛选到能利用固体碳源进行反硝化的细菌新种1株，并获得相关专利1项，结合工艺优化，该项技术特点是利用固体碳源和降解菌株达到反硝化碳源缓释效果，可以有效避免水处理过程中液体碳源添加过量的问题，从而可减少废水处理过程中过量的碳排放，该技术在农业领域主要应用场景为循环水养殖和地下水硝酸盐治理。

（8）研究发酵床养殖北京鸭技术。设计并建立了异位发酵床模式，即采用网床养殖，网床下面铺设垫料并投加微生物菌剂，在处理养殖粪污的同时，避免了北京鸭直接接触垫料带来的不良影响。目前在河北河间市建立了异位发酵床养殖示范基地，共有异位发酵床鸭舍4栋，2020年利用自制垫料菌剂500千克，出栏北京鸭约15万只。与传统地面养殖相比，节省人工成本60%以上，实现了北京鸭养殖中的粪污原位处理，减少了粪污排放约1000吨，由于发酵床养殖过程中除了清换垫料，没有粪污外排，可以有效减少养殖来源的碳排放。

# 四、近期需要开展的工作

## （一）存在的一些问题

（1）碳达峰、碳减排工作目前广受重视，但是农业的双碳工作显然在部门内部受到的关注还不够。国内虽然有中国农科院的团队开展了一些工作，但是与农业碳减排的潜力仍不相称。

（2）农林科学院在农业污染的减排方面前期有大量的工作积累，但是这些工作与双碳工作有些差距，从研究的目标物、检测方法到核算体系方面都与碳排放工作都有较大的差别。

（3）目前有一些低碳减排的技术工作，但多数都是单项技术，缺少全产业链条的创新与集成，缺乏典型的、综合性的案例和示范工作。

（4）对北京农业、北京林业、北京市整体的碳达峰和碳减排工作了解不够，支持力度不够。对国内外的前沿进展、先进技术和典型案例的学习不够。

（5）双碳农业一些核心科学问题，如碳减排的监测和评估、碳减排的外部效益的博弈问题、区域碳达峰/碳中和的农业减排贡献等亟需厘清。

## （二）工作思路和对策

### 1. 加强合作和交流

（1）需要加强与主管部门生态环境部、农业农村部、北京市以及国际粮农组织等相关管理机构的沟通和交流，了解国际、国家、市各级层面顶层设计的思路，指导我院双碳工作的开展。

（2）加强与中国科学院、中国农业科学院和中国气象科学研究院以及国内外领先的科研机构、优秀企业的科技交流，充分学习国内外的前沿理论、先进技术和典型案例，为我院的科研事业发展提供借鉴。

（3）需要拉通院里的学科资源，打通内部壁垒，鼓励学科间的交流合作和联合攻关，共同为双碳农业的科研事业发展而努力。

（4）加强与京津冀地区、京郊区县、农业企业的沟通和合作，及时传播、科普、推广、示范我们的成果，将我院打造成双碳农业工作的宣传队和播种机。

2. 从源头梳理农业"双碳"工作的思路

"双碳"农业既是对传统农业减排工作的继承，也是新时代背景下重要的工作抓手。在此背景下，我们应重新梳理相关的工作研究，从生态效益、生产效益、经济效益相结合的角度，提出农业碳减排和碳中和乃至碳汇的思路，用科技发展来扩大产业的边界，提出我们的解决思路。

3. 问题导向和目标导向

以服务北京碳中和为目标导向，加强碳减排评价体系的构建，对碳减排进行评估，构建排放模型，科学地回答北京农业碳排放量和碳中和时间表；针对北京典型的农业产业研发成套的农业减排固碳技术，勾画农业碳中和路线图、挖掘北京农业碳汇的潜力，为"双碳"农业以及北京市的碳中和工作做好科技支撑。

4. 突出重点，建立优势

在前期工作的基础上，整合院内的优势团队，集中精力和资源，提供碳减排技术的研究平台，在"双碳"农业经济与政策、农林碳排放的监测与估算、典型种植业碳减排、典型养殖业的碳减排、农林草碳汇研究、涉农区县碳中和路线研究等方面开展联合攻关，找准典型行业，理清典型区域，形成成系统、可操作、有影响的科研成果，为我院的"双碳"农业工作在国内以及国际争取一席之地。

### （三）建议开展的专项工作

#### 1. 双碳农业经济与政策

重点针对农业碳减排和农业固碳两方面，开展管理体制、经济政策、技术政策方面的研究，探索建立农业实现"碳达峰""碳中和"的政策框架。

（1）开展农业"碳达峰""碳中和"管理机制研究，包括农业"碳达峰""碳中和"目标考核制度、农业"碳达峰""碳中和"核算和监测制度、重点区域和重点企业温室气体排放清单制度、农业温室气体减排固碳和能源替代年度报告和核查制度、农业减碳控污协同制度等。

（2）开展以绿色生态为导向的农业补贴、金融服务政策研究，引导财政和金融支持资金向化肥农药减量、秸秆利用、地膜回收、国土绿化等方面倾斜，为农业减排和固碳持续提供经济激励。

（3）开展农业"碳达峰""碳中和"技术支持政策研究，在保障粮食安全、重要农产品有效供给前提下，预测农业农村温室气体排放趋势和达峰时间，评估减排、固碳与可再生能源替代的潜力和成本，提出重点支持的技术领域及支持方式。

#### 2. 农业碳排放的监测与估算

尽快厘清农业碳排放的检测、监测、估算和核验的基本技术手段和标准方面，特别农业的温室气体排放主要因子$CO_2$、$CH_4$、$N_2O$等，亟需建立相应的检测技术手段，积极参与制定相关的检测、监测标准，为后续各项研究工作的开展提供基础。

在典型行业或区域布设监测点，开展不同行业的碳排放监测与估算，测定如渔业水-气界面间$CO_2$通量，森林、草地、农田、果园等土-大气界面的$N_2O$通量，废弃物发酵等处理过程中的$CH_4$、$N_2O$排放通量，对现有农业碳排放效率测算思路进行修正，更为准确测度农业碳排放效率并分析关键影响因素。

3. 典型种植业碳减排研究

由于桃产业兼具有农业碳源排放和树木碳汇的特点，且为北京农业的支柱性产业之一，选择桃为作为种植业的典型研究产业。通过对投入品的管理和桃枝废弃物的综合处理，实现土壤有机质的增加，探索桃产业碳中和乃至碳汇的技术路线。进一步通过田间试验与模型模拟系统分析不同农田管理措施对作物–土壤–大气体系中温室气体排放的影响，探索其减排固碳机理，并提出作物高产、养分高效利用与增加碳汇的优化施肥方案。监测评估保护性耕作、秸秆还田、人工林草（林草复合、农林复合、豆禾混播、百万亩造林）等减排增汇的潜力。这部分工作也是支持平谷区率先成碳中和工作的重要组成部分。

4. 典型养殖业的碳减排研究

以"源头控制—过程控制—末端固定"为主线，开展畜禽养殖碳减排的技术研究。

采用先进的分子技术，分析饲料养分，优化饲料配方，研发新型矿物质饲料添加剂和绿色"抗生素"，促进家禽生产由高矿投入、高矿排泄向低矿投入、低矿排泄转型，既减少饲料的浪费，又达到节能减排的目的，同时更进一步探究这些技术手段与碳达峰和碳中和的相关关系以及贡献率。

以油鸡和肉鸽为碳源输出，结合高处林果、地上花草、地下土壤改良，适当补充水面的方式，形成植被、土壤有机，水生物的立体农业碳捕捉网络。形成粪便回田、林草回圈、废气进水的循环利用模式，促进碳源在自我的农业体系内的的再利用和再循环模式，形成特色低碳养殖模式。

开发智能好氧堆肥装置，并基于碳中和目标，综合利用堆肥微生物菌剂和数字化技术，进行反应器堆肥处理工艺优化，进一步提高堆肥效率，减少反应器能耗，利用生物除臭设备进行尾气处理，降低堆肥处理养殖粪便过程中的温室气体排放。

### 5. 农林草碳汇研究

服务北京与国家重点生态工程，评价、核算城市绿化、景观建设、生态恢复的固碳潜力、研究相关的土壤碳封存技术和可持续经营管理政策。提出北京山区森林和城区绿地碳汇能力核算方法学体系，为北京市生态补偿机制奠定基础，进一步推动城乡一体化进程。

结合北京作为特大型城市生态系统的特点，开展理论研究，编制行动方案与规划，特别是在草地固碳增汇监测、评价、核证与生态价值核算等方面，开展长期研究，为政府提供实证基础与决策支持。基础研究与宏观政策制定相结合，积极参与制定系统的草地碳计量与监测方法学，

在保护天然草原和现有人工草地的基础上，持续开展能源草种质资源创新利用与新品种（系）培育，研究集成能源草高效建植与管理技术，适度开发边际土地，规模化长期种植能源草，促进"增汇"；将收获的能源草作为原料用于发展生物质能，促进"减排"，具有解决能源问题与碳排放问题的双赢效果。

### 6. 涉农区碳中和路线研究

从政治正确的角度来说，农业应该为北京整体"双碳"工作做出贡献。特别是北京作为一个人口众多、消费型的超大城市，农业、林业应该成为北京碳汇的主要来源。

基于北京农科院与平谷区的合作关系，且平谷工业少，山林面积大，种植以果树为主，可以以此为基础，通过科学技术减少农业碳排放，增加农、林业的碳汇价值，推动平谷成为我市率先实现碳中和的区县。针对平谷区农业发展现状，结合现有的种植业与养殖业温室气体减排技术和固碳技术，研究农业温室气体减排和固碳的不同技术模式，评估每种模式的成本效益，基于最优模式选择确定各区农业碳中和的时间表和路线图，并在农业园区、典型村镇、种养企业、合作社、家庭农场开展示范，为实现京郊碳中和提供科技支撑。

# 第五章　生态碳汇能力提升与产业发展

清华大学产业发展与环境治理研究中心①

## 一、生态系统碳汇的基本概念

### （一）生态系统碳循环机制

碳是一切生命物质的基础，碳元素分别以$CO_2$、$CH_4$等气体、碳酸根离子、碳酸盐岩石和沉积物及各种有机物或无机物的形式在不同系统圈层中迁移转化、循环周转，从而构成了全球的碳循环。人类的出现及其社会经济活动对自然生态系统内部及其相互之间的平衡产生了极大的影响，过度人工干预后的自然生态系统呈现出相当程度的不稳定性和不可持续性，严重影响着全球碳平衡和物质能量的循环。但如果人类能及早正视问题，并在充分认识、顺应和利用好自然客观规律的基础上，改变当前的一些不良行为和趋势，并采取行动保护和修复自然生态系统的生产能力，将对改善全球碳平衡以应对气候变化产生积极的作用。

加强自然生态系统吸收和贮存$CO_2$的能力，同时通过保护和修复降低其因为人工干预而转变为碳源的风险，逐渐成为各国应对气候变化的一组重要战略措施。就我国当前情况来看，森林生态系统发挥了重要的生态增汇贡献，保护和修复湿地和海洋生态系统具有较大的增汇潜力，而草地和耕地生态系统则主要以阻止并修转其向碳源转变的趋势为主。

---

① 作者为：杨越，中国科学院大学玉泉智库，助理研究员；清华大学产业发展与环境治理研究中心博士后，兼职研究人员。陈玲，清华大学公共管理学院教授，清华大学产业发展与环境治理研究中心主任。薛澜，清华大学文科资深教授，博士生导师，清华大学苏世民书院院长。

### (二)碳库、碳源与碳汇

《联合国气候变化框架公约》将温室气体"库"定义为气候系统(大气圈、水圈、生物圈和地圈的整体及其相互作用)内存储温室气体或其前体的一个或多个组成部分[1],碳库则是指在碳循环过程中地球系统存储碳的各个部分[2]。地球上主要存在岩石圈碳库、大气碳库、海洋碳库、陆地生态系统碳库四大碳库。其中,大气碳库是四大碳库中是最小的,碳总量约$2\times10^{12}$吨,是联系海洋与陆地生态系统碳库的纽带和桥梁,大气中的碳含量多少直接影响整个地球系统的物质循环和能量流动。而岩石圈碳库虽然最大,但其与其它碳库碳循环量很小,规模仅在0.01~0.1PgC/a之间,且其碳的周转时间长达百万年以上,故在碳循环研究中通常将其看作静止的并不多加讨论。因此本书仅以陆地生态系统碳库和海洋碳库为例做简要介绍。

《联合国气候变化框架公约》将温室气体"源"定义为任何向大气中释放产生温室气体、气溶胶或其前体的过程、活动或机制,将温室气体"汇"定义为从大气中清除温室气体、气溶胶或其前体的过程活动或机制。[3]碳源(Carbon Source)即向大气圈释放碳的过程、活动或机制。自然界中碳源主要是海洋、土壤、岩石与生物体。另外人类生产、生活等都会产生二氧化碳等温室气体,也是主要的碳排放源。碳汇则可以理解为从大气圈中清除碳的通量、系统、过程或机制。[4]需要注意的是,并非能够吸收碳就是碳汇,只有能够"固定"、储存碳的才是碳汇。

因此,碳源与碳汇是在大气循环和全球气候变化中产生的相对概念,

---

[1] IPCC, 2001.Climate Change 2001: The Scientific Basis[R]. Cambridge: Cambridge University Press.

[2] 杨越.固碳增汇的下一个"风口"在哪?海洋碳库不容小觑! [EB/OL]. https://mp.weixin.qq.com/s/ErOrfeOf-2KLQVzQlq7NJA.

[3] IPCC. 2001. Climate Change 2001: The Scientific Basis[R]. Cambridge: Cambridge University Press.

[4] 耿元波,董云社,孟维奇.陆地碳循环研究进展[J].地理科学进展,2000(4):297-306.

碳源是指自然界中向大气释放碳的母体，碳汇是指自然界中碳的寄存体。减少碳源一般通过二氧化碳减排来实现，增加碳汇则主要需要扩大森林、草地等植被覆盖面，合理开发并采用先进的固碳技术。

## 二、生态系统碳汇能力提升的场景与机制

接下来，将分别阐述不同生态系统的主要增汇场景与增汇机制。

### （一）森林碳汇

森林是陆地生态系统最大的碳库，占陆生植被碳的55%。[①]森林通过光合作用吸收大气中的二氧化碳，并将其固定在植被或土壤当中。所吸收二氧化碳主要储存到三个有机碳库：活植物碳库、土壤有机质碳库和死植物体碳库。还有一些较小且难以测定碳库，例如动物和挥发有机质碳库，在研究中通常忽略。[②]

森林碳库容量主要受其自身森林年龄、所处纬度、海拔及氮沉降的影响。中龄林碳累积速度最高，而成熟林和过熟林则基本停止碳累积，[③]森林的储碳量受不同地理区域森林类型的影响。低纬度地区的热带森林碳储量最高，占全部地上植被碳储量的60%。而在高纬度地区，针叶林下的森林土壤碳储量占全球土壤碳储量比例最大。[④]同时，随着天然森林所处海拔的升高，更少受到人为干扰，植被生长时间长，生物量大，碳汇作用也更大。沉降的氮素既可以促进植物生长又能够降低腐殖质的分解速度，能够有效增加森林植被和土壤的固碳能力。此外，森林生态

---

①　Dixon R. K. et al. Carbon Pools and Flux of Global Forest Ecosystems[J]. Science，1994，263（5144）：185-190.

②　Guirui Yu et al. Carbon Storage and Its Spatial Pattern of Terrestrial Ecosystem in China[J]. Journal of Resources and Ecology，2010，1（2）：97-109.

③　王效科，刘魏魏. 影响森林固碳的因素[J]. 林业与生态，2021（3）：40-41.

④　聂道平，徐德应，王兵. 全球碳循环与森林关系的研究——问题与进展[J]. 世界林业研究，1997（5）：34-41.

系统极易受到意外自然和人为因素的不良影响。如，气候变化带来的降水匮乏、突发森林火灾以及人类的乱砍乱伐等，都会引起森林固碳能力的大幅下降。

根据第九次全国森林资源清查数据，截至2018年我国森林总面积达22044.62万公顷，森林覆盖率22.96%。全国森林面积净增1266.14万公顷，且继续保持增长态势。森林资源总量继续位居世界前列，森林面积位居世界第5位，森林蓄积位居世界第6位，人工林面积继续位居世界首位。目前，我国森林植被总生物量183.64亿吨，总碳储量89.80亿吨[1]，森林在减排中发挥着重要作用。

## （二）草地碳汇

草地覆盖近20%的陆地面积，是陆地植被的重要成分之一。草地碳库由植物碳库和土壤碳库组成。其中绿色植被活生物量的碳贮量占全球陆地植被碳贮量的1/6以上，土壤有机碳贮量占1/4以上，在只考虑活生物量及土壤有机质的情况下，草地碳贮量约占陆地植被总碳贮量的25%。[2]

在草地生态系统中，初级生产者是绿色植物，其通过光合作用吸收大气中的二氧化碳合成有机物质，同时释放氧气。由于草地植被高度较低，植被类型丰富，植株间遮挡小且绿色部分占比高，植物所受光照面积也更大，使其光合作用效率更高。此外，草地植物的光合作用合成有机物形成其巨大的地下根系，其生物量远高于地上植被，是稳定的高质量碳库。此外枯草萎败形成覆盖于土壤表面的凋落层，其中一部分直接分解以二氧化碳形式回归大气，另一部凋落物经腐植化作用，进入土壤库以有机碳形式贮存。[3]

---

[1] 中国林业网：国家森林资源请查数据发布与展示系统[EB/OL]. http://www.forestry.gov.cn/gjslzyqc.html.

[2] Combining satellite data and biogeochemical models to estimate global effects of human-induced land cover change on carbon emissions and primary productivity[J]. Global Biogeochemical Cycles, 1999, 13（3）：803–815.

[3] 王莉，陆文超. 草地：不容小觑的绿色碳库[J]. 中国矿业报，2021（8）：3.

我国现有草地面积382832.7千公顷，其中天然草地可以划分为草原、草甸、草丛和草本沼泽4大类，分别占草地总面积的50.4%，36.6%，10.7%和2.3%。[①]西部省区由于超载放牧、乱挖乱采等因素导致草地面积大规模退化，截至2009年，退化总面积达14253.34公顷，其中重度退化面积占退化总面积的14%。[②]严重退化草地中初级生产者绿色植物的大幅减少，使土壤中的微生物代谢与碳循环被破坏，二氧化碳释放，草地也会因此丧失碳汇功能而成为碳源。

（三）湿地碳汇

按照国际湿地公约中的定义："湿地是指不问其为天然或人工、长久或暂时性的沼泽地、泥炭地、水域地带，静止或流动的淡水、半咸水、咸水，包括低潮时水深不超过6米的海水水域。"[③]全球湿地总面积为$8.56×10^8$平方公顷，约占世界陆地面积的6.4%。湿地碳储量约为770亿吨，占陆地生态系统的35%，超过农田、温带森林和热带雨林生态系统碳储量的总和[④]。

湿地地表长期或季节处在过湿或积水状态，地表生长有湿生、沼生、浅水生植物（包括部分喜湿的盐生植物），且具有较高的生产力。湿地植物通过光合作用吸收大气中的$CO_2$并转化为有机质。而随着植物的死亡和枯萎凋落，堆积的植物残体经腐殖化和泥炭化作用，形成了腐殖质和泥炭。加之湿地土壤水分过于饱和，具有厌氧的生态特性，土壤微生物以嫌气菌类为主，微生物活动相对较弱、慢。多年堆积但未能充分分解的泥炭地中积累了大量未被分解的有机物质，能够有效吸收并储存二氧

①　资料来源:《中国统计年鉴（2020）》。

②　高文良. 关于草地可持续性发展的思考[J]. 现代农业科技，2009（13）：332–338.

③　Allan Crowe. Quebec 2000：Millennium Wetland Event Program with Abstracts [C].Quebec，Canada，Elizabeth MacKay，2000，1–256.

④　杨永兴. 国际湿地科学研究的主要特点、进展与展望[J]. 地理科学进展，2002（2）：111–120.

化碳。目前，仅占全球陆地面积3%的泥炭地储存了陆地上1/3的碳，是全球森林碳储总量的两倍。

截至2018年，我国湿地面积8.04亿亩，位居亚洲第一、世界第四，[①]几乎囊括了国际湿地公约的所有湿地类型，并拥有世界上独特的青藏高原湿地。[②]从分布情况看，东部地区河流湿地多，东北部地区沼泽湿地多，而西部干旱地区湿地明显偏少。长江中下游地区和青藏高原湖泊湿地多，海南岛到福建北部的沿海地区分布着独特的红树林和亚热带、热带地区人工湿地。在自然调节下，湿地一般呈碳汇功能。[③]但若受到气候条件尤其是人类行为的破坏，湿地系统水分丢失，泥炭中的有机物质会被快速分解，原本固存在土壤中的碳将被大量释放，导致温室气体排放量增加，湿地转化成为碳排放源，加剧全球变暖进程。[④]据测算，全球泥炭地被排干或烧毁所释放的碳占全球人为活动碳排放总量的6%。[⑤]

## （四）农业碳汇

农业与自然生态系统和人类生产生活有着密切的联系，农田也是重要的碳汇来源，其碳汇功能的实现依靠农作物与土壤的共同作用。一方面农作物通过光合作用吸收空气中的二氧化碳合成有机物，其呼吸作用消耗剩余的有机物被储存在生物体组织中，实现固定大气中的二氧化碳。而农业耕地土壤拥有更优秀的固碳能力，通过农作物秸秆还田、农业有

---

① 我国湿地面积8亿亩 位居世界第四[EB/OL]. 第二段，http://www.forestry.gov.cn/main/142/20180717/144048138865928.html.

② 杨永兴. 国际湿地科学研究的主要特点、进展与展望[J]. 地理科学进展，2002（2）：111-120.

③ Mitra S, Wassmann R, Vlek P L G. An appraisal of global wetland area and its organic carbon stock [J]. Current Science，2005，88（1）：25-35.

④ Zhang C H, Ju W M, Chen J M, et al. China's forest biomass carbon sink based on seven inventories from 1973 to 2008 [J]. Climatic Change，2013，118（3/4）：933-948.

⑤ Xiao D R, Deng L, Kim D G, et al. Carbon budgets of wetland ecosystems in China [J]. Global Change Biology，2019，25（6）：2061-2076.

机肥和作物凋落后的耕地腐殖质可以有效储存空气中的二氧化碳。

我国拥有18亿亩的耕地资源，农田的二氧化碳平均容重为1.2吨/立方米。[1]农业管理措施和作物杂交品种的变化，如免耕、秸秆还田、产量的增加，都大大促进了农田由"碳源"向"碳汇"的转变。但气候变暖以及不合理的耕作、灌溉、施肥等频繁的人类活动，可能会导致农田有机碳储的大量损失。[2]如大量的农作物耕作种植、机械化耕作会导致土壤温度、湿度及空气状况的发生变化，[3]化肥等的大量使用更会导致土壤受到严重污染破坏，机物料输入的减少，土壤侵蚀导致土壤中的碳逐渐氧化分解并释放到大气中。[4]当然，农田生态系统也能够在短时间内进行人为调节。[5]通过优化农业生产环节，减少化肥使用，选择低碳农业发展模式，恢复农田生态功能可以有效提高农田的固碳能力。[6]

## （五）海洋碳汇

海洋每年大约吸收2.0—2.2Pg（C）的碳，[7]其总含碳量达到$3.9×10^5$亿吨，占全球总碳量的93%。[8]作为地球生态系统中最大的碳库，是维持全球碳收支平衡和应对气候变化的关键。相较于陆地生态系统参与碳循

① 许广月. 中国低碳农业发展研究[J]. 经济学家，2010（10）：72-78.

② Wang Q F，Zheng H，Zhu X J，et al. Primary estimation of Chinese terrestrial carbon sequestration during 2001-2010 [J]. Science Bulletin，2015，60（6）：577-590.

③ 张国盛，黄高宝，YIN Chan. 农田土壤有机碳固定潜力研究进展[J]. 生态学报，2005（21）：351-357.

④ 李晓燕，王彬彬. 四川发展低碳农业的必然性和途径[J]. 西南民族大学学报（人文社科版），2010（1）：103-106.

⑤ 潘根兴，赵其国. 我国农田土壤碳库演变研究：全球变化和国家粮食安全[J]. 地球科学进展，2005（4）：384-393.

⑥ 李晓燕，王彬彬. 四川发展低碳农业的必然性和途径[J]. 西南民族大学学报（人文社科版），2010（1）：103-106.

⑦ 刘慧，唐启升. 国际海洋生物碳汇研究进展[J]. 中国水产科学，2011（3）：695-702.

⑧ 李纯厚，齐占会，黄洪辉，等. 海洋碳汇研究进展及南海碳汇渔业发展方向探讨[J]. 南方水产，2010（6）：81-86.

环形成的"绿碳",海洋碳库中由生物驱动且易于管理的那部分碳通量和储量被形象的称为蓝碳（Blue Carbon）。[①]红树林、海草床、滨海盐沼、大型海藻等作为典型的蓝碳生态系统，其碳汇能力和效率远高于其他生态系统，仅以传统的红树林、滨海盐沼、海草床组成的海岸带蓝碳生态系统为例，全球已探明的覆盖面积虽然仅有陆地生态系统的1.5%，其固碳增汇能力和效率却是陆地生态系统的10倍以上，而这一比例将随着大型藻类和珊瑚礁等碳汇潜力相关研究的深入进一步扩大。[②]

　　海洋的碳循环主要依赖"海-气"界面交换、沉积作用、陆源输入和与邻近大洋的碳迁移等重要过程，海洋碳库中的碳元素主要以溶解无机碳（DIC）、溶解有机碳（DOC）、颗粒有机碳（POC）、生物量等多种形态存在。学界普遍接受的海洋碳循环机制包括：水体溶解泵（Solubility Pump，SP）、碳酸盐泵（Carbonate Pump，CP）、生物碳泵（Biological Pump，BP）和微型生物碳泵（Microbial Carbon Pump，MCP）。[③]

　　具体而言，当大气中$CO_2$的分压大于海水的$CO_2$分压时，$CO_2$将通过物理溶解泵（SP）被动的从大气中进入海洋，并以溶解无机碳（DIC）的形式从海洋表层传输到海洋体系中，直到海水的分压大于大气时，海洋会再次向大气释放$CO_2$；海洋中的浮游生物通过光合作用消耗海水表层的DIC，利用生物碳泵（BP）形成有机碳，这部分有机碳多以溶解有机碳（DOC）的形式存在，部分被细菌滤食再次转化为$CO_2$释放，部分以颗粒有机碳（POC）形式通过浮游动物的排泄物、死掉的浮游动植物残体等从上层海水向下沉降封存，这个过程会造成海水的$CO_2$分压减小，从而使$CO_2$继续从大气转移到海水；贝类、珊瑚礁等海洋生物则会通过海洋碳酸盐泵（CP）将海水中的碳元素吸收、转化并固定；水体中的

　　① Nellemann C，Corcoran E，Duarte C M，et al. Blue Carbon: the Role of Healthy Oceans in Binding Carbon[R]. United Nations Environment Programme，GRID-Arendal. 2009.

　　② IPCC. IPCC Special Report on the Ocean and Cryosphere in a Changing Climate[R]. Geneva: IPCC，2019.

　　③ 焦念志. 微生物碳泵理论揭开深海碳库跨世纪之谜的面纱[J]. 世界科学，2019（10）：38-39.

DOC还可以通过海洋微生物碳泵（MCP）从可被利用的活性态转化为不可利用的惰性溶解有机碳（RDOC），从而长期封存。

全球至少151个国家包含一种蓝碳资源，71个国家包含三种以上蓝碳资源，其中20%—50%已经遭到破坏或正在退化，据估计，退化的蓝碳生态系统每年释放出10亿吨二氧化碳，相当于全球热带森林砍伐排放的19%，而恢复这些蓝碳资源及其生态系统可以为控制2℃温升提供约14%的减排潜力[①]。我国海岸带面积28万平方公里，滨海湿地面积达670万平方公里，海洋生态类型丰富，具备发展海洋碳汇的优良条件。[②]据不完全估算，我国海岸带海洋碳汇生态系统生境总面积为1623—3850平方公里，碳储存量为每年34.9万—83.5万吨。[③]近20年来，在我国持续加大修复力度的实践下，我国红树林面积增加7000公顷，是世界上少数几个红树林面积净增加的国家之一。目前55%的红树林湿地纳入保护范围，远高于世界25%的平均水平。[④]

然而，大部分的海洋过程会受到气候变化和人为活动的影响，北极海冰融化和海洋升温加速导致海水热膨胀，增暖后的海水固碳能力将下降。而水体温度的升高更会导致海岸的"冲洗"机制被削弱，沿海水域自洁能力减弱；藻花和死水区增加，深海和海底生物的食物粒运输减少，海洋初级生产力降低，海岸泵作用消失。另一方面，海岸富营养化、填海造陆及海岸城市化等人类活动导致全球约1/3的海草区域、约1/4的盐沼区域、超1/3的红树林区域均已消失。[⑤]截止到2019年，全球超过60%

---

① Hiraishi T，Krug T，Tanabe K，et al. 2013 Supplement to the 2006 IPCC Guidelines for National Greenhouse Gas Inventories：Wetlands[R]. Switzerland.IPCC，2014.

② 范振林. 开发蓝色碳汇助力实现碳中和[J]. 中国国土资源经济，2021（4）：12-18.

③ 贺义雄. 开发利用好海洋固碳储碳功能[N]. 中国自然资源报，2021-06-18（3）.

④ 经济日报—中国经济网：我国红树林面积20年增7000公顷[EB/OL]. http://www.ce.cn/xwzx/gnsz/gdxw/202006/08/t20200608_35076141.shtml.

⑤ 联合国环境署、粮农组织、教科文组织政府间海洋学委会. 蓝碳：健康海洋对碳的固定作用——快速反应评估报告[EB/OL]. https://wenku.baidu.com/view/fcdc050303d8ce2f00662353.html.

的海洋生态系统已退化，沿海地区的红树林在50年内减少了30%—50%，珊瑚礁面积减少了20%。[①]我国蓝碳保护情况亦不容乐观，与20世纪50年代相比，我国红树林面积丧失了60%，珊瑚礁面积减少了80%，海草床绝大部分消失，海洋生态系统碳循环面临极大威胁。[②]

## 三、生态系统碳汇能力提升的综合效益

### （一）生态效益：生态环境稳定向好

生态系统增汇对气候变化有着重要影响作用，[③]通过推进天然林资源保护、退耕还林还草、海岸带生态保护和修复等重点生态增汇工程的实施，恢复和增加植被总量，自然生态系统碳吸收和贮存及氧气释放能力大幅提升的同时，有助于涵养水源、保持水土、抵消空气污染、打造健康完整的生态系统、提高生态系统的整体功能和综合效益。

### （二）经济效益：建立绿色发展新格局

一方面，生态碳汇在发挥固碳功能的同时，也是重要的农业、林业、牧业发展的生产资料，每年可创造数千亿元的经济价值，并解决大量农牧民的就业问题。[④]另一方面，生态碳汇可以作为以自然生态系统保护为基础的生态产品，发展碳汇产业既有利于促进自然产品生产加工，推进生态产业化、产业生态化，也有利于健全生态产品价值实现机制，推动农业、林业、牧业等重点排放单位主动节能减排。且通过碳汇交易与生态补偿机制，建立生态效益平等、合理的贡献和产出补偿机制，降低生

---

① 中国发展简报：科普|影响70亿人的"蓝碳"究竟是啥？[EB/OL]. http://www.chinadevelopmentbrief.org.cn/news-25504.html.

② 本刊特约评论员. 推动海洋碳汇成为实现碳中和的新力量[J]. 中国科学院院刊，2021（3）：239-240.

③ ANDREI LAPENIS et al. Acclimation of Russian forests to recent changes in climate[J]. Global Change Biology，2005，11（12）：2090-2102.

④ 王莉，陆文超. 草地：不容小觑的绿色碳库[N]. 中国矿业报，2021（8）：3.

态系统增汇成本，形成经济型生态循环，有促进生态与经济携手的绿色发展格局，推动实现绿色发展和高质量发展。

### （三）社会效益：实现人与自然和谐共生

提高生态系统增汇能力，有利于保护生物多样性和各生物栖息生存的环境。同时进行自然资源保护，共同塑造良好的人类生存环境。更重要的是，在保护生态环境的基础上，将绿色发展理念贯穿于乡村振兴全过程，推动生态环境修复、生态旅游建设等。同时，发展生态碳汇扶贫项目，建设碳汇产业扶贫项目，推动区域传统农牧业经济转型，促进贫困户就近就业和技术培训，实现以生态扶贫夯实乡村脱贫致富的可持续发展根基，增强贫困地区的可持续发展能力，促进人与自然的和谐发展。

## 四、生态系统碳汇能力提升的我国实践

近些年，我国因地制宜开展了大量陆地生态系统保护，提升生态系统碳汇增量效果显著。其中，增加林草碳汇是世界各国应对气候变化的重要举措，也是我国国家自主贡献目标的重要内容。因地制宜开展科学绿化，持续增加林草面积，稳步提高森林、草地质量，着力提升森林、草原、湿地的碳贮存和碳吸收能力。2016—2020年间，我国完成造林种草面积7.48亿亩，森林面积和蓄积面积连续30年保持双增长。三北防护林、天然防护、退耕还林还草、退牧还草等重点工程深入实施。截至2018年，仅三北防护林建设工程区森林面积净增加2156万公顷，森林覆盖率由5.05%提高到13.57%。三北工程森林生态系统固碳累计达到23.1亿吨，相当于1980年至2015年全国工业二氧化碳排放总量的5.23%。[①]在

---

① 中国政府网：三北工程区生态环境明显改善[EB/OL]. http://www.gov.cn/xinwen/2018-12/25/content_5351827.html.

《天然林保护修复制度方案》的指导下，截至2019年中央财政对天保工程的总投入已经超过4000亿元，天保工程累计完成公益林建设任务2.75亿亩、后备森林资源培育1220万亩、中幼林抚育2.19亿亩，全国19.44亿亩天然林得以休养生息。①

同时，我国继续深入对湿地生态系统碳汇功能的探索。仅2016—2020年，针对湿地保护我国中央投资98.7亿元，实施湿地保护与修复项目53个，新增湿地面积20.26万公顷。②实施湿地生态效益补偿补助、退耕还湿、湿地保护与恢复补助项目2000余个，全国湿地保护率达到50%以上。我国还印发了《国家重要湿地认定和名录发布规定》，发布《2020年国家重要湿地名录》29处。各省发布省级重要湿地142处，目前全国共有23个省（区、市）发布省级重要湿地811处。③

而早在2010，我国已启动大规模的海洋生态修复工作。2010—2017年中央财政支持沿海各地实施270余个海域、海岛和海岸带生态整治修复和保护项目。截至2017年底，全国累计修复滨海湿地4100km²，包括红树林、海草床、滨海沼泽等具有碳汇功能的海岸带湿地生境，切实提高了我国海洋生态系统的碳汇潜力。④目前，我国已建立并不断完善红树林保护国家法律制度体系，自然资源部、国家林业和草原局正式印发《红树林保护修复专项行动计划（2020—2025年）》（以下简称"行动计划"），明确对浙江省、福建省、广东省、广西壮族自治区、海南省现有红树林实施全面保护。⑤

①　国家林草局：天然林保护工程实施以来中央财政投入超四千亿元[EB/OL]. https://www.thepaper.cn/newsDetail_forward_3315920.

②　国家林业和草原局政府网："十三五"期间我国新增湿地20.26万公顷[EB/OL]. http://www.forestry.gov.cn/main/586/20210203/075015165840332.html.

③　国家林业和草原局政府网："十三五"我国投资近百亿元保护湿地[EB/OL]. http://www.forestry.gov.cn/main/142/20210206/173655459237370.html.

④　范振林. 开发蓝色碳汇助力实现碳中和[J]. 中国国土资源经济，2021（4）：12-18.

⑤　国家林业和草原局政府网：自然资源部 国家林业和草原局印发《红树林保护修复专项行动计划（2020—2025年）》[EB/OL]. http://www.forestry.gov.cn/main/586/20200828/143227685406582.html.

## 五、生态系统碳汇能力提升的现实挑战

尽管目前我国生态系统增汇工作取得了相应成效，但作为系统性长远性的工程，仍有问题不断出现，保护修复任务仍面临艰巨挑战。一方面，人类生产生活的开发导致森林、草地、湿地等自然生态空间挤占严重；另一方面，部分区域生态退化问题依然突出，生态系统脆弱。

具体来看，在陆地生态系统碳汇扩增工作中，虽然我国林草总面积逐年上升，但土地辽阔，跨度较大的地理空间环境导致区域间地形和气候存在很大的差异，林草资源空间分布差异较大。西北地区森林资源覆盖率尚不足1%。[①] 同时，还存在资源被过度开发等遗留问题。尽管近年来系列植被恢复措施成效显著，但诸如森林、草场破坏、过度放牧、资源确权难、保护意识弱等现实问题仍尚待解决。

我国海洋生态碳汇扩增同样面临着严峻的挑战，短期内海洋生态系统退化、破坏等问题仍未能有效处理。且近岸局部区域污染问题突出，如近来备受国际关注的微塑料与海洋垃圾。我国作为塑料生产的大国，塑料垃圾的治理是海洋生态环境保护的重要挑战。更重要的是，目前就海洋生态和污染问题尚未形成全面且准确的认知，导致在开发沿海地区时，新型问题不断出现。

此外，目前我国碳汇交易市场机制不健全，碳汇交易需求侧动力不足。现阶段碳汇交易缺乏国家层面的法律保障。首先，公允、便利的第三方评估标准与机制尚不完善，碳汇核证签发难度大，碳汇交易供求不匹配；其次，碳汇与碳排放配额抵消协调机制尚不完善，尽管全国碳市场允许国家核证减排量（CCER）可以通过抵消机制参与碳交易，在碳配额相对宽松，CEER准入严格的背景下，碳汇生态产品需求空间不足。

---

① 毕明辉. 新形势下森林保护存在的问题与解决对策[J]. 中国林副特产，2021（4）：99-101.

且当碳汇价格高于碳排放配额交易价格时，就会对碳汇交易形成替代效应。[①]最后，碳汇市场产品创新缺乏，交易活跃度不够，其主要通过现货交易用于碳市场参与企业履约，购买主体单一，缺少金融衍生品的应用，产品流动性和市场金融属性不足，且目前碳汇项目生成面临整合成本高、难度大等现实阻碍，项目启动建设、资金投入、自然灾害等问题缺乏信贷、保险等配套服务支持。

## 六、生态系统碳汇能力提升的策略选择

### （一）完善顶层设计，推进生态市场建设

首先，应该确立国家层面的自然生态系统增汇的战略决策。针对森林、草地、湿地、农田、海洋等自然生态资源，坚持以"整体保护优先、自然恢复为主、科学人工干预"为原则，以"提高生态系统自我修复能力和碳汇水平"为碳汇市场建设目标。其次，应该尽快形成自然生态系统增汇整体方案。兼顾生态系统的完整性、稳定性及经济社会发展的可持续性，加强森林生态系统碳汇功能，挖掘湿地和海洋生态系统增汇潜力，保护修复草地和耕地生态系统，实现生态系统固碳效能的最大化。最后，完善相关顶层设计和制度保障。一方面加快自然资源调查、确权登记、生态资产核算、有偿使用与生态补偿的完整链条建设。另一方面建立健全包括产权、技术、核算、交易、投资等相关制度体系，保障自然生态系统碳汇市场的良性有效运行，探索碳汇市场与碳交易市场相互链接协同发展的相关机制。其中，2019年发布的《统筹推进自然资源资产产权制度改革的指导意见》为优化自然资源确权和资产运营的政策环境提供了良好的制度保障。尽快在法律层面对包括自然资源及其生态系统产生的碳汇的所有权、使用权、收益权和转让权的归属、分割和流转

---

① 黄可权，蓝永琳. 林业碳汇交易机制与政策体系[J]. 中国金融，2019（1）：77-78.

等问题进行明确界定。

## （二）筑牢科技支撑，建立健全标准体系

首先，应加强生态保护与修复领域相关基础研究与关键技术攻关。通过重点实验室的建设加强相关基础设施和研发平台投入，鼓励技术创新，营造良好的创新环境和生态；加快新技术推广、科研成果转化，促进理论研究在增汇实践中的应用；健全科技服务平台和服务体系，培育发展生态保护和修复产业。其次，需加强数据资源共享，完善生态系统碳计量方法和手段，建立国家水平的碳计量方法学体系，建立健全生态碳汇、生态保护和修复等标准体系建设。在综合考虑增汇的生态价值、经济回报与实施可行性及社会制度公平等多方面问题基础上，制定建设全情景的生态系统增汇标准体系。最后，完善生态资源调查与动态监测体系，提高生态碳汇保护和修复的调查、监测、评价及预警能力。掌握重要自然资源的数量、质量、分布、权属、保护和开发利用状况，及时跟踪掌握各类自然资源变化情况。与此同时，加快国内碳汇方法学的研究和审核工作，尽快建立并完善能够覆盖全部生态系统类型的方法学体系，形成系统完备以及获得广泛国际共识的碳汇项目的监测、报告、核查规范和认证标准；研究建立自然资源资产核算和管理台账制度，开展实物量统计，探索价值量核算，编制自然资源资产负债表，建立统一权威的资源监测、报告、核算评价信息发布和共享机制。

## （三）善用市场机制，开发优质案例示范

发挥政府在前期市场培育的过程中发挥着重要作用，通过制度创新和管理创新，引导更多的企业和社会公众进入生态投资领域，带动更多的生态产品供给和消费，增强生态资本的融资功能。同时加大碳汇项目试点示范，为形成合理的投资预期提供优质案例。示范项目有利于积累有关成本、收益和风险方面的经验，验证项目开发运营的技术可行性和经济可行性，相关案例研究有助于建立投资者信心，提供动员私人和公共

投资以及加快监管框架调整所需的证据支持。因而，有必要加快推进和扩大碳汇示范项目建设和相关案例研究，形成相关示范项目案例库，收集整合有关生物地球化学循环、项目运营管理和经济社会影响等方面数据，生成项目的碳生产函数，为项目成本收益和投资风险预测提供决策模型。

## （四）提高公众参与，引领绿色时代潮流

加大宣传力度，增强公众对气候变化、生态修护及生态系统固碳的认知，倡导低碳行动。通过舆论引导形成全社会关注生态碳汇固碳减排的良好氛围，引导有社会责任感的企业及社会力量支持当地生态碳汇发展。在应对气候变化的新形势下，通过互联网平台、自媒体等多种形式，引导公民参与植树造林、碳汇捐赠海洋污染治理活动，或通过互联网平台轻松快捷地履行植树义务以抵消碳足迹，塑造全民减碳意识，引领绿色时代潮流。

---

**专栏5-1 关于广西省生态碳汇能力提升的政策建议**

2020年9月，国家主席习近平代表我国向世界作出庄严承诺：我国"二氧化碳排放力争2030年前达到峰值，努力争取2060年前实现碳中和。"

2022年1月，习近平总书记在中央政治局就努力实现碳达峰碳中和目标进行第三十六次集体学习时指出："实现'双碳'目标，不是别人让我们做，而是我们自己必须要做。我国已进入新发展阶段，推进'双碳'工作是破解资源环境约束突出问题、实现可持续发展的迫切需要，是顺应技术进步趋势、推动经济结构转型升级的迫切需要，是满足人民群众日益增长的优美生态环境需求、促进人与自然和谐共生的迫切需要，是主动担当大国责任、推动构建人类命运共同体的迫切需要。"实现碳达峰碳中和，"是贯彻新发展理念、构建新发展格局、推动高质量发展的内在要求，是党中央统筹国内国际两个大局作出的重大战略决策"。

2021年9月中共中央国务院印发《完整准确全面贯彻新发展理念做好碳达峰碳中和工作意见》，其中就"持续巩固提升碳汇能力"提出两方面的工作要求，一是巩固生态系统碳汇能力，二是提升生态系统碳汇增量。随后，国务院印发了《2030年前碳达峰行动方案的通知》，将"碳汇能力巩固提升行动"列为碳达峰的十大行动之一。

　　为了助推巩固提升碳汇能力工作，我们按照中央明确的主要碳汇领域，结合广西地理特征，主要就森林、海洋、岩溶三个领域的碳汇工作进行了调研，了解到工作中存在的一些困难和问题，针对工作中存在的困难和问题向国家提出了一些工作建议。

　　一、巩固提升碳汇能力工作存在的困难和问题

　　（一）地市碳汇工作存在的困难和问题

　　目前，由于国家和省级层面的相关技术规范及测算模型尚未确定，碳汇调查监测评估业务体系和计量核算体系尚未建立，缺乏工作的依据和细则，按照各地市现有技术水平及人员配置，不具备开展碳汇本底调查和碳储量评估的能力，无法准确测算出各地市的碳汇能力，也开展不了碳汇交易方面的建设工作。一些地市的碳汇工作探索，如《单株林木碳汇计量学方法》也有待省级和国家层面的认可。因此，各地市的碳汇工作，总体上还处于等待和观望的状态，如何开展碳汇工作，还需要国家和省级层面给予大力指导支持。

　　（二）森林碳汇工作存在的困难和问题

　　1.林农对巩固提升森林碳汇的积极性不高。一方面，水源林保护区的林农产业发展项目选择越来越少，基础条件差，发展空间小，抵御自然灾害能力弱，林农的生活生产困难仍十分突出。另一方面是，纵向生态补偿标准低，集体和个人所有的公益林补偿标准为每年每亩15.75元，国有的公益林平均补偿标准为每年每亩9.75元，水源林林农粮食价差款补助每人每年85.64元；横向生态补偿机制不健全，生态产品价值很难实现。

　　2.林业碳汇市场交易机制尚未建立。一是国家林业碳汇项目审批、交易于2017年暂停后，目前尚未重启，影响了地方林业碳汇开发、交易工作的开展。二是由于林业碳汇项目的方法学正在修订，对于项目条件、项目设计、项目实施、项目监测等基础工作，缺少法定标准和依据。三是当前介入林业碳汇项目的社会机构杂乱，在CCER尚未重启的情况下，有的与地方政府签署合作协议，有的直接与林农签约，某种程度上存在"圈地"行为，严重扰乱林业碳汇市场。

　　3.林业碳汇计量监测体系建设滞后。林业碳汇资源摸底调查和计量监测体系建设工作量大，生态系统碳汇计量指标、方法、参数、模型和体系建设等基础工作比较薄弱，现阶段仅能实现省级层面宏观碳汇测算需要，不能满足市、县两级碳汇测算的精度要求，特别是湿地、草原碳库调查和生物量建模、碳参数测定尚未开展。

　　4.林业增汇技术研究滞后。林业碳汇增汇工作是一项技术含量高的工作，无论是林业碳汇的增汇技术、监测评估技术还是监管工作等均需深化理论研究、加大应用研究、推进转化研究，而在省级层面这方面的工作基本还处于空白，一定程度上制约了生态系统碳汇能力的提升。

　　5.缺乏适合桉树等短周期用材林的方法学。速生桉生长快，固碳能力强，木材主要用于制作胶合板和家具，可将吸收的碳长期地固定在木质产品中。但目前没有符合桉树等短周期用材树种的碳汇项目方法学，导致其碳汇价值被严重低估，碳汇

难以纳入交易，碳汇价值难以发掘利用。

（三）海洋碳汇工作存在的困难和问题

1.蓝碳相关工作顶层尚未取得实质性进展。自然资源部未正式颁布对蓝碳生态系统（红树林、海草床、盐沼）碳储量调查及碳汇核算试点的技术规程。地方的先行先试工作面临实施难度大、重点选择难、开发周期长、产权代理不明晰等困难。

2.蓝碳生态系统调查评估技术力量有待加强。目前，仅针对红树林生态系统开展了碳储量调查评估工作，暂未涉及海草、海藻等其他生态系统类型，尚未建立健全地方海洋碳汇的调查和评估体系，尚未全面摸清各地区蓝碳本底规模，仍需进一步加强科学研究和监测。

3.蓝碳交易先试先行工作推进难度大。目前，刚编制完成《蓝碳交易先行先试工作方案》（初稿），还需要全面完成三大蓝碳生态系统的碳储量调查及碳汇核算工作、推动开展和完成蓝碳交易、探索建立蓝碳交易服务平台等主要工作任务。在这些工作任务中，面临的主要瓶颈问题是要根据蓝碳制度的构建进行制度创新，健全海洋蓝碳交易实施机制，建立蓝碳交易服务平台。

4.海洋生态修复成效缺乏有效评估。一是目前的研究主要集中在生态修复技术措施，而对于生态修复的其他环节，如退化诊断、生态修复监测、生态修复效果评估等方面的研究相对较少；二是未出台海洋生态修复技术细则，修复项目的监测、验收、维护等技术指标未有详细规定，没有形成标准体系，生态修复技术层面的不确定因素较多，导致出现实施单位为规避生态修复失败风险而采取过多工程性措施，频频出现名为生态修复、实为生态破坏的工程。

（四）岩溶碳汇工作存在的困难和问题

岩溶碳汇领域基础研究薄弱。目前，由于国家层面尚未系统建立岩溶碳汇研究机制，地方在研究技术方法和实现路径上缺乏经验和指导，相关碳汇监测、价值评价等方面几乎处于空白。同时，草地碳汇、耕地碳汇等其他碳汇领域的工作也面临同样困境，严重制约碳汇工作的深入开展。

二、对策建议

1.建议以各地正在开展的"三区三线"划定工作为抓手，以生态环保督察为措施，严守生态保护红线，严控生态空间占用，巩固现有森林、草原、湿地、海洋、土壤、冻土、岩溶等自然生态的碳汇能力。

2.建议以便于碳汇核算和交易为导向，以森林、海洋、草原、岩溶等碳汇领域为重点，组织科技力量加快碳汇项目方法学的研究，制定碳汇有关工作的标准体系，奠定碳汇工作的科学基础。

3.建议加快完善碳汇交易管理办法，加快建立统一的碳汇交易平台，建立健全能够体现碳汇价值的生态保护补偿机制，更好地发挥市场在巩固提升碳汇能力上的作用。

4.建议加强对各地碳汇工作的指导和支持，大力推广成功的碳汇项目经验，加快推进国家林业碳汇试点市（县）的工作，及时总结推广各地的碳汇工作探索创新成果。

（刘慕仁，广西壮族自治区政协副主席，民盟广西区委原主委。）

---

**专栏5-2　为国家"双碳"目标实现贡献林业力量**

基于习近平总书记对森林功能的重新定义和对森林碳汇的反复点题，中林集团作为唯一一家林业央企，主动融入国家"双碳"战略，以为国家储备足量的"森林"碳汇为目标加快战略转型，重新定位中林：以"国内最大的碳汇经营实体和生态产品价值实现重要运营平台"为目标，以"四个大规模"强基固本，即大规模引入权益性资本、大规模引入稀缺性资源、大规模引进先进技术、大规模引进高端人才；以"四个抢占"守正创新，即抢占资源制高点、抢占技术制高点、抢占国家政策示范点、抢占双碳赛道关键点。坚定做国家"双碳"战略领跑者，加快打造现代林业产业链链长，为我国国储林建设、林业碳汇开发以及生态产品价值实现贡献中林的系统解决方案。

一是搭建国家绿色发展"双碳"平台，大规模获取权益资本。二是以"增汇固碳"为目标，大规模获取稀缺资源。三是在林业多元化利用和林下经济产业两大固碳端发力，大规模引入先进技术。四是通过大规模引进高端人才，为全新战略布局做好支撑。

林业是一个需要有历史耐心的行业，但是国家"双碳"战略目标逼近，我们必须与时间赛跑，所以在抢占"四个大规模"制高点的过程中，我们努力抓住四个赛道关键点，一是科学扩绿；二是森林碳汇方法学研究；三是生态产品价值实现认证体系；四是松材线虫病的综合解决方案。

在国家储备林建设的基础上，中林集团将充分发挥自身林业碳汇价值创造优势、国际国内双循环市场优势、交易所与金融机构合作优势，在党中央国务院指导下，与民盟中央、玉泉智库通力合作，打造全国森林碳汇"一盘棋"，助力"双碳"目标，贡献林业力量和林业碳汇实现方案。

（余红辉，中国林业集团有限公司党委书记、董事长）

---

**专栏5-3　生态产品价值如何实现**

生态产品价值实现对推进区域发展、乡村振兴和生态文明建设都极为重要，但生态产品价值实现是一个世界性难题，国内外做了大量理论和实践探索，但尚未形成公认的权威方法和模式。

从我国实践看，生态产品价值实现存在多种路径，归结起来：一是政府购买，即针对生态产品的公共产品特征，由政府出资购买生态产品和生态服务。政府出台支持政策本质上也属此类。二是产权交易，即针对生态产品难以界定受益主体等特征，通过政府管控或设定限额等方式，创造对生态产品的交易需求，引导和激励利益相关方进行交易。自然资源产权交易和政府管控下的指标限额交易属此类。三是产业转化，即以生态产业化和产业生态化为发展方向，以可持续的方式经营开发生态产品，将生态产品的价值附着于农产品、工业品、服务产品的价值中，转化为可以直接进行市场交易的商品。四是生态补偿，即按照"谁受益、谁补偿、谁保护、谁受偿"的原则，以财政转移支付或生态受益地区通过资金补偿、园区共建等方式向生态保护地区购买生态产品。

以上生态产品价值实现路径各有优势和不足。政府购买和生态补偿直接、简便，但会增加政府和相关地区的资金压力，对评估方法的科学性也有很高要求。产权交易是市场经济下的有效方法，但对产权界定和限额确定要求较高，并有滋生腐败风险。产业转化可以有效克服上述方法的不足，但对产业培育要求较高。

在产权制度改革的支持下，推动科技创新和产业培育相结合，以产业发展支持生态产品转化为经济产品，具有广阔的发展潜力和发展前景，也是最具可持续性的发展路径。

（董祚继，民盟中央社会委员会主任，中国科学院大学国家土地科学研究中心主任，博士生导师）

---

## 专栏5-4　"双碳"变革之"绿色"路径——基于生态碳汇的方案

自然生态系统具有巨大的碳汇功能，其具有的减碳、固碳功能是减缓气候变化、实现碳中和的关键路径，强化国土空间规划和用途管控，科学开展新一轮国土绿化行动，增设重大生态修复工程，将有益于全面提升生态碳库碳汇能力，贡献基于自然的"碳中和"解决方案。

天然草地是面积最大的自然生态系统类型，覆盖了超过20%的陆地面积，在全球碳循环中扮演中重要角色。近年来由于大面积草地退化，天然草地碳汇功能减弱。但退化草地在恢复过程，是一个碳汇增加的过程。研究表明，内蒙古中度和重度退化草地面积约占全区草地可利用面积的40%，退化草地的增汇潜力约为每年4586万吨。

因此，为提升草地碳汇功能，提出如下建议。

1. 精准核算草地生态系统碳汇潜力，准确查明退化草地类型、面积、空间分布、生产力及其环境背景，精细核算不同退化草地生态系统碳库特征与碳汇潜力，建立相关大数据库。2. 大力提升退化草地固碳能力，构建固碳增汇的退化草地生态修复技术体系，因地制宜、科学合理提升草地的固碳功能。3. 建立草地碳汇生态牧场示范区，研发固碳增汇与生产双赢的生态畜牧业技术体系和草地管理措施，建立草原碳汇生态牧场示范区，提出生态、生产与生活"三生共赢"的草原管理措施。4. 制定草地碳汇评价标准，加强草地固碳减排核算的科学研究，提出草地碳汇评估的方法学、评价值体系与评估模型，完善计量监测体系，制定国家或行业标准。5. 构建草地碳汇交易平台，探索符合草地特殊性的碳汇交易机制，搭建草地碳汇信息化交易平台。制定市场化政策体系，为促进温室气体减排和完善生态补偿政策提供前瞻性的解决方案。

（赵吉，内蒙古自治区科学技术协会主席，中国民主同盟内蒙古自治区第九届委员会主任委员）

**专栏5-5　关于促进蓝碳国际区域合作提升全球治理话语权的建议**

全球治理体系深刻变革，我国亟需在低敏感领域突围，建立区域合作样板，获得更广泛的国际认可和支持。推动蓝碳国际区域合作不仅能够为应对气候变化、保护生物多样性、海洋生态环境保护等全球治理问题提供中国方案，还将促进域内各国蓝色经济的可持续发展，为维护区域繁荣稳定贡献中国智慧。建议加强蓝碳国际区域合作和公共产品供给，增强我国在全球气候治理和海洋治理领域的影响力和话语权。

一、蓝碳国际合作进展与主要问题

国际社会不断推动气候变化框架下的蓝碳议程，部分西方国家通过蓝碳国际合作打造"私人俱乐部"，抢夺蓝碳科学研究和标准体系方面的国际话语权，客观上破坏了全球发展共识。党中央、国务院对此高度重视，有关部门积极推进中方主导的蓝碳国际合作进程，发起"21世纪海上丝绸之路蓝碳计划"和"全球蓝碳十年倡议"，在推动蓝碳科学和行动实践方面取得丰硕成果，但仍面临诸多问题与挑战。

（一）蓝碳相关科学研究与能力建设不足

完善蓝碳标准体系是加大我国在海洋生态环境治理领域全球公共产品供给的核心任务之一，需要大量基于自然科学与社会科学交叉融合的系统性研究。扎实的科学研究不仅是形成国际共识的基础，更是支撑我国蓝碳战略决策和政策安排的保障。但由于学科壁垒、科研投入与人才队伍等方面的局限，我国蓝碳基础研究相对薄弱，对源汇机理、固碳速率、增汇技术等问题缺乏足够的了解，围绕调查监测、评估方法、价值实现、行动规范、监督管理等问题的应用研究也亟待进一步加强。

（二）缺乏多方参与的联合行动与制度保障

推动中方主导的蓝碳国际合作是我国积极参与全球治理扩大影响力的重要举措之一，需要开展广泛而务实的联合行动。尽管在现有蓝碳国际合作框架下围绕科研、监测、技术等问题开展了一些积极的双多边合作，但一方面在科研、产业、人才、资金等实践层面尚未形成多方参与的联合行动方案，另一方面在体制机制层面如何为联合行动提供有效的、可持续的制度保障也需进一步落实。

（三）同国际市场的链接和议价能力不足

建设国际蓝碳市场并将其逐步纳入全球碳交易体系是我国提升全球碳议价能力和话语权的关键路径之一，不仅有助于为海洋生态系统增汇行动拓宽融资渠道，还有助于为强制碳市场绑定优质生态资产，平抑价格波动风险造成的市场失效。但国际蓝碳市场的建设是一项复杂的系统工程，我国尚未形成相关战略决策，亟需就路径选择和制度保障等关键策略问题开展研究。

二、应对策略与政策建议

（一）以蓝碳国际大科学项目为牵引夯实科研能力和水平

鼓励国内科研单位牵头申请蓝碳国际大科学项目，提高对蓝碳相关国际合作重大项目的支持力度，推动国内外科研机构、高校、智库开展多学科交叉的联合研究；

搭建以蓝碳科学为载体和纽带有利于技术、信息、项目、人才交流共享的大科学设施;设立重大工程示范项目,加速蓝碳相关科技成果转化和推广应用,形成与市场需求相匹配的技术供给。

(二)以区域合作机制和平台建设为抓手推动务实行动

我国南海蓝碳资源种类同"海丝"及东盟国家更为相似,在标准体系建设方面存在共识基础。可以依托海南国际蓝碳研究中心等合作交流平台的建设,主动发挥我国在海丝、东盟、南海、亚太等区域合作框架中的引领作用,为已有平台赋能,支持其在更大的国际舞台上发挥效用,并在共建"一带一路"倡议提出十周年之际,适时推动蓝碳国际区域合作机制的形成,深化国际区域合作,推动科技、产业、技术、人才等多领域多层次的务实行动。

(三)以全球化战略视野和建设标准打造国际蓝碳市场

牢牢把握南中国海蓝碳资源的禀赋优势和保护修复项目开发的先行经验,依托海南自贸区开放型经济体制的制度优势和国际碳交易中心的建设基础,联合"一带一路"及东盟国家一同建设国际蓝碳市场,实现蓝碳技术、标准、产品的跨境交易与市场链接,充分发挥市场在资源配置中的决定性作用,探索更多蓝色金融创新模式,提升整个区域在国际碳汇市场中的议价能力和全球碳定价体系中的话语权。

(杨越,中国科学院大学玉泉智库,助理研究员)

---

**专栏5-6 建立健全社会资本参与矿山生态修复的长效机制**

全球治理体系深刻变革,我国亟需在低敏感领域突围,建立区域合作样板,获得更广泛的国际认可和支持。推动蓝碳国际区域合作不仅能够为应对气候变化、保护生物多样性、海洋生态环境保护等全球治理问题提供中国方案,还将促进域内各国蓝色经济的可持续发展,为维护区域繁荣稳定贡献中国智慧。建议加强蓝碳国际区域合作和公共产品供给,增强我国在全球气候治理和海洋治理领域的影响力和话语权。

开展矿山生态修复,是自然资源系统践行绿水青山就是金山银山理念、实现最严格的生态环境保护制度的有力举措。矿山生态修复工作需要资金量大,国家和有关部门通过顶层设计和政策引导,逐年加大矿山生态修复资金,2009—2018年间矿山生态修复资金中央与地方合计年均约65亿元,其中中央财政稳定在35亿元,地方财政30亿元。据测算,如到2030年历史遗留矿山累计修复比例达到75%、新增矿山修复比例100%,全国矿山生态修复资金需求将达到数千亿元。面对经济发展需求收缩、供给冲击和预期转弱三重压力,各级政府在矿山生态修复资金投入面临较大压力。引入社会资本参与矿山生态修复不仅能解决本身资金不足的问题,还能为国家稳就业、稳投资、稳预期发力,并推动自然资源要素市场化配置改革的不断深化。为引导好、发挥好社会资本参与矿山生态修复的积极性和主动性,切实发挥社会资本延拓矿业产业链条、推进美丽中国建设的作用,聚焦解决投资周期长回报率低、制度性交易成本高、数据信息获得不畅、鼓励和支持措施不明确、要素市场化配置改革不充分、政策分散协同性弱等问题，为此，建议重点从三个维度建立健全社会资本参与矿山生态修复的长效机制。

一是"优"制度，保障社会资本投资回报

一般而言，矿山生态修复的主要任务是将因矿山开采活动而受损的生态系统恢复到接近于采矿前的自然生态环境，或重建成符合人们某种特定用途的生态环境，或恢复成与周围环境（景观）相协调的其他生态环境。由于我国矿产资源开发活动由来已久，长期高强度、大规模的矿产开采遗留下来的矿山地质环境问题点多面广，影响着区域生态系统。截至2018年底，我国矿山开采占用土地面积中，历史遗留矿山和正在开采的矿山分别占63%和37%。与森林、草原、湿地等自然生态系统和农田、城镇等人工生态系统相比，矿山生态系统具有小型废弃矿山数量多规模小碎片化、动植物类型相对稀少、工程治理和自然恢复共同发力的特点。

在自然条件下，矿山废弃地生态环境经过自然演替恢复生境大约需要数十年以上；人工干预恢复矿山废弃地的生态环境，可将修复周期缩短到数年甚至更短，但随之而来的则是修复成本呈指数级增加。因此，矿山生态修复既要修复受损的矿山生态系统，也要综合考虑矿山生态系统与社会经济系统的耦合关系，推动构建和谐稳定的矿生态—经济—社会系统，这就需要在政府引导的前提下，引入社会资本参与矿山生态修复。针对投资额度大、实施周期长、资金周转率低和融资成本高等特点，需要优化现有制度、保障社会资本投资回报。具体而言，一是利用国家信用和资源配置优势，发行用于矿山生态修复项目的国债，使其成为矿山生态修复长期稳定的资金来源；对于治理后收益较高的修复项目，采取适度倾斜的政策，鼓励金融机构发行专项债券筹资。二是制订相关支持政策，拓展矿山生态修复运营服务链条并向社会资本开放，促进社会资本通过参与以矿山生态修复为核心的矿山土地综合开发、生态产品价值实现的授权经营、标准研究与模式推广、技术研发和装备制造等途径获得投资回报。三是对于大型矿山企业而言，在注重其投资回报的同时，还应加强企业良性发展的支持力度，如充分考虑修复后建设用地的空间置换等现实诉求，通过专项协议等方式明确其政策支持，助力矿山企业后续生产扩能和市场建设。

二是"降"难度，减少社会资本参与成本

矿山生态修复的制度性交易成本长期存在，首先是矿山生态修复的技术关，矿产资源开发形成的生态问题具有典型的地域性，东部高潜水位区主要是地面沉陷导致的耕地损失与粮食安全问题；蒙东草原区主要是露天开采导致的草地减少和植被退化；晋陕蒙区域则是挖损与沉陷以及产生的滑坡和水土流失等次生灾害；西南山地主要是水田受损退化为旱地以及崩塌滑坡等。因此，按照自然规律和特征开展矿山生态修复，要结合大气、水、土等环境要素和经济社会发展诉求，因地制宜判定采取具体的修复方案和技术方法，是开展矿山生态修复的首要问题。

其次是矿山生态修复的标准关，除针对单要素制定专门的修复标准外，矿区生态环境整体也应当有一个准入级的修复标准。换言之，既要让社会资本懂得"该怎么修复、修复到何种程度",也要令其知晓修复的底线和红线。在明确边坡治理、尾矿等固体废弃物治理、剩余矿产资源的开发利用、土地复垦与土壤治理、地表水的治理与利用、植被修复等微观修复内容的同时,还应注重矿容矿貌与地理地貌、地质多样性与生物多样性等中观治理的有效衔接。

最后是矿山生态修复的政策关,让社会资本进得去、退得出、有收益,政府必须当好管理者、引导者、服务者。近年来,国务院、自然资源部和各级政府及有关部门均就社会资本参与矿山生态修复出台了相关支持政策,明确提出要按照平等准入、公平对待原则,制定了从规划管控、产权激励、资源利用、财税支持、金融扶持等行政与财政金融政策措施支持社会资本参与矿山生态修复,旨在消除社会资本投资矿山生态修复的障碍和顾虑。整体来看,现有政策还需在综合开发、运营补贴、退出渠道、收入结算以及可能涉及的特许经营权开发、安全环保、职业健康、资源交易等方面进一步加强,避免引发诸如地方政府采用的实施模式是否有增加隐形债务的风险、采用PPP模式的项目是否按照相关规定要求履行了"两评一案"等手续、是否存在退库风险等隐忧,推动政策的落地实施。

三是"加"热度,提升社会资本投资力度

实体经济是立国之本、富民之基,积极鼓励引导社会资本参与矿山生态修复,能够有效推动相关领域的技术研发、装备制造,促进上下游产业延伸和融合。

首先是推进矿山生态修复项目数据信息共享,汇集矿山生态修复领域基建项目、财政项目以及相关上下游领域重大项目信息,建设形成重点项目数据库,通过统一的信息共享平台集中向社会资本公开发布,发挥信息汇集、交流、对接等服务作用,引导社会资本的积极参与。鼓励行业学会、协会及社会团体组织制订矿山生态修复行业服务标准,发布高标准的服务信息指引,发挥行业学会协会的沟通桥梁和矿山企业的孵化作用,加强与资本市场对接。

其次是完善矿山生态修复项目的财政补贴管理制度,建立统一的项目名录管理制度和财政补贴支出统计监测制度,明确矿山生态修复项目的财政补贴渠道,及时将补贴情况依法对外公开,推动从"补建设"向"补运营"的动态补贴机制转变,并完善矿山生态修复的监督价值,接受自然人、法人以及非法人组织的监督,坚定社会资本参与的信心。

再次是深化自然资源要素市场化配制改革,探索和尝试到期股权转让、发行股权回购专项债券、合资公司重组整合、公开上市等方式,强化参与矿山生态修复社会资本的灵活性和流动性。借鉴成功经验,如将政府到期回购股份作为试验性条款列入特许经营协议、作为社会资本退出渠道的探索实践。支持矿山生态修复产品价值实现方式创新,如将矿山生态修复作为低碳产品纳入碳交易市场进行交易、以现有市场价格估算,仅此一项每年增加碳汇价值就在3500万元以上。

最后是强化政策优化和组合协同,发挥协同乘数效应吸引社会资本参与。比如,将政策性关闭矿山统一纳入地方政府生态修复项目库,按"开发式"治理方式组织开展生态修复工作,产生的相关销售、金融收益全部用于矿山生态修复。又如,在工矿废弃地复垦利用、资源开发收益分配等方面进一步改革探索，对矿业用地的空间置换、绿色金融等政策进一步细化完善，打通工矿废弃地复垦、城乡建设用地增减挂钩、耕地占补平衡之间的壁垒梗阻，最大限度调动社会资本参与矿山生态修复的积极性。再如，结合适用不同矿山的修复情境，灵活地选择政策工具组合，将多元化经营与投资项目整体打包，有效发挥不同政策工具的互补性，提高政策的科学性、有效性和适用性。

站在新的历史起点上，我们必须从新的高度，审视经济发展与生态保护、社会资本与国有资本的关系，推动有为政府与有效市场更好结合。通过优化制度设计和精准政策制定，建立健全社会资本参与矿山生态修复的长效机制，鼓励和支持其在修复项目投资、设计、修复、管护及新产业新业态发展培育的全过程，持续增强社会资本参与的荣誉感和获得感，不断增加优质生态产品供给能力和提升供给质量，共同推动美丽中国建设向第二个百年目标奋勇前行。

（强海洋，民盟中央参政议政部调研处副处长（主持工作），民盟中央生态环境委员会副主任，玉泉智库专家）

# 中篇

嫫　　顪銓　鐯撍膠困

# 第六章　绿色金融发展历程与政策演变

民盟广东省委员会

## I　决策者摘要

当前绿色转型、可持续发展的理念已深入人心，绿色金融也随之快速发展。除了绿色信贷、绿色债券的规模不断扩大外，我国的绿色金融体系实现了从无到有的跨越，迅速成为全球最大的绿色金融市场之一，中国的多层次绿色金融产品和市场体系已经基本形成。本调研报告在回顾绿色金融发展，梳理近年出台的主要绿色金融政策的基础上，分析绿色金融业态相关产品供给、统计相关业务数据，综合中国绿色金融学会相关研究报告，最后提出发展规划建议和简要的路线图展望。

## 一、我国目前的绿色金融体系存在的问题和短板

### （一）绿色金融全国性法律立法缺位

目前全球没有一个主权国家出台绿色金融立法。国内虽有深圳在2021年3月正式实施《深圳经济特区绿色金融条例》，上海浦东在2022年6月通过《上海市浦东新区绿色金融发展若干规定》，但均为地方立法，要进一步推动绿色金融发展，需抓紧制定绿色金融全国性法律。

### （二）碳达峰碳中和标准计量体系有待落地

2022年10月18日，国务院九部门联合发布《建立健全碳达峰碳中和标准计量体系实施方案》，强化了双碳计量相关顶层设计，但相关行

业、领域、地方和企业的实践落地，还需要边摸索边优化完善。

### （三）环境信息披露的水平不符合"碳中和"的要求

我国虽然针对上市企业和发债企业在环境信息披露方面出台了规范性要求，但仍缺乏落地性强的操作指引。同时，我国地区、行业和企业层面的碳排放统计核算体系普遍薄弱，也没有制定统一的碳排放信息披露框架，导致碳排放数据造假、"漂绿"和"洗绿"等问题时有发生。

### （四）绿色金融产品的战略性开发仍有不足

我国在绿色信贷、绿色债券等产品方面已经取得了长足的进展，但与碳足迹挂钩的绿色金融产品还很少，碳市场和碳金融产品在配置金融资源中的作用还十分有限，碳市场的对外开放度还很低。支持转型经济活动的金融工具研发也还处于探索阶段。

### （五）绿色金融发展结构不平衡

绿色信贷占贷款余额10%，绿色债券占信用债比例不到2%。其他金融产品，如绿色保险、绿色信托、绿色融资租赁、绿色指数产品等多元化的产品类别尚不普及，还未推出诸如绿债期权、绿色股指期权、碳期货、碳期权等对冲金融风险的品种，绿色金融、碳金融衍生产品仍需进一步创新。

### （六）绿色金融监管及行业标准不统一

绿色金融标准体系不统一、金融机构专业能力不足、强制信息披露制度不健全、激励机制建设不强等问题也亟待完善，在监管理念、标准、规则各异，跨区域互联互通等层面尚不成熟。

## 二、对"双碳"背景下的绿色金融发展路线图的建议

应从标准、披露、激励和产品四个维度系统性地调整相关政策，构建符

合碳中和目标要求的绿色金融体系，保证社会资本充分参与低碳、零碳建设。

## （一）统筹全局，强化金融管理部门和各级政府之间的协调配合

一是目标落实到主要产业的中长期绿色发展规划和区域布局，编制绿色产业和重点项目投融资规划，制定一系列具体的行动方案和措施，包括发展可再生能源和绿色氢能、工业低碳化、建筑零碳化、交通电动化、煤电落后产能淘汰等。二是建立绿色产业规划与绿色金融发展规划之间的协调机制。制定一系列绿色低碳产业、产品和绿色金融标准体系，建立绿色项目与绿色融资渠道的协同机制，包括服务于绿色项目和绿色资金的对接平台。

## （二）进一步规范监管体系和建立行业标准，强化互联互通互认机制和渠道

强化金融领域环境信息依法披露，继续推动建立统一的国内绿色债券环境信息披露制度，探索形成适用于全国大部分银行机构的环境信息披露规范，逐步建立国内统一的转型金融环境信息披露制度，主动参与制定全球统一的可持续披露标准。实施绿色债券认证补贴制度，鼓励绿色债券市场发展，为培育和提升第三方认证机构能力创造良好制度环境，降低绿色债券发行成本。细化双碳计量的落地施行，大力开展金融领域碳核算，完善银行、证券、基金、信托、保险等金融同业信息交互机制。

## （三）加大创新发展激励力度，持续丰富金融产品和服务

强化对绿色低碳投融资的激励机制，支持低碳投融资的金融产品创新。推动发行碳中和债券和可持续发展挂钩债券，综合利用信贷、债券、股权投资、信托等多样化金融工具，支持绿色低碳经济活动。鼓励发展私募股权、风险投资等风险包容性较大的金融产品，针对性解决高碳企业普遍存在的杠杆率过高和抵押物不足问题。推广普及绿色投资理念，扩大绿色金融与转型金融市场参与主体，引导绿色投资者关注和支持绿色低碳经济活动。

### （四）加速金融科技耦合，用数字管理赋能绿色金融

不断扩大金融科技在支持绿色低碳发展和绿色金融方面运用的广度和深度，包括绿色资产识别、数据与量化、认证与溯源、风险与能效管理、信息披露与共享平台等环节。推动金融科技在监管政策工具服务、企业碳中和行政服务、气候风险分析等细分领域进行应用的推广；运用大数据和AI等技术进行绿色资产、棕色资产识别、分类；运用人工智能技术识别项目和资产描述的绿色低碳属性；运用物联网触达项目、底层资产的实际数据，帮助验证判断项目绿色低碳实质性和底层资产绿色低碳属性；利用物联网、云计算实时监控，计算项目和资产的环境效益，量化项目的真实环境贡献；运用区块链记录项目和资产的环境效益，等等。

### （五）围绕国家"双碳"发展战略，推动各类金融机构分步骤、有序高效做强绿色金融

初步变革阶段侧重提升自身绿色低碳资产的识别认定能力，通过存量梳理搭建绿色低碳管理体系；深化变革阶段拓展绿色金融产品创新领域及范围，通过金融科技手段支持环境效益计算，并通过形成完善的绿色低碳投融资及绿色低碳运营体系，向市场寻求绿色低碳业务"增量"；全面变革阶段实现绿色低碳发展的全面体系化布局，在发展中遵循市场导向，追求经济效益与环境效益、社会效益的协同；融合发展阶段实现以专业能力提升绿色低碳规模效益，提供综合的可持续金融或ESG（环境、社会、治理）投资解决方案。

### （六）加大对外交流和参与力度，强化国际合作，积极实现全球共创共建共享

积极参与多双边平台及合作机制，提升国际社会对中国绿色金融政策、标准、产品、市场的认可和参与程度。鼓励金融机构着眼于规范可持续发展与国际标准化经营，促进国内外金融机构间的交流合作，并积极参与国际绿色投资和绿色治理规则制定。

## II　调研报告

# 一、研究背景

2020年9月22日，习近平总书记在第75届联合国大会一般性辩论中宣布，中国将力争2030年前实现碳达峰、2060年前实现碳中和。在"双碳"战略框架下，党中央和国务院陆续发布《中共中央国务院关于完整准确全面贯彻新发展理念做好碳达峰碳中和工作的意见》和《2030年前碳达峰行动方案》等系列重磅方案。

金融是推动绿色发展的重要支柱，大力发展绿色金融是实现"双碳"战略的重要保障。近年来，绿色金融在我国得到迅速的发展，监管部门不断完善绿色金融顶层设计，深入开展绿色金融改革创新实践，在标准制定、激励机制、产品创新、地方试点和国际合作等领域取得了一系列令人瞩目的成绩。中国成为全球首个建立系统性绿色金融政策框架的国家，也是全球最大的绿色金融市场之一。据央行公布，2021年末，我国本外币的绿色贷款余额15.9万亿元，同比增长33%，存量规模居世界第一。2021年，中国境内绿色债券发行规模超过6000亿元，同比增长180%，余额1.1万亿元。2021年，我国主要银行的绿色信贷项目所降低的能耗相当于4亿吨标准煤，减排二氧化碳当量超过7亿吨。

据国家气候战略中心测算，为实现"两碳"目标，到2060年，我国绿色和低碳的投资需求将达到约139万亿元，年均约3.5万亿元，占2020年国内生产总值的3.4%，约占全社会固定资产投资总额的6.7%，绿色财政投入的长期资金缺口每年将超过1.6万亿元。金融机构将在"双碳"相关的金融服务中发现极为重要的业务成长机遇，如绿色贷款、绿色债券、绿色私募股权投资、绿色企业上市融资、绿色保险、绿色金融科技、碳核算、碳交易和碳衍生工具等。国家"双碳"战略的落地践行，会从需求和供给两方面大大提升绿色金融的发展潜力。

## 二、绿色金融发展历程和政策演变

### （一）绿色金融定义及特征表现

#### 1. 绿色金融的定义及概念延伸

根据2016年8月31日中国人民银行等七部委发布的《关于构建绿色金融体系的指导意见》，绿色金融是指为支持环境改善、应对气候变化和资源节约高效利用的经济活动，即对环保、节能、清洁能源、绿色交通、绿色建筑等领域的项目投融资、项目运营、风险管理等所提供的金融服务。绿色金融体系是指通过绿色信贷、绿色债券、绿色股票指数和相关产品、绿色发展基金、绿色保险、碳金融等金融工具和相关政策支持经济向绿色化转型的制度安排。

#### 2. 绿色金融具备较强的公共政策属性

与传统金融相比，绿色金融最突出的特点，是更强调人类社会的生存环境利益，它将对环境保护和对资源的有效利用程度作为计量其活动成效的标准之一，通过自身活动引导各经济主体注重自然生态平衡。绿色金融讲求金融活动与环境保护、生态平衡的协调发展，最终实现经济社会的可持续发展。但是环境资源是公共品，除非有政策规定，金融机构在"经济人"思想引导下不可能主动考虑贷款方的生产或服务是否具有生态效率，因此绿色金融的实施更多地需要由政府政策推动。

3. 绿色金融与传统金融既有紧密的联系，也有明显的区别

绿色金融脱胎于传统金融，二者在产品内核、风险控制等层面有着相似之处，绿色金融是在传统金融的基础之上，以生态环境和可持续性的视角来对传统金融进行改良，二者存在互相学习、互相借鉴的情形。

## （二）我国绿色金融现状分析及政策梳理

1. 我国绿色金融发展迅速，体量庞大，金融品种体系不断丰富完善

根据中国人民银行统计数据，截至2021年末，我国本外币的绿色贷款余额已经接近16万亿元，同比增长33%，存量规模居全球第一位。2021年，中国境内绿色债券发行量超过6000亿元，同比增长180%，余额达到1.1万亿元，位居全球前列。2021年，我国主要银行的绿色信贷项目所降低的能耗相当于4亿吨标准煤，减排二氧化碳当量超过7亿吨。绿色信贷、绿色债券、绿色票据、绿色保险、绿色信托、绿色基金、绿色PPP（公共私营合作制）、绿色租赁等多层次绿色金融产品不断涌现，持续满足我国绿色低碳转型发展的需求。

2. 绿色金融行业体系加快构建，多项监管标准及评价体系取得重大进展

2021年3月，中国银行间市场交易商协会发布《关于明确碳中和债相关机制的通知》，我国成为世界上首个将"碳中和"贴标绿色债券并且成功发行碳中和债的国家；同年4月，《绿色债券支持项目目录（2021年版）》发布，首次统一了绿色债券相关管理部门对绿色项目的界定标准；同年6月，人民银行发布《银行业金融机构绿色金融评价方案》，将绿色信贷、绿色债券正式纳入业务评价体系，并将评价结果纳入央行金融机构评级等人民银行政策和审慎管理工具，为下一步建立更全面有力的激

励约束机制提供评价基础。

自2012年发布《绿色信贷指引》发布以来，我国绿色金融行业标准、监管体系逐步规范，绿色金融发展模式框架逐步完善，包括人民银行、银保监会和发改委等部门陆续出台相关政策支持绿色金融发展，详见本报告附表6-1。

3. 双碳战略与绿色金融同频共振、相互促进、协同发展，共同助力碳中和

绿色金融对于我国实现"碳达峰·碳中和"目标，是不可或缺的推动力。根据我国"双碳"战略的发展目标，预计带来新增投资规模超100万亿元人民币，必然需要稳定和可持续的金融服务，绿色金融也必然成为"双碳"目标重要的资金保障。与此同时，绿色低碳发展需求也会不断开拓新的领域，衍生新的技术路径，这些需求反过来也会持续加速绿色金融的迭代演化和创新发展，为绿色金融发展提供新的方向和路径。

4. 绿色金融发展也面临结构不平衡、环境跟踪评价不到位、监管及行业标准不统一等现实问题

从结构上看，绿色信贷占贷款余额10%，绿色债券占信用债比例不到2%。其他金融产品，如绿色保险、绿色信托、绿色融资租赁、绿色指数产品等多元化的产品类别尚不普及，还未推出诸如绿债期权、绿色股指期权、碳期货、碳期权等对冲金融风险的品种，绿色金融、碳金融衍生产品仍需进一步创新。金融机构应对气候变化的方法学缺失，评估能力受限。气候风险成本尚未传导至金融端，金融机构低碳投资和风险防范的积极性有限。此外，绿色金融标准体系不统一、金融机构专业能力不足、强制信息披露制度不健全、激励机制建设不强等问题也亟待完善，在监管理念、标准、规则、跨区域互联互通等层面尚不成熟。

## 三、绿色金融业态和创新领域的具体实践

### （一）商业银行

在我国碳达峰、碳中和目标下，银行是我国绿色金融助力绿色发展与碳达峰、碳中和目标实现的重要主体。商业银行根据自身情况和牌照资源，提供的绿色金融产品覆盖包括绿色信贷、绿色债券、绿色信托、绿色租赁、绿色理财、绿色投资、气候与环境风险管理等。

### （二）资本市场

"十三五"期间，我国新能源、节能环保等绿色低碳企业通过资本市场首发、再融资、挂牌、发行公司债券等方式累计募集资金约1.9万亿元，其中交易所市场发行绿色公司债券规模约2900亿元。截至2021年6月末，我国含环境、社会和公司治理（ESG）主体概念类基金和使用ESG投资策略构成投资组合的基金约270多只，存续规模约3000亿元。随着碳中和、碳达峰一系列政策的落地，中国基金业协会注册的、冠名为绿色的各类基金共有700多只，未来预计将会有更多私募股权（PE）和风险投资（VC）资金投资于"双碳"相关的技术领域，如碳捕集技术（CCUS）、氢燃料电池技术等。此外，绿色债券作为一种重要的低成本绿色融资工具，也呈现"井喷"态势，截至2022年10月28日，年内已有31家银行发行40只绿色金融债券，发行规模合计达2122.57亿元。

### （三）保险机构

面对碳达峰碳中和的目标要求，我国保险机构一方面在保险资金运用端，积极发挥保险资金与绿色投资相契合的长期性、灵活性、稳定性

特点，积极开展绿色低碳投资，大力填补绿色基础建设的资金缺口；另一方面，从保险公司的承保端来看，推出了各种支持环境改善和应对气候变化的绿色保险产品。据中国保险行业协会发布的《保险业聚焦碳达峰碳中和目标助推绿色发展蓝皮书》统计，2018—2020年我国绿色保险保额与赔付金额持续增长，2020年我国绿色保险保额达到18.33万亿元，同比增长24.9%，绿色保险赔付金额213.57亿元，同比增长11.6%。2021年绿色保险保额超过25万亿元，赔付金额达到240亿元。

### （四）碳市场

2021年7月，全国碳排放权交易市场正式启动上线交易。截至2022年10月21日，全国碳市场碳排放配额累计成交量达1.96亿吨，累计成交额达85.8亿元，市场运行总体平稳有序。国内碳市场交易品种日趋多元化，包括以碳远期、碳掉期、碳债券等为代表的交易工具，以配额抵质押融资、配额回购、配额托管等为代表的融资工具，以及以碳指数、碳保险等为代表的支持工具。广东作为国家七个碳交易试点地区之一，2013年底正式启动碳交易市场，将全省电力、钢铁、石化、水泥、航空、造纸等6个行业年排放2万吨二氧化碳及以上的企业纳入碳排放管理范围。截至目前，广东碳交易市场碳排放配额累计成交量超2亿吨，累计成交金额超50亿元，均居全国各试点碳交易市场首位。自碳市场启动以来，控排企业减排量达5000多万吨，减排幅度约达16%。

### （五）金融科技公司

绿色金融业务要在计量几乎所有经济活动的碳排放、碳足迹的基础上开展。近年来，金融科技在支持绿色低碳发展和绿色金融方面，运用的广度和深度不断扩大，已经覆盖到绿色资产识别、数据与量化、认证与溯源、风险与能效管理、信息披露与共享平台等环节。金融科技可以在监管政策工具服务、企业碳中和行政服务、气候风险分析等细分领域进行应用的推广；运用大数据和 AI 等技术进行绿色资产、棕色资产识别、分类；运用人工智能技术识别项目和资产描述的绿色低碳属性；运用物联网触达项目、底层资产的实际数据，帮助验证判断项目绿色低碳实质性和底层资产绿色低碳属性；利用物联网、云计算实时监控，计算项目和资产的环境效益，量化项目的真实环境贡献；运用区块链记录项目和资产的环境效益，等等。金融科技与绿色金融的结合将越来越紧密。

## 四、我国绿色金融发展规划与路线图建议

### （一）发展规划建议

**1. 进一步完善绿色金融基础设施，规范监管体系和建立行业标准，强化互联互通互认机制和渠道**

强化金融领域环境信息依法披露，继续推动建立统一的国内绿色债券环境信息披露制度，探索形成适用于全国大部分银行机构的环境信息披露规范，逐步建立国内统一的转型金融环境信息披露制度，主动参与制定全球统一的可持续披露标准。实施绿色债券认证补贴制度，鼓励绿色债券市场发展，为培育和提升第三方认证机构能力创造良好制度环境，降低绿色债券发行成本。大力开展金融领域碳核算，完善银行、证券、基金、信托、保险等金融同业信息交互机制。

**2. 加大创新发展力度，持续丰富金融产品和服务**

创新绿色金融和转型金融产品，推动发行碳中和债券和可持续发展挂钩债券，综合利用信贷、债券、股权投资、信托等多样化金融工具，支持绿色低碳经济活动。鼓励发展私募股权、风险投资等风险包容性较

大的金融产品，针对性解决高碳企业普遍存在的杠杆率过高和抵押物不足问题。推广普及绿色投资理念，扩大绿色金融与转型金融市场参与主体，引导绿色投资者关注和支持绿色低碳经济活动。

3. 加大对外交流和参与力度，强化国际合作，积极实现全球共创共建共享

积极参与多双边平台及合作机制，提升国际社会对中国绿色金融政策、标准、产品、市场的认可和参与程度。鼓励金融机构着眼于规范可持续发展与国际标准化经营，促进国内外金融机构间的交流合作，并积极参与国际绿色投资和绿色治理规则制定。

## （二）路线图建议

金融管理部门和各级政府有必要牵头研究和规划以实现碳中和为目标的绿色金融发展路线图，主要应该包括三个方面的内容：一是目标落实到主要产业的中长期绿色发展规划和区域布局，编制绿色产业和重点项目投融资规划，制定一系列具体的行动方案和措施，包括发展可再生能源和绿色氢能、工业低碳化、建筑零碳化、交通电动化、煤电落后产能淘汰等。二是建立绿色产业规划与绿色金融发展规划之间的协调机制。制定一系列绿色低碳产业、产品和绿色金融标准体系，建立绿色项目与绿色融资渠道的协同机制，包括服务于绿色项目和绿色资金的对接平台。三是以碳中和为目标，完善绿色金融体系，包括修改绿色金融标准，建立强制性的环境信息披露要求，强化对绿色低碳投融资的激励机制，支持低碳投融资的金融产品创新。

表6-1　我国绿色金融政策梳理

| 时间 | 机构/政策/文件的主要内容 |
|---|---|
| 2012 | 银监会发布《绿色信贷指引》：关注环境和社会风险，首次开始报送绿色信贷；银监会发布《银行业金融机构绩效考评监管指引》：评价银行支持节能减排和环境保护的情况。 |
| 2015 | 人民银行成立绿色金融专业委员会；人民银行发布《绿色债券支持项目目录（2015）》；《生态文明体制改革总体方案》首次提出建立绿色金融体系。 |
| 2016 | "十三五规划"建立绿色金融体系；人民银行等七部委联合发布《关于构建绿色金融体系的指导意见》。 |
| 2017 | 人民银行将绿色信贷纳入宏观审慎评估（MPA）；党的十九大报告明确提出了绿色金融；国务院常务会议决定在部分省（区）建设绿色金融改革创新试验区。 |
| 2018 | 绿色信贷、绿色债券纳入MLF、SLF合格抵押品，研究降低绿色风险权重。 |
| 2019 | 发改委印发《绿色产业指导目录》；人民银行参考《绿色产业指导目录》印发《绿色贷款专项统计制度（修订）》。 |
| 2020 | 人民银行等七部委印发《绿色债券支持项目目录（2020）》；银保监参考《绿色产业指导目录》等文件出台了《绿色融资统计制度》。 |
| 2021 | 《政府工作报告》指出实施金融支持绿色低碳发展专项政策；人民银行提出绿色金融发展"三大功能、五大支柱"；人民银行发布《银行业金融机构绿色金融评价方案》；人民银行推出碳减排支持工具、煤炭清洁高效利用专项再贷款。 |
| 2022 | 中国银保监会印发《银行业保险业绿色金融指引》；国家发展改革委、国家能源局等九部门联合发布《"十四五"可再生能源发展规划》，支持绿色金融专项发展；市场监管总局、国家发展改革委、工业和信息化部、自然资源部、生态环境部、住房城乡建设部、交通运输部、中国气象局、国家林草局等九部门联合印发《建立健全碳达峰碳中和标准计量体系实施方案》。 |

---

**专栏6-1　将绿色保险纳入政府生态环境工作的"工具箱"**

目前，我国绿色保险总体处于发展起步阶段，受制于绿色保险发展时间短、宣传力度弱、覆盖范围窄等问题，部分地区或部门对于绿色保险的意识和应用不足，形成了"事前不保险，事后想保险"的被动补救式局面。对此，各级政府部门需加快转变社会治理观念，孵化培育绿色保险意识，尽早规划绿色保险蓝图，将绿色保险纳入政府生态环境工作的"工具箱"。

一是完善顶层设计。组织各方力量解决绿色保险定义和责任范围不清晰问题，研究明确绿色保险定义、功能作用、经营模式、行业标准、责任认定、大灾风险分散、行业技术规范和监管政策等相关内容，为绿色保险颁发"身份证"。

二是构建法律体系。逐步建立绿色保险法律体系，如可以参考道路交通领域的"交强险条例"，在矿产开采、金属冶炼、危化品生产和运输等环境高危行业建立包括环境污染责任保险在内的强制性绿色保险制度，对潜在污染企业进行清单式监管。

三是构建政策体系。参考绿色保险先行国家在环境评估、风险管理、财税优惠、责任认定等方面的国际经验，结合国情甄别利弊、摒弃借鉴、为我所用，及早建立绿色保险政策体系，支持先行先试、敢闯敢试、容错免责，激发绿色保险发展动能。建立保险资金投资绿色产业项目的投资规则和政策体系，通过保险资金规范化的稳定投资满足绿色产业项目的长期资金需求，助力"双循环"重大战略实施。

（许艳丽，中国劳动关系学院教授）

# 第七章 绿色金融发展现状与路线图展望

民盟北京市委课题组

## I 决策者摘要

"双碳"目标为金融业带来巨大机遇，低碳转型将创造巨大的投融资需求，金融机构将迎来新的业务增长点。绿色金融可以在引导资源向绿色低碳领域配置、合理确定绿色低碳资产定价、创新工具、缓释绿色低碳领域风险等方面发挥重要作用。根据中国金融学会绿色金融专业委员会估算，在未来30年内，全国的累计绿色低碳投资需求将达到487万亿元人民币，根据绿色金融发展的经验，要满足如此大规模的投资需求，90%左右的金融资源需要依靠金融市场来配置。研究和规划以实现"双碳"为目标的绿色金融发展路线图有着重大现实意义。

## 一、实践中存在的问题

自2015年党中央、国务院在《生态文明体制改革总体方案》中首次提出构建绿色金融体系以来，中国在绿色金融标准、激励机制、披露要求、产品体系、地方试点和国际合作等方面取得了长足的进展，在部分领域的成就已经取得了重要的国际影响力。但是，与"双碳"目标的要求相比，我国目前的绿色金融体系还面临时间紧、任务重的突出挑战，主要体现在以下几方面：绿色金融标准体系建设亟待在较短时期内加以解决与完善；绿色金融产品创新尚难以完全适应"双碳"的目标要求；绿色金融法律法规建设相对滞后；绿色金融发展政策和资金支持有待强化；环境信息披露水平尚难与"双碳"目标要求相匹配；绿色金融市场尚未充分发挥资源配置作用等。

## 二、绿色金融发展对策建议

为推动绿色金融更好地发挥助力"双碳"路线图实现，课题组通过对政府绿色金融主管部门、北京绿色交易所、部分在京金融机构调研，形成主要领域的绿色金融发展目标和路径（见附表7-1）以及以下建议：

一是进一步完善绿色金融标准体系。无规矩不成方圆，绿色金融标准是推进绿色金融有效开展的重要前提。进一步细化清晰可执行的绿色金融标准体系，准确引导资源配置、把控资金流向、保障市场秩序、防范市场风险，为绿色环保、污染防治、清洁减排等重点领域的发展提供精准动能。充分发挥绿色金融改革创新先导优势，积极推动国家绿色金融标准化建设，逐步推动信贷、债券、基金、衍生品等绿色金融产品、绿色项目标准建设。推动建设涵盖污染控制与治理、环境材料、节能减排、循环经济、绿色交通、绿色建筑、绿色农林、低碳生产、绿色科技、替代能源、储能体系、碳汇经济提升等多个领域的绿色项目库，推出绿色金融产品目录，为投资者提供便捷高效的绿色和可持续金融资讯服务。鼓励绿色技术通用标准研究，逐步在生态环境污染防治、资源节约和循环利用、城市绿色发展、新能源、能耗和污染物协同控制技术等重点领域制定一批绿色技术标准，为金融体系支持绿色低碳发展提供合理、有效的评估认定方法和指标体系。

二是加快绿色金融产品和服务创新。鼓励金融机构将环境风险评估纳入风险管理框架，引导其增加绿色保险和绿色信贷规模，努力打造绿色信贷、绿色租赁、绿色信托、绿色基金、绿色消费等门类齐全的绿色金融服务体系，不断推广产品创新，增强绿色金融的商业可持续性。支持企业和金融机构等市场主体积极创新绿色金融产品、工具和业务模式，切实提升其绿色金融业务绩效，继续引导工商银行、建设银行等加大绿色信贷投放，支持森林城市、绿色城市、海绵城市建设。依托绿色项目库及"畅融"工程建设，搭建面向各类金融企业的绿色金融产品平台，提供便利化投融资对接服务。做好绿色金融业务加减法，既要做好循环经济、低碳经济项目的信贷"加法"，也要做好"两高一剩"行业的信贷"减法"。以现有银行、第三方服务等金融机构为基础，推广"赤道原则"，适当引入激励约束机制，充分调动证券、保险等非银行金融机构的积极性，扩大绿色金融参与主体，打造高水平的绿色金融产业链条。

三是健全绿色金融法律体系。加快绿色金融顶层设计，有序推动绿色金融专门立法的出台，如制定《绿色金融法》，明确绿色金融发展原则、目标、标准、责任承担及防范制度等。创设绿色投资评估制度，要求金融机构建立绿色投资评估制度，对投资项目开展投资前评估和投资后管理；并明确需要进行绿色投资评估的项目规模、类型以及评估内容等。深化绿色金融地方立法探索，与国家专属立法事项保持立法错位，重点突破国家绿色金融政策落地的法律障碍，完善各方面的配套支持政策，解决绿色金融领域公共产品供给不足、投融资成本较高等现实难点。

四是充分发挥财政政策引导和推动作用。夯实财政资金现有支持政策，创新多元参与模式，鼓励地方政府设立财政专项资金，提供财政补贴、财政贴息以及税收优惠等财政措施。引入合格的市场化机构进行投资管理，支持在政府相关领域绿色项目中引入PPP模式，将经济效益较低的绿色项目与相关高收益项目打包，建立公共物品绿色服务收费机制。鼓励政府出资部分通过社会资本优先分红或放弃部分收益等方式，向社会资本让利。加强财政政策和金融政策的协同配合，形成政策合力，构建可持续绿色金融助力绿色发展的财政政策体系。

五是健全绿色信息共享和披露机制。进一步建立健全统一的环境信息披露标准，推动金融机构对高碳资产的敞口和主要资产的碳足迹进行计算和披露，提出对金融机构开展环境和气候信息披露的具体要求，其中，应该包括对金融机构持有的绿色、棕色资产的信息，也应该包括这些资产和主要资产的碳足迹。制定绿色金融的责任投资管理制度和绿色投资指引，丰富ESG评价指标体系，改善投资决策机制，提升绿色投研体系，为推动绿色投资基金等机构投资者、全面践行ESG责任投资奠定基础。强化对企业环境信息披露的管理和监督，打破由于信息不对称、数据共享层次低等问题所导致的绿色投融资瓶颈，有效制约污染性投资，防范"洗绿"风险。

六是完善绿色金融市场体系建设。进一步完善绿色保险市场、绿色债券市场和绿色信贷市场，探索创建绿色要素交易市场，逐渐形成多层次、多元化的绿色金融市场体系。积极培育绿色金融发展新动能，大力引进境内、外持牌金融机构、绿色专营机构、研究机构及国际绿色金融组织，加快建设登记、托管、征信等绿色金融基础设。充分发挥绿色交易所提供长期的市场信号作用，加快推进全国自愿减排碳交易中心和绿色项目库、绿色债务融资一级市场建设，重视地质矿产业这一碳排放产生的根本源头，建立"绿色矿业资本市场"，谋划建设面向全球的国家级绿色交易所。积极探索推进绿色资产跨境转让、绿色债券、绿色资产证券化等，通过市场化手段，服务经济社会发展绿色转型，推动在跨境绿色信贷资产交易领域取得业务突破，打造成全球绿色债券发行的中心节点。尽快组建国家级政策性绿色银行，可以由中央政府投资一部分并吸收社会资本参与，鼓励自主开发绿色金融产品、发行绿色债券以及其它绿色投资偏好的业务经营。鼓励大型金融机构设立绿色专营支行或"绿色金融事业部"，实行单列信贷计划、单配人力财务资源、单独核算考核的运行机制，大力践行绿色金融，勇于承担社会责任。进一步提升绿色金融国际影响力，推动设立国际碳银行，建立反映企业和个人排放量的碳账户体系，进一步推动数字货币+碳账户创新，支持在银行间市场推出与自愿减排产品挂钩的碳中和债券产品。

蓝图已经绘就，奋斗正当其时。我们将深入学习贯彻党的二十大精神，在以中国式现代化全面推进中华民族伟大复兴伟大征程上，按照党的二十大报告对我国碳达峰、碳中和的战略部署，围绕绿色金融助力实现"双碳"愿景、构建高水平社会主义市场经济体制建言献策。

# II　调研报告

## 一、"双碳"背景下发展绿色金融的重大意义

绿色金融对于推动实现"碳达峰、碳中和"目标具有重大战略意义。实践表明，金融机构本身既是"碳达峰、碳中和"的践行者，又可以在实体经济"碳达峰、碳中和"过程中发挥推动者作用。"十四五"是"碳达峰"的关键期、窗口期。做好金融支持绿色低碳高质量发展工作，是新时期新阶段党中央、国务院赋予金融体系的光荣使命和重要任务。绿色金融是绿色发展的必要保障。绿色金融作为中国绿色低碳发展的金融解决方案，在"十四五"期间将迎来快速发展，强力支撑中国"碳达峰、碳中和"目标，同时推动全球可持续发展，同时指明中国国民经济发展的绿色发展、低碳转型之路。

### （一）绿色发展需要大量金融资金，必须获得绿色金融支持

清华大学气候变化与可持续发展研究院牵头的《中国长期低碳发展战略与转型路径研究》提出，实现 $1.5℃$ 目标导向转型路径，须累计新增投资约 138 万亿元人民币，超过每年国内生产总值（GDP）的 2.5%。[①]波士顿咨询公司发布的《中国气候路径报告》研究认为，为实现"碳中和"目标，中国 2020—2050 年累计需要 90 万亿—100 万亿元人民币投资，约占这 30 年间累计 GDP 总额的 2%。[②]巨大资金需求，仅仅依靠财政资金支持，很难满足绿色发展的资金需求，政府提供仅在 10% 左右，金融市场在资金配置中间发挥关键作用。因此，必须通过实施绿色金融政策，为

---

① 项目综合报告编写组. 《中国长期低碳发展战略与转型路径研究》综合报告[M]. 中国人口·资源与环境，2020，30（11）：1-25.

② 潘家华，孙天弘. 关于碳中和的几个基本问题的分析与思考[M]. 中国地质大学学报（社会科学版），2022，22（05）：45-59.

绿色技术、绿色项目和绿色产业提供市场化的资金保障。[①]

## （二）随着生态环境变化对金融机构核心业务影响的日益增加，金融机构本身成为全球绿色金融发展的主要推动者

在现代社会，几乎没有人不需要与金融机构进行业务往来，也几乎没有产业的发展不需要金融的支持。通过推行绿色金融制度建设，明确金融监管部门和金融机构的生态环境责任，在对其所投资的项目进行环境审核、审查、监测过程中，金融机构就会转化为生态环境治理的社会监管部门。[②]金融机构还可以通过开发各种绿色金融产品，吸引和推动客户的绿色储蓄和绿色消费。例如建立专门的生态环保账户、绿色信用卡、为绿色产业专门推出居民理财产品和账户以及为绿色消费专门推出居民消费型绿色信贷等，进而推动和培养全民的绿色消费、绿色投资理念。

## （三）有助于启动新的增长点，提升经济增长潜力

"十四五"期间，我国绿色产业所需年均投资至少约4万亿元。[③]如果这些潜在投资需求由于得到绿色金融的支持而形成新的产业，将提升经济增长潜力，缓解稳增长的压力。以治理空气污染为例，未来几年，仅脱硫脱硝设备、天然气运输设备、天然气发电设备、环境监测仪器4类产品就有累计5000多亿元的市场。

## （四）有助于发挥市场作用，提升资金供给和流动性

金融是实体经济的血脉，为实体经济服务是金融的天职和宗旨。"十四五"期间，金融机构可以通过信贷、融资租赁、信托等间接金融工具将储蓄资金等投向绿色低碳行业，也可以通过债务、股权、风险投资等

① 庄贵阳，窦晓铭，魏鸣昕. 碳达峰碳中和的学理阐释与路径分析[D]. 兰州大学学报（社会科学版），2022，50（01）：57-68.
② 刘华珂，何春. 基于中介效应模型的绿色金融支持经济高质量发展实证研究[J]. 新金融，2021（10）：21-27.
③ 丁辉. 双碳背景下中国气候投融资政策与发展研究[D]. 中国科学技术大学，2021.

直接金融工具引导资金流向绿色低碳行业，成为它们的源头活水。通过提供碳远期、碳掉期、碳期权、碳租赁、碳债券、碳资产证券化和碳基金等碳金融产品和衍生工具，可以大幅提高碳市场的流动性和交易价格的有效性，更好地发挥"无形之手"的作用

（五）有助于引领生产要素配置

金融是生产要素重要的"方向盘"和"指挥棒"。通过在授信业务中更多地考虑借款人的 ESG 状况和项目的"碳强度"和"颜色"，采取差别定价，提升高碳行业的资金成本或降低可得性，降低低碳行业的资金成本或提高可得性，引导社会资本、劳动力、土地等生产要素流向绿色低碳行业。

（六）有助于加速产业结构、能源结构和交通运输结构的绿色转型和提升经济的技术含量

绿色金融体系通过改变不同类型项目的融资成本与可获得性，引导社会资本逐步从一些高污染、高耗能的重工业行业退出，进入环保和低污染的服务型行业，将有助于缓解我国产业结构中高污染和高能耗行业占比"过重"问题。清洁能源和绿色交通也是绿色金融体系重点支持领域，这些资金支持将有助于提高清洁能源在能源一次消费中的比例和交通运输结构中清洁出行的比例。另外，多数清洁技术、节能技术、新能源技术和相关的设备制造与服务业属于高科技产业，通过绿色金融支持这些产业的发展将较快地提升我国经济的技术含量，符和我国以创新立国、科技立国的发展方向。

（七）有助于缓解环境问题对财政的压力

我国绿色产业每年需投入 4 万亿元左右，但中央与地方财政每年只能拿出几千亿元来支持环保、节能、新能源等绿色投资。如果没有一个有效的绿色金融体系，环境投资需求或将对政府财政构成巨大压力，或将无法得到足够的融资而难以完成污染治理的目标。如果能够建立一个

有效的绿色金融体系，就能用有限的政府资金撬动几倍乃至十几倍的民间绿色投资。比如，绿色银行、绿色贴息、绿色债券免税等措施可使政府资金撬动数倍民间资金；其他属于金融和法律制度建设的措施，不需政府出资就可达到引导社会资金投向绿色产业的目的。

### （八）有助于跨时空交换风险和收益

金融将风险和收益在不同时期、不同地域的投资人之间按需分配，可以使不同风险的项目各入各眼，让不同偏好的投资者各得其所。通过将长期资金需求配置给人寿保险等长期资金，将预期风险高的项目配置给风险投资等风险偏好型的投资者，可以使一些信息对称性差、即期投资金额大、回报周期长的战略性绿色项目成为可能。

### （九）有助于维护中国负责任大国的国际形象

长期以来，由于我国国内环境问题严峻，碳排放规模大且增长较快，对外投资项目中时常出现污染事故，使得我国在环境和气候变化领域的国际谈判和国际舆论中都处于较为被动的地位。目前，我国已成为世界第二大经济体，正在全球治理和国际组织中争取更多的话语权和影响力。近来，由中国倡议的G20绿色金融研究小组成立，该研究组由中国和英国担任共同主席。①在国际领域推动绿色金融的发展，不但符合中国的国家利益，有助于提升我国的软实力和国际话语权，也将为全球的绿色与可持续发展作出贡献。

## 二、我国绿色金融发展总体现状

我国绿色金融发展，从金融管理部门开始强调环境保护到概念的正

---

① 王遥，任玉洁.“双碳”目标下的中国绿色金融体系构建[J]. 当代经济科学，2022，44（05）：1-13+139.

式形成，经历了二十多年的演化过程。近年来，绿色金融在我国得到了迅速的发展。监管部门不断完善绿色金融顶层设计，深入开展绿色金融改革创新实践，在标准制定、激励机制、产品创新、地方试点和国际合作等领域取得了一系列令人瞩目的成绩。[①]绿色金融所产生的环境效益逐步显现，截至2019年末，我国21家主要银行机构节能环保项目和服务贷款估计每年可节约标准煤2.82亿吨，减排二氧化碳5.67亿吨。截至2020年末，中国每年绿色债券募集资金支持的项目可节约标准煤5000万吨左右，相当于减排二氧化碳1亿吨以上。[②]

## （一）中国的多层次绿色金融产品和市场体系已经基本形成

截至2021年末，中国本外币的绿色贷款余额已经接近16万亿元，同比增长33%，存量规模居全球第一位。2021年，中国境内绿色债券发行量超过了6000亿元，同比增长了180%，余额达到了1.1万亿元，在全球位居前列。[③]绿色金融资产质量整体良好，绿色贷款不良率远低于全国商业银行不良贷款率，绿色债券尚无违约案例。[④]绿色投资和责任投资理念逐渐成为共识，绿色基金、绿色保险、绿色信托等新金融产品及业态不断涌现，环境风险压力测试方法和工具开始得到推广。

## （二）构建了国内统一、国际接轨、清晰可执行的绿色金融标准体系

制度建设方面，2016年8月，中国人民银行联合财政部、国家发展和改革委员会、环境保护部等七部委共同出台了《关于构建绿色金融体系的指导意见》，确立了中国绿色金融体系建设的顶层架构，从界定标准、信息披露、政策激励、产品创新等角度提出了35条具体措施。[⑤]

---

① 朱兰，郭熙保. 党的十八大以来中国绿色金融体系的构建[J]. 改革，2022（06）：106-115.

② 李雪林. 中国绿色金融发展水平、机制及其实现路径研究[D]. 云南财经大学，2022.

③ 陈辰. 我国绿色金融驶入发展快车道[J]. 中国商界，2022（07）：14-15.

④ 曾宪影. "双碳"背景下商业银行转型策略[J]. 科技智囊，2022（03）：31-37.

⑤ 陶然. 绿色金融驱动绿色技术创新的机理、实践与优化研究——基于"政、企、学、金"协同发展视角[J]. 金融理论与实践，2021（12）：62-72.

2019年，中央各部门出台了近20项绿色金融相关政策和规定，规范了绿色金融业务，形成了对绿色金融创新发展的有效激励。[①]绿色金融统计制度逐步完善，绿色信贷、绿色债券等主要统计数据质量明显提高。激励政策方面，人民银行将符合条件的绿色贷款纳入货币政策操作合格抵押品范围。率先实践金融机构绿色信贷业绩评价，有效引导金融机构增加绿色资产配置、强化风险管理，也为货币政策应对气候变化预留了空间。绿色金融债券存续期监管逐步规范，信息不对称状况得到改善。中央和地方政府以担保、贴息、产业基金等多种手段撬动社会资本参与绿色投入。《绿色债券的支持项目目录》《金融机构环境信息披露指南》《环境权益融资工具》《碳金融产品》等绿色金融标准已经正式发布。中国还与欧盟联合发布了《可持续金融共同分类目录》，标志着中外绿色金融标准正在逐步趋同。

## （三）绿色金融地方试点取得可复制的经验

自2017年6月设立绿色金融改革创新试验区以来，我国已设立六省九地绿色金融改革创新试验区，为全国绿色金融发展积累了丰富的实践创新经验。截至2020末，六省九地试验区绿色贷款余额2368.3亿元，占全部贷款余额的15.1%；绿色债券余额1350.5亿元。[②]为加强绿色金融"上下联动"与协同探索，保障试验区建设高质量推进，人民银行引导试验区建立绿色金融行业自律机制、绿色金融改革创新试验区联席会议机制，为申请设立试验区的地区提供支持建立辅导机制。其次，试验区运用金融科技手段建立一体化信息平台，促进银企信息对接及气候与环保信息共享，为政策与市场决策提供信息基础。绿色金融改革创新试验区的部分金融机构试编制环境信息披露报告，试点开展了碳核算，金融机

---

① 李雪林. 中国绿色金融发展水平、机制及其实现路径研究[D]. 云南财经大学，2022.

② 朱民，郑重阳，潘泓宇. 构建世界领先的零碳金融地区模式——中国的实践创新[J]. 金融论坛，2022，27（04）：3-11+30.

构环境信息披露取得重要进展，为未来适时在全国推广积累了经验。[①]此外，试验区还建立了绿色金融环境信息跨部门互通共享机制，建立环境失信企业"黑名单"惩罚机制。

### （四）激励约束机制在绿色金融方面逐步完善

人民银行创设的碳减排支持工具和支持煤炭清洁高效利用专项再贷款带动了更多社会资金投向绿色低碳的领域。同时，人民银行还全面开展银行业金融机构绿色金融评价，已将绿色贷款和绿色债券业务纳入定量评价范围，引导金融机构有序增加绿色资产配置。

### （五）绿色金融国际合作不断深化

2016—2018年，在中方推动下，G20连续3年讨论绿色金融/可持续金融议题，推进国际社会对绿色金融的发展共识。[②]2017年12月，由中国人民银行与法国中央银行等8家央行和监管机构共同发起央行与监管机构绿色金融网络（NGFS）成立，在气候对金融稳定的影响、环境风险分析、气候信息披露、绿色金融可得性等方面开展合作研究并形成多项国际共识。2018年11月，中国金融学会绿色金融专业委员会与伦敦金融城牵头发起《"一带一路"绿色投资原则》（GIP），推动全球投资机构在新兴市场国家开展绿色投资。目前，全球已有来自14个国家和地区的39家机构签署方，承诺将在"一带一路"相关投融资活动中充分考虑环境因素，加大绿色投资力度。2019年10月，中国参与发起可持续金融国际平台（IPSF），倡导各成员国开展绿色金融标准趋同等国际合作。[③]此外，中国积极与国际社会分享绿色发展实践经验，比如，中国机构参与制定了《可持续交易所原则》《负责任银行原则》《中国对外投资环境风险管

① 刘社芳，种高雅. 我国绿色金融改革创新试验区实践进展及启示[J]. 西部金融，2021（05）：64-66+78.

② 安国俊. 碳中和目标下的绿色金融创新路径探讨[J]. 南方金融，2021（02）：3-12.

③ 陈诗一，许璐. "双碳"目标下全球绿色价值链发展的路径研究[J]. 北京大学学报（哲学社会科学版），2022，59（02）：5-12.

理倡议》等文件。2021年，人民银行担任G20可持续金融工作组联合主席，牵头起草了《G20可持续金融路线图》和《G20可持续金融综合报告》，此外，中国央行还参与发起设立了央行与监管机构绿色金融网络，正在成为最具国际影响力的绿色金融国际合作平台之一。

## 三、双碳愿景下我国绿色金融发展面临的突出挑战

自2015年党中央国务院在《生态文明体制改革总体方案》中首次提出构建绿色金融体系以来，中国在绿色金融标准、激励机制、披露要求、产品体系、地方试点和国际合作等方面取得了长足的进展，在部分领域的成就已经取得了重要的国际影响力。但是，与"双碳"目标的要求相比，我国目前的绿色金融体系还在几个方面仍面临一些问题和挑战。

### （一）绿色金融标准体系与"双碳"目标要求相比滞后

"绿色"的标准及目录有待进一步细化和完善。虽然人民银行等七部委发布的《关于构建绿色金融体系的指导意见》对绿色金融有个比较明确的定义，但在实际业务中缺乏标准目录。开展绿色金融具体业务时，哪些企业、哪些业务种类是"绿色"的，有时没有明确的标准或目录作为依据。[①]甚至对于如绿色债券这样的绿色金融产品，有时到底哪些可以算作绿色债券，哪些不算，也是不明确的。这在一定程度上阻碍了绿色金融发展。在国家政策给出的框架下，各主管部门和金融机构需要针对绿色金融发展给出更加具体的标准及目录，以便企业、金融机构、地方政府、个人等参与主体更好地开展绿色金融业务。

部分绿色金融标准与"双碳"目标不完全匹配。比如，虽然人民银行主持修订的新版《绿色债券项目支持目录》（征求意见稿）已经剔除了

---

① 胡勇，刁赞焜，侯宜彤. 中国绿色金融制度体系构建现状、不足与完善[J]. 石河子大学学报（哲学社会科学版），2022，36（01）：34-42.

"清洁煤炭技术"等化石能源相关的高碳项目，但其他绿色金融的界定标准（包括绿色信贷标准、绿色产业目录等）还没有作相应的调整。这些标准中的部分绿色项目不完全符合碳中和对净零碳排放的要求。

金融监管部门对环境风险的监管政策有待进一步完善充实。监管部门尚未普遍将环境风险列入资本的覆盖对象，银行监管资本约束机制有待进一步强化。部分金融机构没有设置与环境风险相关的部门、专职岗位，或者虽然进行了设置，但没有起到实质性的作用，部分中小型金融机构环境风险管理人员缺乏。在监督管理方面，现有监管体制机制存在着相当程度的机构重复和职责交叉，相关部门职责边界不够明晰。职责边界不明导致具体实施过程中相关规定被不断弱化，执行和监管不力。

## （二）绿色金融产品还难以适应"双碳"目标的需要

绿色金融产品有待创新。我国的绿色金融发展时间较短，市场体系与机制仍不够完善，是导致目前绿色金融产品类型单一和发展规模小的直接原因。尽管我国政府不断地推出新的环保相关金融产品及服务来推动绿色金融的发展，但相比西方发达国家我们还存在一定差距。在面向投资者提供的ESG产品，以及产品的多样化和流动性方面比发达市场还有较大的差距。与碳足迹挂钩的绿色金融产品还很少，碳市场和碳金融产品在配置金融资源中的作用还十分有限，碳市场的对外开放度还很低。支持转型经济活动的金融工具研发也还处于探索阶段。

金融机构尚没有广泛参与绿色金融。兴业银行是国内较早进入绿色金融领域的银行，目前，浦发银行、光大银行、北京银行等推出的绿色金融产品种类比较丰富，但国有四大银行及一些地方银行并未广泛参与，一定程度上限制了绿色金融产品的供给和受众范围。[①]目前，我国绿色金融整体发展水平较低，金融主管部门的政策目标也主要集中在限制"两高一资"（高耗能、高污染和资源性产品）和促进节能减排等短期目标的

---

① 西南财经大学发展研究院、环保部环境与经济政策研究中心课题组，李晓西，夏光，蔡宁. 绿色金融与可持续发展[J]. 金融论坛，2015，20（10）：30-40.

实现上，没有建立起与绿色金融相配套的制度体系，缺乏相应的约束和激励机制。金融机构本身也尚未将绿色金融全面纳入其业务经营中。

信息不对称降低了金融机构的参与意愿。绿色金融是跨学科跨领域的，不仅包含金融，还涉及到环保、节能、清洁能源、绿色交通、绿色建筑等专业领域。环保机构和金融机构获取信息的渠道是不同的，所持有的企业信息在量上、结构上是不同的，对信息的分析处理结果也会存在一定差异，从而对企业的环境保护状况不能做到全面的统一的记录。北京市尚未建立一个能够让金融机构与环保部门可以方便顺利地进行信息沟通的平台，以至于很多信息得不到快速有效地传送和处理，使得金融机构不愿去承担信息不对称的风险，加之收益并不高，金融机构普遍缺乏对绿色金融的参与积极性。[1]

绿色金融产品种类较为有限，以银行信贷为主，覆盖范围较窄。从绿色信贷来看，由于需要为节能降耗融资的企业多为中小企业，这些企业普遍具有资金实力弱、缺乏有效担保的特点，使商业银行需要承受的信贷风险高于普通信贷项目，致使商业银行贷款投放积极性不足。同时，由于绿色金融涉及专业技术领域十分复杂，技术的快速更新对商业银行信贷风险评估提出了更高的要求，但现阶段商业银行对绿色信贷技术的储备明显不足。独立的绿色认证机构缺乏，绿色债券的发行缺乏权威的第三方认证。[2]从绿色保险来看，产品供需不平衡。绿色保险品种单一，目前保险公司开发的环境责任污染险主要针对船舶、石油钻井和天然气勘探开发等造成的污染事件，属于现有法律规定必须参保的污染保险项目，而对于水污染、噪声污染、核辐射污染等并没有相应产品投放市场。[3]

---

① 赵先立，王睿儒，卢丁全，等. "30·60"目标下绿色财政金融政策的宏观经济效应——基于存量流量一致性模型[J]. 上海金融，2022（06）：12-22.

② 洪艳蓉. 论碳达峰碳中和背景下的绿色债券发展模式[J]. 法律科学（西北政法大学学报），2022，40（02）：123-137.

③ 沈芸. 险企参与绿色治理的探索与路径[J]. 中国保险，2022（06）：23-27.

### （三）绿色金融法律法规建设相对滞后

我国绿色金融体系缺乏强有力的法律支撑，绿色金融相关法律法规不够健全。当前推动绿色金融发展的规范性文件多是相关政策及规章，存在法律位阶较低，且不成体系的问题，多是监管部门颁布的规范性文件，缺乏全国统一的绿色金融法律或行政法规。[①]在地方立法方面，目前只有深圳市人大常委会2020年通过的《深圳经济特区绿色金融条例》、湖州市人大常委会2021年通过的《湖州市绿色金融促进条例》、上海市人大常委会2022年通过的《上海市浦东新区绿色金融发展若干规定》，其他省份尚未出台相关法规。[②]当前的政策文件立法层次较低，国家层面的基本规范制度缺乏，导致绿色金融的开展缺乏完备的法律依据，执行能力较弱，已有的相关政策法规也存在理论性强而操作性弱的问题。[③]

### （四）环境信息披露的水平不符合"双碳"目标要求

企业和金融机构开展充分的环境信息披露是金融体系引导资金投向绿色产业的重要基础。被投企业和项目的碳排放信息披露则是低碳投资决策的重要基础。[④]我国目前对大部分企业尚未强制要求披露碳排放和碳足迹信息，虽然部分金融机构已经开始披露绿色信贷/投资的信息，但多数还没有对棕色/高碳资产的信息进行披露。多数机构也缺乏采集、计算和评估碳排放和碳足迹信息的能力，金融机构如果不计算和披露其投资/贷款组合的环境风险敞口和碳足迹信息，就无法管理气候相关风险，不了解其支持实体经济减碳的贡献，也无法实现碳中和目标。[⑤]政府产业政策制定部门、环境管理部门、金融监管部门与金融机构之间缺乏高效的会商机制。银行关于绿色信贷的披露信息缺乏一致、清晰的口径，导致

---

① 冯帅. 论"碳中和"立法的体系化建构[J]. 政治与法律，2022（02）：15-29.
② 钱瑾. 关于绿色金融地方性立法的思考[J]. 上海经济，2022（03）：77-86.
③ 张雷. 我国绿色信贷法律问题研究[D]. 哈尔滨商业大学，2021.
④ 丁辉. 双碳背景下中国气候投融资政策与发展研究[D]. 中国科学技术大学，2021.
⑤ 夏俊. 绿色债券信息披露分析研究[D]. 河北经贸大学，2020.

数据可比性不强。上市公司的信息披露机制不完善，关于主要污染物排放情况、治理措施及效果等重要信息的披露也不足，且仅针对IPO环节，由于缺乏强制性要求和统一标准，目前上市公司对环境信息的披露主要还是依赖企业的主动性和自愿性，信息披露内容不规范、不全面，缺乏关于企业主要污染物排放情况、污染物治理措施及效果、环保负债及收益等公众关心的重要信息。排放权市场上，监测、报告和核证体系尚未建立，市场体制尚不完善，排放权交易制度的设计能力尚不足。

### （五）绿色金融发展政策和资金支持有待强化

在激励机制方面，绿色金融激励机制尚未充分体现对低碳发展的足够重视，财政政策和税收政策的支持和激励覆盖不全。一些政策（包括通过再贷款支持绿色金融和通过宏观审慎评估体系（MPA）考核激励银行增加绿色信贷等）和一些政府对绿色项目的财政贴息、担保等机制在一定程度上调动了社会资本参与绿色投资的积极性，但激励的力度和覆盖范围仍然不足，缺乏财政贴息支持是制约绿色金融发展的一大瓶颈，对绿色项目中的低碳、零碳投资缺乏特殊的激励。[①]一些激励机制的设计也没有以投资或资产的碳足迹作为评价标准。实践中，基本没有在税金和费用等的减免细则、抵扣办法、缴纳便捷措施、企业低碳行为税收鼓励等方面的优惠政策。与绿色金融服务的供给方相比，现有政策缺乏对绿色企业的奖励措施，对绿色金融服务的需求照顾不足，同时注重绿色生产活动，对绿色消费的引导不够。

### （六）绿色金融市场尚未充分发挥配置资源作用

绿色金融市场尚未充分发挥配置资源作用。在碳排放权交易市场上，参与者通常是有需求的排放企业、部分绿色信贷项目涉及的银行和个人投资者。广大的证券公司、担保机构等非银金融机构并没有参与进来，

---

① 朱民，潘柳，张娓婉. 财政支持金融：构建全球领先的中国零碳金融系统[J]. 财政研究，2022（02）：18-28.

使得碳排放权交易市场的流动性差，价格发现功能的实现机制不理想，无法形成一个有深度有广度的绿色金融市场。①绿色金融市场缺乏金融属性。金融机构基本上还没有参与，因此难以保证有效定价和充分发挥市场对资源配置的引导作用。

## 四、国际绿色金融发展展望及借鉴

### （一）绿色金融政策体系的建立及完善化

绿色投资项目常常存在回报周期长、环境外部效应难以内部化、信息不对称等发展障碍，银行等机构投资者会对绿色项目贷款要求更高的风险溢价，社会资本也对绿色项目投资犹豫不决。各国政府为减轻或消除这种顾忌，致力于建立健全绿色政策体系，向市场传递明确的支持信号，提高投资者的信心，为绿色企业和绿色项目融资创造便利。绿色政策体系主要包括四种机制：①激励与约束机制。再贷款和政府担保机制，对绿色项目实施财政贴息等。②评估与评级机制。将企业环境信息纳入信用评估数据库，作为绿色信贷的参考依据；将绿色信贷纳入宏观审慎评估框架，并将绿色信贷实施关键指标评价结果、银行绿色评价结果作为重要参考。规范第三方认证机构对绿色债券评估的质量要求，出具绿色评估报告。③信息披露制度。建立上市公司和发债企业强制性环境信息披露制度，培育第三方专业机构提供环境信息披露服务的能力。④金融监管机制。界定绿色债券标准、明确监管内容等。②

### （二）绿色金融工具及产品多元化

针对绿色金融期限错配这一挑战，应加大开发创新型绿色金融工具，

---

① 董萌. 政策试点视角下中国碳交易市场政策问题研究[D]. 华中师范大学，2020.

② 贺丰果，雷鑫. "双碳"目标下绿色金融发展的国外经验及国内建议[J]. 国际金融，2022（04）：15-22.

确保绿色项目长期稳定的现金流。金融机构应不断增强创新意识和创新能力，绿色金融产品将不再局限于绿色信贷。绿色债券、绿色股票指数和相关产品、绿色发展基金、绿色保险、碳金融等金融工具都可成为投资者的选择。

在绿色金融工具创新方面，发达国家有很多经验值得借鉴。例如，美国针对期限不同的绿色项目采取不同的还款方式，根据成本高低选择等额本金或等额本息法偿还。通过评估，为绿色项目提供补贴贷款、市场利率贷款、贷款担保等资金支持。[①]

### （三）绿色资本参与广泛化

推进政策的绿色导向，针对绿色项目设立激励机制，发出支持绿色金融发展的明确信号；通过建立专业化的绿色担保机制、设立国家绿色发展基金，增加绿色发展基金的吸引力，有利于动员社会资本，扩大绿色项目的投融资能力。[②]机构投资者通过对环境风险的压力测试，可提高分析环境风险的能力，合理评估环境风险，确定绿色项目的风险溢价，从而将资金投入环境效益较高的项目。

### （四）环境外部成本内生化

环境外部成本内部化是推动国际绿色金融发展的重中之重。从政府的角度来说，可以通过为绿色项目提供补贴、减税、担保等方式将环境外部性内部化，同时完善本国环境保护相关法律，保证居民健康由于企业污染等环境因素受到损害时，能够通过法律渠道追索，维护自身权益。

美国《超级基金法》（Superfund Law）规定了棕色地块治理费用承担者的承担范围和限度以及财政担保，并对揭发、检举非法泄漏危险物质行为的人给予奖励，对违法者处以罚款。《超级基金法》规定如果居民在

---

① 翁智雄，察忠，段显明，等. 国内外绿色金融产品对比研究[J]. 中国人口·资源与环境，2015，25（6）：17-22.

② 胡泊. 全球碳中和背景下的绿色金融发展[J]. 国际研究参考，2021（11）：7-16.

若干年后由于之前的企业污染而受到健康损害，依然享有对当年污染企业的追索权。这部法律的颁布具有跨时代意义，促进环境负外部性内部化，抑制对污染项目的投资。[①]

## （五）环境信息披露公开化

在绿色金融的发展过程中，解决环境信息不对称的核心是加强环境信息的披露，降低投资者对绿色项目的"搜索成本"。加强环境信息披露可以从强制性和非强制性两方面展开。

就强制性而言，全球有超过二十家证券交易所发布了上市公司环境信息披露要求，一些国家已引入环境信息披露的强制性要求。[②]国家层面可通过立法机关完善本国法律体系，颁布环境披露相关法律，强制企业进行环境信息披露。

就非强制性而言，国家可通过加强公民教育、完善绿色金融宣传手段等方式搭建环境信息沟通平台，树立绿色金融概念。当企业由被动披露环境信息转变为主动在环境信息沟通平台发布环境信息时，才能够形成环境信息沟通的良性循环。当绿色金融不再被当作特殊概念时，就说明整个金融体系已经是绿色的。

## （六）绿色知识共享化

在G20集团绿色金融研究小组的推动下，可持续银行网络计划将覆盖更多的国家，通过可持续银行网络对金融监管机构、银行业协会管理人员进行绿色信贷和环境风险管理方面的培训。在环境风险的分析方面，保险业对风险分析的知识储备和经验较多，而银行和信用评级机构等其他机构投资者的分析能力则相对较弱，金融监管机构对环境风险的分析也处于起步阶段。为了促进绿色金融的共同发展，金融业之间在环境与

---

① 翁孙哲. 美国环境行政执法和解及其司法审查论析[J]. 公法研究，2021，21（01）：361-382.
② 赵斯彤. 中国股票市场的ESG责任投资研究[D]. 中国社会科学院研究生院，2021.

金融风险领域的知识共享就显得格外重要。①

## （七）国际协作密切化

在如今经济全球化的大背景下，实现经济绿色化转型和可持续发展是全球性议题，应寻求国际合作，吸引国外资本投资国内绿色债券、绿色股票等产品，推动绿色资本市场进一步对国际投资者开放，扩大对外绿色投资的力度。拥有资金和先进技术的发达国家环境相对较好，缺乏资金和技术的发展中国家环境问题却较为严重。根据《巴黎协议》，发达国家将继续带头减排，并加大对发展中国家的资金、技术和能力建设支持，帮助后者减缓和适应气候变化。在发展绿色金融的过程中，资金、技术需求和供给不平衡的现象将推动国际合作变得更为密切。②

# 五、重点对策建议

下一步，我国绿色金融发展要围绕提出的碳中和的目标和路线图，在已经构建了绿色金融体系的基本框架的基础上，要进一步从绿色金融标准、信息披露水平和激励机制等方面充分反映碳中和的要求，充分意识到气候转型所带来的金融风险，破除产品体系尚未充分解决低碳投资所面临的瓶颈，加快制定"30·60"路线图，出台一系列强化低碳、零碳转型的政策，强化各部门、地方政府和金融机构之间的协调配合。从标准、披露、激励、产品等维度系统性地调整相关政策，构建符合碳中和目标要求的绿色金融体系，保证社会资本充分参与低碳、零碳建设，有效防范气候相关风险（见附表1）。

---

① 王遥. 绿色金融的国际发展现状及展望[J]. 海外投资与出口信贷，2016（6）：14-16.

② 贾辉. 国际投资环境保护之国家责任研究[D]. 中国政法大学，2021.

## （一）加强顶层设计，构建推动绿色金融发展支持体系

### 1. 加强组织和政策体系建设

尽快组建国家绿色金融推进工作机构，成立跨部门碳达峰、碳中和领导小组，组建碳中和规划研究专班，并明确碳中和路线图、项目库与绿色金融服务需求，在党中央、国务院直接领导下开展工作。领导小组和工作专班需要邀请各相关部门参与，领导小组成员包括来自发改、工信、能源、生环、交通、住建、农业、林业等主管部门代表；工作专班应由包括经济学、能源系统、环境保护、交通、建筑、节能、农林、碳汇、科技创新、财政、金融，以及主要企业和金融机构等各领域的专家组成。尽快健全完善工作机制，落实牵头组织和协调责任。以促进绿色金融可推广、可复制、可持续发展为目标，编制碳中和长期规划和路线图，推动我国绿色金融建设向纵深发展。碳中和规划要包括碳排放提前达峰和中长期实现碳中和（即净零排放）的可行性；以碳排放提前达峰和碳中和为目标，如何确定在能源、工业、建筑和交通行业的减排路线图，并估算绿色低碳投资需求、评估宏观经济影响；给定中长期绿色低碳投融资需求，加快构建绿色信贷、债券、基金、股市等渠道的融资安排，和支持这些绿色金融产品与工具发展所需要的界定标准、激励政策、披露要求、机构设立、能力建设和组织保障等措施。在碳中和规划背景下，加快制订出台推进国家绿色金融发展指导意见和发展规划体系，在绿色金融体系构建、标准制定、政策服务等方面先行先试。研究制定适当降低对绿色资产的风险权重、对绿色信贷等业务给予较低的经济资本占用、完善绿色债券监管等更多创新性激励约束政策，不断丰富和完善绿色金融支持政策工具箱；建立绿色金融风险防范体系，包括绿色项目投融资风险衡量机制、风险补偿机制、风险分担机制等；加强相关领域的政策协调，包括绿色金融、产业升级、区域发展、财政税收政策等，以实质性创新推动绿色金融可持续发展。

### 2. 进一步完善绿色金融标准体系

研究构建与国内对标、与国际接轨、清晰可执行的绿色金融标准体系。准确引导资源配置、把控资金流向、保障市场秩序、防范市场风险，为绿色环保、污染防治、清洁减排等重点领域的发展提供精准动能。充分发挥绿色金融改革创新先导优势，积极推动国家绿色金融标准化建设，逐步推动信贷、债券、基金、衍生品等绿色金融产品、绿色项目标准建设，推动建设涵盖污染控制与治理、环境材料、节能减排、循环经济、绿色交通、绿色建筑、绿色农林、低碳生产、绿色科技、替代能源、碳汇经济提升等多个领域的绿色项目库，推出绿色金融产品目录，为投资者提供便捷高效的绿色和可持续金融资讯服务。支持绿色技术通用标准研究，逐步在生态环境污染防治、资源节约和循环利用、城市绿色发展、新能源、能耗和污染物协同控制技术等重点领域制定一批绿色技术标准，包括项目标准和企业标准，确保标准既能促进市场公平竞争，又能有效兼容国际规则，结合地方特色和产业特点，为金融体系支持绿色技术创新、绿色低碳发展提供合理、有效的绿色企业、绿色项目评估认定方法和指标体系。差异化的投资理念推动了全球绿色投资标准体系的构建，可持续发展的主题投资，比如清洁能源、绿色技术、垃圾处理、可持续农业等方面的投资，制定绿色金融的责任投资管理制度和绿色投资指引，丰富ESG评价指标体系，改善投资决策机制，提升绿色投研体系，为推动绿色投资基金等机构投资者、全面践行ESG责任投资奠定基础。

### 3. 推广绿色金融领域改革创新经验

以建设绿色金融综合服务平台为抓手，借鉴试验区建设"两端五体一库"思路，实现"绿色项目认证""绿色金融产品服务""财政支持激励政策""企业环境信息披露"的动态管理，依托绿色金融标准评估认证体系的不断完善，打造"绿色金融+云数据"的综合信息服务平台，加强ESG标准研究，不断完善各领域绿色指数。支持国家各绿色交易机构扩充和完善绿色金融综合服务平台功能，实现企业绿色信用评价、企业ESG画像功能增强、绿色项目智能识别优化、环境效益测算模型升级等。支持建设地方绿色金融监管系统，为政府、金融机构等在环境风险管理、环境信用评价等方面探索高质量数据支持。支持绿色金融研究机构建立面向全球的ESG投融资服务平台，推动ESG投融资市场建设，以ESG投融资发展指数为基础，构建全球金融中心ESG发展指数，开展对绿色信用评级评估标准、绿色金融信息披露标准的研究工作，以碳中和为目标，选择适当区域开展零碳示范区、示范项目建设，加速零碳概念的落地实践。

4. 以碳中和目标为刚性约束健全绿色信息共享和披露机制

推动金融机构对高碳资产的敞口和主要资产的碳足迹进行计算和披露，提出对金融机构开展环境和气候信息披露的具体要求，其中，应该包括对金融机构持有的绿色、棕色资产的信息，也应该包括这些资产和主要资产的碳足迹。推广上海、无锡等先行城市经验，推动政府部门牵头制订国家和地方绿色信息共享机制实施条例，搭建绿色信息公共服务平台，建立绿色项目信息数据库，实现政府—金融机构—企业绿色信息全面共享，突破"信息孤岛"。建立健全统一的环境信息披露标准，强化对企业环境信息披露的管理和监督，打破由于信息不对称、数据共享层次低等问题所导致的绿色投融资瓶颈，有效制约污染性投资，防范"洗绿"风险。金融机构要定期反馈相关企业信用状况，便于政府部门的指导和监管。金融监管部门要在宏观层面制定"绿色金融（信贷、债券发行、保险）"目录指引、项目环保标准和环境风险评级标准，放宽"绿色信贷（债券发行）"规模控制，实施有差别的监管政策，为金融机构开展"绿色金融"创造宽松的外部环境。

## （二）创新绿色金融产品和服务，强化绿色金融市场引导

1. 加快绿色金融产品和服务创新，构建多元化绿色金融市场体系

鼓励金融机构将环境风险评估纳入风险管理框架，引导其增加绿色

保险和绿色信贷规模，努力打造绿色信贷、绿色租赁、绿色信托、绿色基金、绿色消费等门类齐全的绿色金融服务体系，不断推广产品创新，增强绿色金融的商业可持续性；支持企业和金融机构等市场主体积极创新绿色金融产品、工具和业务模式，切实提升其绿色金融业务绩效；依托绿色项目库及"畅融"工程建设，搭建面向各类金融企业的绿色金融产品平台，提供便利化投融资对接服务。做好绿色金融业务加减法，既要做好循环经济、低碳经济项目的信贷"加法"，也要做好"两高一剩"行业的信贷"减法"。以现有银行、第三方服务等金融机构为基础，推广"赤道原则"，适当引入激励约束机制，充分调动证券、保险等非银行金融机构的积极性，扩大绿色金融参与主体，打造高水平的绿色金融产业链条；推广"合肥要素大市场模式"，进一步完善绿色保险市场、绿色债券市场和绿色信贷市场，探索创建绿色要素交易市场，逐渐形成多层次、多元化的绿色金融市场体系。

### 2. 提升绿色金融市场供给能力

以实现碳达峰、碳中和为契机，紧盯增量资源，大力引进境内、外持牌金融机构、绿色专营机构、研究机构及国际绿色金融组织，加快建设登记、托管、征信等金融基础设施，积极培育绿色金融发展新动能。发挥绿色交易所带动作用，加快推进全国自愿减排碳交易中心和绿色项目库及绿色债务融资一级市场建设，在全国自愿减排等碳交易中心功能基础上升级为面向全球的国家级绿色交易所，探索推进绿色资产跨境转让、绿色债券、绿色资产证券化等，通过市场化手段，服务经济社会发展绿色转型，推动在跨境绿色信贷资产交易领域取得业务突破。组建国家级政策性绿色银行，由中央政府投资一部分并吸收社会资本参与，鼓励自主开发绿色金融产品、发行绿色债券以及其它绿色投资偏好的业务经营。鼓励大型金融机构设立绿色专营支行或"绿色金融事业部"，实行单列信贷计划、单配人力财务资源、单独核算考核的运行机制，大力践行绿色金融，勇于承担社会责任。继续引导工商银行、建设银行等加大绿色信贷投放，支持森林城市、绿色城市、海绵城市建设。提升绿色金融国际中心建设能级，推动设立国际碳银行，高水平建设面向全球的国家级绿色交易所，建立反映企业和个人排放量的碳账户体系，进一步推动数字货币+碳账户创新，支持在银行间市场推出与自愿减排产品挂钩的碳中和债券产品，探索跨境绿色资产交易、绿色资产证券化等创新，打造成全球绿色债券发行的中心节点。

### 3. 健全碳市场运行机制

借鉴国际碳市场成熟经验，着力推进碳金融业务创新，积极探索碳金融现货、远期等产品，支持碳基金、碳债券、碳保险、碳信托等金融创新。持续完善碳定价机制，激发碳市场交易活力。逐步扩大碳市场交易主体范围，适时增加符合交易规则的投资机构和个人参与碳排放权交易。做好碳市场和银行系统的对接，鼓励金融机构、碳核算及碳资产管理公司等第三方中介机构参与市场交易。通过优化碳市场初始配额分配机制、配额拍卖收入返还机制、建立专项基金及其他配套机制等，对欠发达地区予以一定的补偿，建立配额分配的区域调节因子，给予欠发达地区更大的配额分配空间，使得欠发达地区成为碳市场中的配额卖方，并将碳交易收入用于该地区的节能改造及产业升级。利用碳市场配额拍卖收入建立专项基金，建立区域产业基金，通过产业基金扶持欠发达地区发展新产业，培育新动能。建立鼓励欠发达地区供应抵消机制配额的政策措施，在碳市场的抵消机制设定中，优先采用欠发达地区的抵消机制项目，同时加强对欠发达地区节能减排项目和碳汇项目的政策支持。注重政策连续性，遵循围绕"碳价稳定预期"目标，避免市场过于强烈的波动。提高市场流动性，制定灵活的制度设计，如设定最低碳价和最高碳价，设立碳储备池，设置合理的拍卖比例，逐步发展碳期货市场，建立分阶段履约的激励机制以及严惩违约等政策措施。此外，应积极发展碳金融衍生产品，传统的碳现货交易，不利于市场参与者更好地发现价格和风险对冲，同时也缺乏有效地市场流动性。争取尽快开展基于碳配额的期货交易以及碳期权、碳远期、碳掉期、碳指数等场内场外碳衍生品交易的许可。

### 4. 推动绿色产业基金规范化发展

绿色产业基金可以引导社会金融资本加大对绿色产业的投入力度，是绿色信贷的重要补充。建立公共财政和私人资本合作的PPP模式绿色产业基金，提高社会资本参与环保产业的积极性，是推动绿色产业基金发展的重要路径。完善绿色债券市场的基础设施建设，稳步推进市场开放。中国人民银行修订《绿色债券支持项目目录（2020年版）》，将传统化石能源的生产、消费类项目移出支持范围，增加气候友好型项目，可以考虑出台相关政策为发行人或者投资人提供税收优惠，风险权重优惠，建立增信、审批的快速通道。

### 5. 推动绿色市政债、绿色企业债发行

加强人民银行、财政局、银保监局、发改委、证监局等之间的协调合作，健全绿色债券考核监督标准、评级标准。推动市场发展的政策机制的出台、落地，包括标准界定、资金使用以及信息披露、担保机制、项目效益以及环境效应考核、流动资金投向标准等多个方面。人民银行已经将主体信用评级不低于AA级的绿色债券纳入货币政策工具的合格抵质押品范围，建议未来货币政策工具更加灵活，支持金融机构的绿色金融工具创新，为低碳项目提供低成本的融资便利。逐步推进债券市场稳步开放，吸引国际机构投资者，加强货币当局、各离岸市场、金融机构之间的合作，优化债券市场入市管理和资金管理等制度安排，推进低碳环保产业海外投融资的效率；而政府间互认绿色债券标准等国家合作，也有助于完善市场定价机制、流动性和全球在节能环保产业的合作。

### 6. 激励绿色企业进入资本市场

支持、扶持或奖励符合条件的绿色技术企业在主板、中小板、创业板、科创板以及新三板等上市和挂牌融资。规范发展区域性股权市场，发展多层次资本市场和并市场，鼓励绿色技术创新企业充分利用国内外

市场上市融资；同时加强市场的透明度和监管力度，完善上市公司的环境信息披露制度。

7. 积极培育多元化的绿色投资者，积极拓宽绿色基金的融资渠道

扩大绿色金融参与主体范围，形成多元化的具有ESG理念的社会责任投资群体。发展民间资本、养老金、社保基金、保险资金、金融机构、国外资本、政府资金、社会公益基金、各类气候基金等共同参与的多元化投资主体，践行ESG原则，积极培育绿色投资者网络，促进各类资金参与绿色产业；积极推动商业银行投贷联动的试点。

## （三）完善绿色金融发展机制，提升绿色金融运行效率

1. 建立金融机构绿色信用评级制度

将金融机构在绿色环保方面表现纳入对其绿色信用评级考核指标，对于表现良好的金融机构给予较高的绿色信用评级，从社会责任形象、区别监管政策等环节对金融机构施加外部压力。建立绿色金融动态跟踪监测机制。明确环保信息收集、分析、核实、预警流程，实时动态对信贷（债券、保险）资产进行全过程评价和风险监控。同时，实现与人民银行征信系统和环保部门的信息共享，按照环保风险轻重程度对客户分类管理，促进相关金融机构有效开展绿色金融活动。

2. 明确绿色金融的政策要求和市场准入标准

各金融机构将环保标准与信贷（债券发行、保险）风险管理要求有机结合，实行环保"一票否决制"。对环保产品生产企业、节能减排服务公司可以给予优惠贷款，对于那些造成环境污染而又因种种原因暂时无法关闭的企业，在贷款时征收惩罚性高利率或贷款后提前收回贷款。尽快出台对绿色金融的扶持政策。对政策性绿色银行、各金融机构开展的绿色金融业务要给予优先安排再贷款、降低再贷款利率、降低准备金比

例、实行利息补贴、减免相关税费等财政金融扶持政策。

### 3. 建立金融服务绿色经济考核机制

在银行信贷体系中探索建立以服务绿色经济、温室气体排放和应对气候变化等为目标导向的考核机制势在必行，如对特定金融机构适度放宽信贷额度、降低资产风险管控权重乃至发放再贷款、公开市场融资等差别化激励措施，调动金融机构开展绿色金融业务创新的积极性，提升绿色信贷占信贷资产的比重等。通过发挥银行信贷体系的创新示范作用，可引导其他类型金融机构、新兴金融机构积极参与到绿色金融的行动之中。可以将较低风险的绿色资产纳入商业银行向央行借款的合格抵押品范围；将银行资产的碳足迹纳入绿色银行的考核评估机制，并将银行的碳足迹与央行货币政策工具的使用挂钩；考虑在保持银行总体资产风险权重不变的前提下，降低绿色资产风险权重，提高棕色/高碳资产风险权重。

### 4. 鼓励金融机构开展环境和气候风险分析

扩大气候压力测试行业范围，考虑碳价之外的其他变量的冲击，如导致高碳产业需求下降、成本上升的许多场景，包括一系列外部与内部的政策冲击（如碳税、碳边境调节税等）。强化能力建设，组织宏观层面的环境和气候风险分析，研判这些风险对金融稳定的影响。开展不同类型的环境风险分析，识别系统性风险，支持和鼓励被监管机构开展环境风险分析，加强对风险敞口的识别，针对机构特征选择适合的风险工具进行风险量化。

## （四）充分发挥财政政策引导和推动作用，促进绿色金融可持续发展

### 1. 夯实财政资金现有支持,创新多元参与模式

绿色项目环保产业的低收益特性，使绿色发展基金对政府财政投入

具有强需求。通过争取中央和各地设立财政专项资金、提供财政补贴、财政贴息，以及税收优惠等财政措施，夯实财政对绿色金融相关领域的现有支持，综合运用财政手段积极发挥各类财政手段的正向激励作用，在为绿色金融发展提供资金的同时，带动民间资本进入环境保护、节能减排、森林植被恢复、能源结构优化等相关领域，共同促进绿色金融的发展。充分利用财政资金，按市场化原则由政府和社会资本合作（PPP）设立绿色发展母基金或产业引导基金，政府出资部分可通过社会资本优先分红或放弃部分收益等方式，向社会资本让利。引入合格的市场化机构进行投资管理，支持在政府相关领域绿色项目中引入PPP模式，将经济效益较低的绿色项目与相关高收益项目打包，建立公共物品绿色服务收费机制。探索政府与社会资本之间收益分享和风险共担机制。设立绿色产业担保基金，专项用于支持绿色产业融资担保，降低企业融资成本。

2. 建立财政奖补机制

在绿色信贷、绿色保险、绿色担保、绿色债券、绿色基金等方面，综合运用财政奖补、贴息、风险补偿等手段，加强财政政策和金融政策的协同配合，形成政策合力，构建可持续绿色金融助力绿色发展的财政政策体系。如鼓励将黑臭水体整治、污染场地修复等项目和休闲度假、旅游观光、健康养老等有稳定收益项目打捆实施，优先纳入PPP项目储备库，优先选为试点PPP项目。对其中符合奖补条件的落地项目，给予一定财政奖补；对成长期高科技绿色企业在投资环保、节能、资源循环利用、新能源等出现的损失进行客观评估，对非企业自身行为造成的损失给予一定的风险补偿等，引导更多企业投资并致力于绿色项目。

3. 完善支持绿色低碳技术的金融创新服务体系

绿色低碳技术如何成为推动全球绿色经济复苏和可持续发展的重要引擎，无论是工业生产还是居民生活，未来要通过生产方式、生活方式的绿色低碳化，协同推进低碳经济的发展，实现碳排放最小化。目前，我国能源碳排放量占比近80%，实现碳达峰和碳中和目标，核心是推动能源低碳转型。低碳减排技术涉及到节能、交通、建筑、核电、可再生能源技术、氢能技术，也包括碳捕捉、碳沉降技术等。在"十四五"规划中，体现加快绿色低碳转型的方向。比如能源、交通、建筑、制造业，农业包括金融行业都需要实行更加明确的低碳化战略。完善绿色金融与绿色低碳技术的政策与实践的协调机制，为金融支持市场化绿色技术创新体系构建多层次服务体系，为绿色科技成果提供激励、有保障的运行机制。推广绿色技术环境效益评估体系和科技成果转化机制等保障机制，用数字技术为绿色产品、技术和资产提供认证、贴标、评估服务，对绿色技术创新企业提供担保和其它类型的风险补偿，以增强金融机构应对风险的信心和能力。健全绿色技术知识产权管理保护机制，打造一批具备知名品牌和核心知识产权的优质绿色企业。引导各类机构开展绿色投资，提升绿色投研体系和投资决策机制，鼓励金融机构开发绿色金融产品支持绿色技术创新。推进构建绿色资产/项目评估筛选框架和指标体系。

## （五）加强金融要素支持，培育绿色低碳技术创新主体

### 1. 促进绿色专利转移转化，推动产业绿色化发展

出台支持绿色技术转移转化众创空间、绿色科技孵化器、可持续发展创新示范区、生态文明建设示范区的政策。从可持续发展承诺、政府投资拉动、ESG评价指标体系、创新激励机制、法规的完善等多层面推动更多机构投资者参与绿色环保产业，探索符合地方特点的绿色金融支持绿色低碳技术创新的政策体系，加强创新人才培养和能力建设，制定和遵守绿色投资理念和投资战略，有效促进绿色金融推动绿色低碳可持续发展的进程。

### 2. 开展ESG投资，培育绿色投资管理机构

可以参考NGFS的建议，主动开展可持续投资，以引领私营部门和

社会资金的参与。可以按可持续/ESG 投资原则建立对投资标的和基金管理人的筛选机制，建立环境和气候风险的分析能力，披露 ESG 信息，支持绿色债券市场的发展，积极发挥股东作用，推动被投资企业提升 ESG 表现。

### 3. 加快碳中和愿景下绿色金融人才精准引进和培育

要在国际、国内两个大背景下找准碳中和愿景下绿色金融发展定位，快速推进我国绿色金融国际人才枢纽建设。依托绿色金融可持续发展研究院和各大高校，选派有实力、有经验、有热情的金融专家挂职绿色金融专门推进机构和金融机构，为统筹和创新绿色金融发展出谋划策，为尽快实现"弯道超车"提供人才保障。尤其是金融机构要提前准备和谋划，有针对性地引进和培育专业人才。借鉴国内外成功经验，多方发力，全方位培育、建立绿色金融专家智库，与国内外绿色金融交流平台实现衔接和互动。支持金融机构成立专门的绿色金融研究部门，着力开展绿色金融发展战略和绿色金融业务研究。支持高校进行绿色金融专业人才培养，研究绿色金融人才评价奖励制度，完善绿色金融人才服务体系。支持绿色金融协会发展壮大，促进绿色金融行业自律发展。

### （六）推动国际合作与对外开放，打造多元化的合作交流平台

推动绿色金融对外开放合作。绿色金融在我国还处于起步阶段，缺少现实经验和路径，需要国内外及社会各界共同推进。依托中英经济财金对话机制，加强与伦敦金融城在绿色金融领域的交流合作。积极借助国际可持续发展金融中心网络 FC4S 机制，推动亚太地区绿色金融国际合作。举办绿色金融国际论坛、ESG 资管行业峰会等活动，面向"一带一路"推动绿色金融国际发展，提升我国绿色金融国际影响力和辐射力。以促进金融机构签署《气候友好银行北京倡议》为抓手，拓展绿色金融和气候投融资国际合作空间，深度参与全球绿色金融治理。充分发挥央行与监管机构绿色金融合作网络（NGFS）、"一带一路"绿色投资原则

（GIP）、可持续金融合作平台（IPSF）等合作机制与平台的作用，关注气候变化对于宏观金融稳定、微观审慎监管的影响，动用资本进行绿色低碳投资，宣传理念，积极开展绿色金融的国际合作，提升国际社会对于中国绿色金融政策、标准、产品和市场的认可与参与度，包括支持离岸市场丰富人民币绿色金融产品及交易、支持建立人民币绿色海外投贷基金、鼓励境外机构到境内发行绿色金融债券、鼓励使用人民币作为相关活动的跨境结算货币等。强制要求金融机构在对外投资（包括对"一带一路"投资）中开展环境影响评估，严格限制对污染和高碳项目的海外投资；支持我国金融机构承诺大幅度减少和停止对海外新建煤电项目的投资和担保。打造绿色金融合作交流的国际平台，提升绿色金融的国际论坛、中国资产管理行业责任投资高峰论坛、北京市城市副中心绿色发展论坛国际化能级。

表7-1　"双碳"愿景下我国绿色金融发展的主要领域目标路径及重点任务

| 主要领域 | 主要目标路径 | 重点任务 |
|---|---|---|
| 绿色金融标准体系 | 2025年：绿色信贷等领域初步建立可操作性的标准，重点领域出台绿色技术标准；<br>2030年：国家绿色金融标准体系初步成熟，金融体系支持绿色低碳发展，提供合理、有效的评估认定方法和指标体系，金融系统高效支持实现碳达峰；<br>2060年：与国际接轨、符合中国国情、与碳中和社会紧密衔接的绿色金融标准体系实现行业、领域全覆盖，绿色产业技术标准详尽，实现金融系统有效评估"绿色"的标准化路径，绿色深入金融体系。 | 推动国家绿色金融标准化建设 |
| | | 信贷、债券、基金、衍生品等绿色金融产品、绿色项目标准建设 |
| | | 制定绿色技术标准 |
| | | 为金融体系支持绿色低碳发展提供合理、有效的评估认定方法和指标体系 |
| 绿色金融产品和服务创新 | 2025年：金融机构普遍重视环境风险评估，市场主体绿色金融创新意愿强烈，绿色信贷等金融产品、工具和业务模式创新不断涌现，绿色金融产业链初步形成；<br>2030年：全面推动实现碳达峰目标的金融产品体系不断完善，绿色信贷、绿色租赁、绿色信托、绿色基金、绿色消费等门类齐全，绿色金融产业链推动经济社会发展的作用显著；<br>2060年：全面推动实现碳中和目标的金融产品体系高度发达，金融机构实现绿色金融创新产品、活动全覆盖，绿色金融产业链高度发达，对碳中和社会如期实现起到关键作用。 | 金融机构将环境风险评估纳入风险管理框架 |
| | | 打造绿色信贷、绿色租赁、绿色信托、绿色基金、绿色消费等门类齐全的绿色金融服务体系 |
| | | 支持企业和金融机构等市场主体积极创新绿色金融产品、工具和业务模式 |

续表

| 主要领域 | 主要目标路径 | 重点任务 |
|---|---|---|
| 健全绿色金融法律体系 | 2025年：部分地方根据实践特色，出台有关地方法规，初步形成地方绿色金融法律法规矩阵，绿色投资评估制度初步建立，绿色金融专门立法条件日益成熟；<br>2030年：国家层面《绿色金融法》等相关专门立法出台，相关政策体系不断健全，各地普遍根据各自特点，与国家专属立法事项保持立法错位，出台地方绿色金融相关条例，绿色投资评估制度完全确立，绿色金融发展原则、目标、标准、责任承担及防范制度等日益成熟；<br>2060年：与实现碳中和社会相适应的绿色金融法律法规政策体系完全建立、各方面的配套支持政策完善，法律体系解决绿色金融领域公共产品供给不足、投融资成本较高等难点有完整制度保障，绿色金融全产业链、全环节、全生命周期活动以及各项绿色金融改革创新实现"有法可依"。 | 有序推动绿色金融专门立法的出台<br><br>深化绿色金融地方立法探索<br><br>创设绿色投资评估制度 |
| 财政政策引导作用 | 2025年：现有财政资金对绿色金融支持政策充分发挥，专项资金、社会资本、财政补贴等多主体参与绿色金融活动的鼓励措施不断涌现，绿色项目中引入PPP模式基本成型，初步构建公共物品绿色服务收费和向社会资本让利机制；<br>2030年：可持续绿色金融助力绿色发展的财政政策体系基本完善，对绿色金融发展促进作用显著，多元参与模式完全形成；<br>2060年：全面形成以实现碳中和目标的绿色金融财政政策保障体系，财政奖补、贴息、风险补偿等财政政策和金融政策的融合协同。 | 夯实财政资金现有支持政策<br><br>创新多元参与模式，争取中央和各地方设立财政专项资金，提供财政补贴、财政贴息，以及税收优惠等财政措施<br><br>支持在政府相关领域绿色项目中引入PPP模式<br><br>建立公共物品绿色服务收费机制，向社会资本让利 |

续表

| 主要<br>领域 | 主要目标路径 | 重点任务 |
|---|---|---|
| 健全绿色信息共享和披露机制 | 2025年：ESG评价指标体系不断成熟，绿色资本市场信息共享和披露机制向纵深发展，环境信息披露标准初步统一，企业环境信息披露的管理和监督日趋成熟；<br>2030年：以碳达峰为刚性约束目标的绿色信息共享和披露机制健全，金融机构实现对高碳资产的敞口和主要资产的碳足迹进行计算和披露全覆盖，绿色金融的责任投资管理制度和绿色投资指引制度完全成熟，全面践行ESG责任投资，实现对上市企业环境信息披露强制性全覆盖；<br>2060年：以碳中和为刚性约束目标的绿色信息共享和披露机制完全成熟，ESG评价指标体系对实现碳中和基础性作用完全发挥，有效引导产业链绿色转型，金融机构持有的绿色、棕色资产的信息和主要资产的碳足迹完全透明，绿色资本市场完全健全。 | 建立健全统一的环境信息披露标准 |
| | | 推动金融机构对高碳资产的敞口和主要资产的碳足迹进行计算和披露 |
| | | 制定绿色金融的责任投资管理制度和绿色投资指引 |
| | | 丰富ESG评价指标体系，全面践行ESG责任投资 |
| | | 强化对企业环境信息披露的管理和监督 |
| 完善绿色金融市场体系建设 | 2025年：绿色金融基础设施建设加速推进，绿色债券市场进一步成熟，国际影响力进一步发挥，绿色信贷、绿色保险市场规模不断扩大，绿色要素交易市场不断完善，逐渐形成多层次、多元化的绿色金融市场体系。<br>2030年：适应碳达峰要求的绿色金融基础设施基本完善，设立国家级政策性绿色银行，大型金融机构普遍设立绿色专营支行或"绿色金融事业部"推动绿色金融发展，具有国际影响力的中国绿色金融市场体系基本建成，数字货币+碳账户创新不断完善。<br>2060年：绿色金融基础设施完全适应碳中和社会需求，绿色交易所、绿色资本市场、绿色要素交易市场、绿色债券市场、绿色信贷市场、绿色保险市场、碳市场具有全球影响力和决定性话语权、定价权，国际碳银行等国际绿色金融机构、组织体系完备，绿色金融市场体系对碳中和提供长期市场信号作用完全成熟。建成全球有影响力的国际绿色金融强国。 | 完善绿色保险市场、绿色债券市场和绿色信贷市场 |
| | | 探索创建绿色要素交易市场 |
| | | 积极培育绿色金融发展新动能 |
| | | 绿色金融基础设施建设 |
| | | 建设面向全球的国家级绿色交易所 |
| | | 市场化手段服务经济社会发展绿色转型 |

**专栏7-1 引导保险业转变发展理念,加快规划绿色保险布局**

保险业目前的经营理念还停留在追求保费规模和市场份额的阶段,部分领域非理性竞争还引发了违法违规乱象,对行业发展和行业形象造成了严重负面影响。建议引导保险业转变发展理念,加快规划绿色保险布局,在绿色产业发展中寻找新的增长点。

一是校准发展方向。绿色产业的重要发展方向是清洁能源充电桩、清洁能源电池、风力发电站、光伏发电站、深海装备养殖等绿色基础设施,以及绿色建筑和绿色交通行业。保险公司应能基于价值创新的蓝海战略,深度应用高新技术,广泛积累精算数据,丰富绿色保险产品,在绿色产业发展中抢得先机,以此开辟新的增长空间。

二是发展碳汇保险。构建"碳汇 + 保险"模式,鼓励保险公司探索丰富碳汇保险的应用场景,通过森林综合保险、碳汇价格指数保险等向碳汇项目提供森林自然灾害、碳汇价格波动等风险保障。

三是建立统计制度。针对尚未出台绿色保险统计制度、保险公司业务管理系统未标识绿色保险的情况,在明确绿色保险定义和保险责任范围的基础上,监管部门制定专门的绿色保险统计制度,确保统计数据全面准确。

四是建立服务评价机制。引导保险公司建立绿色保险服务评价机制,既要考虑绿色保险产品的综合赔付率、综合成本率等传统财务指标,也要考虑通过绿色保险事前参与预防性减损、止损等服务指标,鼓励提升风险管理服务能力。

五是建立产品创新保护机制。针对保险产品易于模仿的情况,鼓励保险公司创新先试积累数据,给予绿色保险创新产品一定期限的保护期,激活绿色保险产品创新内生动力。

(许艳丽,中国劳动关系学院教授)

**专栏7-2 关于双碳战略落地存在的问题与对策建议**

近年来,中国绿色低碳发展取得了显著成绩,清洁低碳能源体系建设加快,全国碳市场基本框架初步建立,低碳政策体系建设持续推进,双碳目标顶层设计、政策规划陆续出台,"1+N"政策体系逐渐完善。但在双碳战略具体落地实施过程中,也存在一些问题需要关注和解决。一是能源层面看,能源结构的转型面临能源安全的挑战;二是建设层面看,目前社会资本参与双碳领域积极性尚弱,需要统筹规划、市场化推进、加强吸引和带动;三是社会层面看,目前社会领域碳意识仍需要进一步加强,尤其是碳足迹管理体系的建设需要始于当下、着力加强。

科学有序持续落实双碳工作的相关建议如下:

一、统筹平衡能源结构转型与能源安全保障。中国能源结构以煤为主,能源使用含碳量较高,降碳本身就面临较大的压力;加之全球百年未有之大变局背景下,新冠疫情、俄乌冲突等因素影响,全球资源能源供求格局、供应链稳定性等面临侵扰，能源、粮食等安全保障问题不断凸显；大变局背景下的双碳战略实施、能源结构转型，需要平衡新旧能源的关系、传统产业与新兴产业的关系、绿色发展转型与能源安全保障的关系，科学有序推进。

二、政府资本先行的同时要格外关注对社会资本的吸引撬动带动作用。双碳战略实施需要的投资体量巨大、持续时间长，仅靠政府资金投入会带来巨大的财政支出压力，难以持续。对于双碳战略的落地，建议政府资金（如财政专项支出、产业基金等）积极发挥先行引导效应，形成撬动和带动效应，同时要完善社会资本在能源领域的准入负面清单制，形成透明、公平的社会参与机制，促进社会资本参与，形成良性循环。

三、从制度层面规范以及便利社会各类主体的碳足迹管理。首先是逐步扩容碳市场参与主体，同时从制度层面规范各类社会主体降碳减排的义务与激励；其次是细化操作引导和标准规范，方便社会主体碳足迹信息的采集、统计与管理，助力社会层面绿色低碳意识的培育与形成。

（周青燕，民盟玉泉智库专家，民盟中央经济委员会秘书长、委员，中国人寿保险股份有限公司投资管理中心高级主管）

# 第八章 碳定价机制政策实践与路线展望

玉泉智库①

碳达峰目标与碳中和愿景是中国发展转型的内在要求，既是我国社会主义现代化建设的一大挑战，也是实现绿色转型的良好机遇。我国具有2060年前实现碳中和的经济、技术、社会基础，同时也面临着法规、舆论、技术、政策支撑的挑战。因此，一方面，建立涵盖多地区、多行业的减碳价格机制，能够有效发挥市场机制的作用，以较低的经济成本实现能源结构的挑战，倒逼产业发展转型。通过全国碳交易、碳税体系的建立，能够有效实现对电力、钢铁等高碳排放行业的碳排放限制与产业转型激励。另一方面，有效价格机制的建立将有利于核能、可再生能源等新能源产业的发展，激励各行各业开展低碳零碳技术创新和投资，推动经济增长新动能的形成，促进我国经济低碳转型，降低全社会的碳排放。

## 一、常见的碳定价工具及其相关实践

目前，全球约有40个国家级司法管辖区和20多个城市、州和地区正在推行碳定价机制。价格机制通过将碳排放造成的环境成本内部化，改变企业行为决策，引导绿色技术创新，倒逼产业链脱碳转型，激发绿色、低碳、气候友好型投融资市场活力，促进全社会生产和消费模式的转变，助力"双碳"目标的实现。常见的价格机制主要包括碳交易、碳税以及

① 作者为：杨越，中国科学院大学玉泉智库，助理研究员；清华大学产业发展与环境治理研究中心博士后，兼职研究人员。陈玲，清华大学公共管理学院教授，清华大学产业发展与环境治理研究中心主任。孙晋，香港中文大学社会学系助理教授。

碳金融，接下来将重点以碳交易和碳税两种碳定价工具为例，具体介绍其内涵和相关实践。

## （一）碳交易

### 1. 碳交易机制内涵

"碳交易"即"碳排放权交易"，此概念基础起源于《京都议定书》。《京都议定书》第一次以法律形式明确规定了各国减排义务并具体设置了三种减排实施机制：排放权交易（Emissions Trading，ET）、联合履约（Joint Implementation，JI）、清洁发展机制（Clean Development Mechanism，CDM）。[1]其中，联合履约机制适用于其附件一中的国家，即在发达国家和经济转型国家间形成基于项目的减排单位直接交易；清洁发展机制即附件一中做出减排或限制排放承诺的国家在发展中国家投资实施减排项目以获得核证减排量，此碳排放指标可以进入碳排放交易体系；碳排放交易机制允许有排放分配量单位的国家向超额目标国家出售这种过剩的排放能力[2]，并且同样要求扣除转让国相应的配额。[3]由此将以二氧化碳为代表的温室气体排放作为商品形成排放权的交易就是所谓的"碳排放权交易"。

随着减排机制的落实，碳排放交易和碳市场日渐扩展为国际认可的温室气体有效减排手段。碳排放交易由管理者确定碳排放总额，参与者被要求为其应承担责任的每一单位的排放量上缴一个单位的碳配额。若其排放需求高于配额，就需要在碳市场购买配额。此外参与者还可使用从其他来源获取的合法排放量单位，例如国内碳抵消机制、国际碳抵消机制或其他碳交易体系。

---

① UNFCCC：What is the Kyoto Protocol?[EB/OL]. https://unfccc.int/kyoto_protocol.

② 联合国气候变化框架公约[EB/OL]. https://unfccc.int/process/the-kyoto-protocol/mechanisms/emissions-trading.

③ 廖振良. 碳排放交易理论与实践[M]. 上海：同济大学出版社，2016：2.

2. 常见的碳交易市场类型

（1）履约市场

履约市场依托于国家所制定的碳排放贸易体系展开，指由管理者制定总排放配额，并在参与者之间进行分配，参与者根据自身需要进行配额买卖。[1]履约即指控排企业按照规定上缴与上年度碳排放量等量的配额，履行其年度碳排放控制责任。履约碳市场的配额分配主体为政府，其可通过免费分配、拍卖、二者相结合或以配额奖励碳清除的方式分配。企业除了在初始分配时接受碳排放权配额和期权，还可以自由地在市场上交易碳排放权配额和碳期权。[2]此外，履约市场允许参与者使用"抵消"额度，碳市场履约主体可使用一定比例的经相关机构审定的减排量来抵消其部分减排履约义务。[3]

（2）自愿市场

自愿减排市场是一种具有灵活性的气候贸易措施，更加重视非政府组织、跨国公司及个人等非国家行为体在气候治理中的关键性作用，其促导控排主体从项目中购买减排量用以抵消、补偿其排放量，使用经过核证后的减排凭证实现碳中和的目标。国际自愿减排市场是指在国际上没有减排义务或签约方的国家，自发形成的碳交易市场。其以清洁发展机制（Clean Development Mechanism）[4]为代表，即，发达国家通过提供资金和技术的方式，与发展中国家开展项目级的合作。而国内的自愿减排市场指，除了部分纳入碳市场的高排放企业，其它非控排企业自愿减排，并可将此部分减排量卖给碳市场内的企业。

---

① 郭日生，彭斯震．碳市场 [M]．北京：科学出版社，2010：67．

② 何梦舒．我国碳排放权初始分配研究——基于金融工程视角的分析[J]．管理世界，2011（11）：172-173．

③ 李峰，王文举，闫甜．中国试点碳市场抵消机制[J]．经济与管理研究，2018（12）：95-104．

④ 碳排放交易网：什么是CDM [EB/OL]．http://www.tanpaifang.com/CDMxiangmu/2021-07-29．

（3）碳普惠市场

碳普惠制是指通过市场机制和经济手段，以自愿参与、行为记录、核算量化、建立激励机制等形式，[①]实现低碳绿色的目标合力，推广至社会公众。其包含碳普惠行为的确定、碳普惠行为产生减排量的量化及获益等环节。[②]该制度是传统意义碳排放交易市场的拓展、延伸与创新，其面向主体主要为小微企业、社区家庭甚至个人，实施领域也主要集中于生活消费[③]。目前国内所推行的碳普惠制度目标同时包括温室气体减排和资源节约、环境保护等。

### 3. 碳交易机制的中国实践

地方碳排放交易试点始建于2011年，在北京、天津、上海、重庆、湖北、广东和深圳7个地方开展试点工作。[④]经过多年实践，7个试点已基本建成主体明确、规则清晰、监管到位的区域碳市场。当前试点地区碳交易主要以发电、石化、化工、建材、钢铁、有色金属、造纸和国内民用航空等高耗能行业为主，其中广东、湖北、天津和重庆以控制工业高耗能行业排放为主，北京、上海和深圳根据排放强度分别选择将建筑、交通以及服务业纳入控排范围。配额分配方面，多数地区采取免费分配的形式，部分地区结合有偿竞价模式。目前各试点碳市场平稳运行，截至2019年12月31日，7个试点碳市场配额现货累计成交量约为3.68亿吨二氧化碳，累计成交金额约81.28亿元人民币。[⑤]

在全国碳交易体系建立完善的背景下，部分碳交易试点尝试探索差

---

① 刘海燕，郑爽. 广东省碳普惠机制实施进展研究[J]. 中国经贸导刊，2018（8）：23-25.

② 广东省发展改革委关于碳普惠制核证减排量管理的暂行办法[EB/OL]. http://www.gd.gov.cn/govpub/bmguifan/201705/t20170503_251264.htm.

③ 刘航. 碳普惠制：理论分析、经验借鉴与框架设计[J]. 中国特色社会主义研究，2018（5）：86-94.

④ 关于开展碳排放权交易试点工作的通知（发改办气候〔2011〕2601号）[EB/OL]. https://zfxxgk.ndrc.gov.cn/web/iteminfo.jsp?id=1349.

⑤ 生态环境部. 中国应对气候变化的政策与行动2020年度报告[R/OL]. [2021-07-13]. http://www.mee.gov.cn/ywgz/ydqhbh/syqhbh/202107/W020210713306911348109.pdf.

表8-1 我国碳排放权交易试点的制度设计

| 试点 | 建立时间 | 纳入行业 | 准入门槛（CO$_2$当量） | 覆盖比例 | 配额分配 |
|------|---------|---------|----------------------|---------|---------|
| 深圳 | 2013.6.18 | 能源（发电）、供水、大型公共建筑、公共交通、制造 | 工业：3000吨以上；公共建筑：2万平方米以上机关；建筑：1万平方米以上 | 40% | 无偿+有偿，拍卖比例不低于3% |
| 北京 | 2013.11.28 | 非工业：电力、热力、水泥、石化、交通运输业、其他工业和服务业 | 5000吨以上 | 40% | 免费发放 |
| 广东 | 2013.12.19 | 电力、水泥、钢铁、石化、造纸、民航 | 2万吨以上（2014年后：工业：1万吨，非工业5000吨以上） | 55% | 无偿+有偿，电力企业的免费比例95%，钢铁、石化和水泥企业为97% |
| 上海 | 2013.11.26 | 工业：电力、钢铁、石化、化工、有色、建材、纺织、造纸、橡胶和化纤；非工业：航空、机场、水运、港口、商场、宾馆、商务办公建筑和铁路站点 | 工业：2万吨以上；非工业：1万吨以上水运：10万吨以上 | 50% | 无偿发放，不定期竞价拍卖 |
| 天津 | 2013.12.26 | 电力热力、钢铁、化工、石化、油气开采 | 2万吨以上 | 60% | 无偿+有偿，不定期拍卖 |
| 湖北 | 201.4.2 | 电力热力、有色金属、钢铁、化工、水泥、石化、汽车制造、玻璃、化纤、造纸、医药、食品饮料 | 能耗6万吨标煤以上 | 35% | 免费发放 |
| 重庆 | 2014.6.19 | 电力、电解铝、铁合金、电石、烧碱、水泥、钢铁 | 2万吨以上 | 40% | 免费发放 |
| 福建 | 2016.9.26 | 电力、石化、化工、建材、钢铁、有色、造纸、航空、陶瓷 | 能耗65000吨标煤以上 | | |

异化的发展道路。如广州碳排放交易所以碳金融产品创新为特色，早在
2005年开始率先推行碳普惠制度。2017年广东省正式将碳普惠核证自愿
减排量纳入碳排放权交易市场补充机制，有效推动了区域生态化补偿机
制的探索发展。①深圳市更是依托自身地理优势，率先开展海洋碳汇核算
指南编制研究，尝试促进将新区的海洋碳汇资源纳入排放交易体系。②

2017年《全国碳排放权交易市场建设方案（发电行业）》的发布标志
着我国碳排放交易体系完成总体设计、正式启动。我国碳市场建设以发电
行业为基石，着重开启配额管理制度、市场交易等相关制度的建设。随后
全国碳市场的运行启动工作稳步推进，并发布了系列管理办法、立法草
案。2021年7月16日，我国全国碳排放交易体系正式启动。当前，我国
碳市场施行"双城"模式，即上海市负责交易系统建设，承担全国碳交
易机构建设工作，武汉市负责全国碳市场的碳排放权注册登记系统建设、
运行和维护。在全国碳排放交易机构成立前，由上海环境能源交易所股
份有限公司承担其开立和运行维护等工作。目前全国碳排放权交易体系
仅面向电力行业，未来石化、化工、建材、钢铁、有色金属、造纸和国内
民用航空等其余高耗能行业或也将纳入。碳排放权采用基准线法进行配额
分配，即对单位产品的二氧化碳排放量进行限制。排放配额分配初期以免
费分配为主，后续适时引入有偿分配，并逐步提高有偿分配的比例。

全国碳市场第一个履约周期为2021年1月1日—2021年12月31日，
纳入发电行业重点排放单位2162家，覆盖约45亿吨二氧化碳排放量，是
全球规模最大的碳市场。③生态环境部公布的统计数据显示，截至7月
23日，全国碳市场碳排放配额总成交量480多万吨，总成交额近2.5亿

① 中国金融信息网："碳普惠"机制从广东走向全国 [EB/OL]. http://thinktank.xinhua08.
com/a/20210628/1991996.shtml.

② 深圳特区报：深圳率先开展海洋碳汇核算指南编制研究 [EB/OL]. http://www.sz.gov.cn/
cn/xxgk/zfxxgj/zwdt/content/post_7758792.html.

③ 中华人民共和国生态环境部：韩正出席全国碳排放权交易市场上线交易启动仪式 [EB/
OL]. http://www.mee.gov.cn/ywdt/szyw/202107/t20210716_847496.shtml.

元，当日收盘价涨至56.97元/吨，较开市首日上涨11.20%。[①]除了首日成交量达410万吨外，其他交易日一般在几万吨到30万吨之间，甚至出现过3000吨的单日成交最低纪录。[②]

## （二）碳税

### 1. 碳税机制的内涵

碳税是根据化石燃料（如煤炭、天然气、汽油和柴油等）[③]中的碳含量或二氧化碳排放量，征收的一种产品消费税，属于环境税的一种。[④]本质来看，碳税以减少温室气体排放为目的，通过确定温室气体排放的税率，或者更常见的是确定化石燃料的碳含量，直接设定碳价格，[⑤]将温室气体排放带来的环境成本转化为生产经营成本，[⑥]引导低碳生产。最早芬兰、瑞典、挪威等北欧国家从20世纪90年代开始征收碳税，据世界银行统计当前全球已有30项关于碳税机制正在实施或计划实施中，涉及全球27个国家的不同路径的发展尝试。其中，1990年芬兰率先推出碳税制度，经两次改革已形成完备的单一碳税制度。同时辅以税收减免与返还措施，如对部分电力行业生产中的大部分燃料、航空海洋运输燃料、生物燃料等施行免税等。[⑦]欧盟则是"碳税+碳交易"复合型模式的先行者，通过循序渐进的制度设计和实行，实现了由单一的碳税政策向碳税、

① 闫碧洁. 全国碳市场平稳运行 推动形成有效价格信号[N]. 期货日报，2021-07-30（7）.

② 张锐. 碳市场亟待提升交易活跃度[N]. 证券时报，2021-08-27（A3）.

③ 苏明，傅志华，许文. 我国开征碳税问题研究[J]. 经济研究参考，2009（72）：2-16.

④ 成思危，汪寿阳，李自然，等. 从碳关税和碳税视角分析低碳经济对中国的影响[M]. 北京：科学出版社，2014（113）.

⑤ 世界银行："碳定价"[EB/OL]. https://www.worldbank.org/en/programs/pricing-carbon.

⑥ 葛杨. 碳税制度的国际实践及启示[J]. 金融纵横，2021（4）：48-55.

⑦ 邓瑞，吴越，马华阳. 国外碳税税制的实践与启示——以澳大利亚与芬兰为例[J]. 佳木斯职业学院学报，2013（8）：437-438.

碳排放交易并行的复合政策的转化。①尽管有着较高的煤炭能源依赖，2019年南非《碳税法案》正式生效，该法案将分两个阶段实施，第一阶段将配套出台系列免税津贴政策，并制定较为温和的收费标准，同时政府承诺电力价格在第一阶段不会受到碳税法案影响。②

### 2. 碳税机制的国际实践

由于气候变化应对的紧迫性与重要性，全球包括英国、法国、日本、加拿大等15个国家和地区同时采取碳税与碳交易两种减排手段。当前受制于不完善的碳市场体系与监管能力，全面运行的全国碳市场也仅覆盖了我国50%的碳排放量，③且现行碳交易体系主要针对排放量较大的重点行业、重点企业，忽视了小微企业及个人的减排行动，削弱了减排效果，考虑到"30·60"目标的紧迫性和现有碳市场的有效性，适合开征碳税可能将会成为重要的补充政策选项。相比于碳交易体系，碳税为强制性政策工具，可依托于现有税收体系，无需考虑相关机构与基础设施的建设，相对实施成本较小。同时，碳税覆盖范围广，见效快。此外，征收碳税可以增加政府财政收入，并将其用于推动节能减排技术进步与绿色项目建设等，促进低碳转型。④

### 3. 碳税机制的中国探索

我国目前并未建立专门的碳税制度。但随着绿色低碳经济的发展及系列措施工作的开展，增值税、资源税、消费税、车辆购置税、企业所得税等税收制度中出现了大量绿色税目相关内容，为我国碳税制度的推

① 世界银行：《碳定价机制发展现状与未来趋势》（发布时间：2020年5月）.

② 中国经济网：南非正式开征碳税 成为首个实施碳税非洲国家 [EB/OL]. http://intl.ce.cn/sjjj/qy/201906/04/t20190604_32258688.shtml.

③ 傅志华，许文，程瑜. 仅靠碳交易难以实现"30·60"目标，开征碳税应成为重要政策选项 [EB/OL]. https://mp.weixin.qq.com/s/YyQpAgC2dQk0yn2qCmGtzQ.

④ 中国人民银行国际司青年课题组. 为碳定价：碳税和碳排放权交易 [EB/OL]. https://www.yicai.com/news/100945950.htm.

行和开展奠定了基础。同时，已有大量学者从理论和模型分析角度论证了征收碳税对我国实现减碳目标的积极有效作用，并对碳税征收的对象、形式等提出建议。适时推出碳税制度，与碳市场联动互补具有合理性和可行性。但同时也要意识到碳税推出实施的阻力与风险，新的税种开征需要漫长的验证与体系机制的完善，且税收的增加短期内必然会造成企业生产和人民生活成本的上涨，对经济社会发展产生一定负面影响。

4. 碳交易与碳税的比较

表8-2　碳交易与碳税工具的差异比较

|  | 碳税 | 碳交易 |
|---|---|---|
| 共同点 | 碳税和碳交易都是解决负外部性的市场性制度，用以实现碳减排的总目标。 | |
| 不同点 | | |
| 原理 | 庇古税的典型应用：通过填补碳排放的私人成本与社会成本之间的缺口，以减少 $CO_2$ 排放的负外部性。 | 可交易污染许可证的典型应用：以科斯定理为基础，明确碳排放权，通过自由市场机制实现碳排放权买卖双方交易，以低成本实现碳减排目标。 |
| 机制 | 价格导向的强制政策工具直接进行的价格干预，即通过相对价格的改变来引导经济主体的行为，达到降低碳排放数量的目的。 | 数量导向的自愿政策工具：在某个国家或地区设定碳排放总量额度，并将其碳排放权分配到各个企业，通过市场和价格机制对排放权在不同经济主体间分配进行调整，从而达到以最小成本达到碳减排的目标。 |
| 主要对象 | 排放量较大的重点行业、重点企业。 | 排放量较小的小微企业甚至是个人。 |
| 优点 | 制度设计相对简单，实施管理成本较低；运行相对稳定，有利于增加政府财政收入。 | 直接指向碳排放量，减排效果明显；体系机制建立于调整不涉及立法，相对简单灵活；社会及企业的参与有效提高资源利用效率。 |
| 缺点 | 税法的出台程序严格，且涉及现有法律规范的调整；价格机制对碳排放量的效果影响具有不确定性。 | 人为建设的市场体系较为复杂，需要大量政策支持；存在监管风险与金融风险。 |

## 二、"双碳"背景下中国碳价机制的机遇挑战

### （一）国际碳壁垒倒逼国内碳交易体系发展

随着全球气候变暖加剧，部分发达国家在减碳目标的基础上掺杂经济利益目的，强制"碳关税""碳标签""碳减排认证"等国际贸易壁垒政策。[①]由于在当前的国际分工中，发达国家掌握技术、专利、品牌、设计、金融、流通等，我国产业结构仍以制造业、重化工业等生产环节为主。而"碳关税""碳标签"等新型国际贸易壁垒所针对的正是那些高污染、高碳排放的资源密集型产品。[②]近年来引发较大反响的"碳边境调节机制"（Carbon Border Adjustment Mechanism，CBAM），即欧盟提出的将根据进口商品的含碳量对电力、钢铁、水泥、铝和化肥五个领域进行价格调整的机制。受能源消费结构、生产技术、产品贸易结构的影响，中欧间贸易的隐含碳排放高度不对称。[③]一旦欧盟的碳边境调节机制正式生效会形成新的碳壁垒，我国作为世界最大出口国将受到严重影响。[④]

为应对低碳经济的全球化发展与欧盟提出的碳边境调节机制，产业结构亟待转型升级。碳壁垒的出现也倒逼了国内碳交易体系的建立和完善。[⑤]通过扩大国内碳市场和碳定价覆盖范围，将欧盟碳边境调节机制中

---

① 胡剑波，任亚运，丁子格. 气候变化下国际贸易中的碳壁垒及应对策略[J]. 经济问题探索，2015（10）：137-141.

② Babiker M H. Climate change policy, market structure, and carbon leakage[J]. Journal of International Economics，2005（65）：421-445.

③ 中国节能协会碳中和专业委员会：欧盟碳边境调节机制对中国的潜在影响和对策建议[EB/OL]. http://www.acet-ceca.com/desc/10287.html.

④ 谢来辉. 欧盟应对气候变化的边境调节税：新的贸易壁垒[J]. 国际贸易问题，2008（2）：65-71.

⑤ 李宏策. 欧盟计划征收碳边境调节税，到底什么情况[N]. 科技日报，2020-07-27（2）.

涉及产品纳入国内碳定价体系中，以减少需缴纳的碳税或获得豁免，以此有效抵消碳边境调节机制带来的新贸易壁垒。

### （二）发展路径待明确，顶层设计导向性不足

目前我国碳价格机制发展路径不明晰，国家层面的法律规范引导有待加强。首先，由于暂未推出涵盖近期、中期、远期的碳价格机制预期发展体系，存在诸如"双碳"目标下碳价格机制应与过去有哪些不同，如何实现碳税与碳交易二者政策对象的合理区分、政策内容的互补及政策目标的协同，而在碳达峰实现后，价格机制该如何发挥余热等潜在问题需要解答。其次，当前碳价格调节并未形成完整有效的制度体系，政策的导向性、有效性不足，可操作性较差。一方面会导致价格机制的建设同生态补偿制度、排污许可证制度等多层次、多类型的相关领域政策难衔接，甚至出现潜在竞争；另一方面由于碳价调节的建设、运行与监管涉及多行业、覆盖多部门，单一政策难以实现全面支撑，不同主体间存在信息壁垒的制约。因此，亟需通过明确价格机制发展路径、完善顶层设计，以释放长期且强有力的碳价机制发展信号。

### （三）市场活跃度不高，风险防范制度缺失

尽管碳排放交易规模日益扩大，但碳定价市场活跃度亟待提升。一方面由于碳排放权交易、碳金融市场都存在着参与主体与产品单一、交易规模小、融资渠道少等问题。碳市场的交易主体局限于控排企业，交易产品一般为一对一的现货交易，对碳排放权的金融属性重视不够。而碳金融的参与机构以国有银行及部分全国性股份制银行的总行为主，小金融机构和非银金融机构的参与程度有待提高。且金融产品类型单一，虽然出现了如绿色融资担保基金等创新产品，但其应用范围和场景有限，尚未大范围推广。另一方面，碳金融风险防范制度的缺失不仅加大了企业投入的不确定性，也使得金融机构难以深度介入市场并开展规模化交易，且碳市场一旦过度金融化则容易偏离其作为减排政策工具的基本定

位，造成碳价的泡沫化诱发金融风险。构建健全的风险管理体系，同时鼓励多元主体参与，推动产品创新是激活碳市场的有效途径。

## 三、"双碳"背景下中国碳价机制的路线展望

### （一）制定碳定价机制发展蓝图，相关政策协同发力

有必要尽早研究和制定更适应碳达峰、碳中和目标的价格机制发展路线，同时需做好碳价机制与其他政策的协同。首先，应划定碳价调节发展阶段，明确发展方向，提高市场预期信心，鼓励激发更多主体参与。其次，应以"双碳"目标为引领，推动形成协同发力的综合减碳政策体系。理清碳交易、碳金融政策体系与原有环境保护、金融、财税、信贷、产业等方面法律法规的关系，划定不同政策的参与主体、支持范围，做好政策间的内容衔接与机制协调，共同推动能源转型，助力"双碳"目标的实现。

### （二）健全完善政策体系，加强基础设施建设与配套服务

为推动碳定价机制在全国广泛落地，应完善价格机制及相关法律法规体系，强化主体协调、监督管理与评价考核制度，同时完善基础设置与配套服务建设。健全政策体系，一是要通过顶层立法，明晰各主体的权利义务，推动形成协调机制。二是需强化监督管理，完善信息公开和信息披露制度，重点推进碳排放交易核查、信用监管、联合惩戒等制度建设。最后，需完善第三方评价体系，细化部门考核与评估。而在加强基础设施与配套服务建设方面，短期来看，应健全碳排放交易、碳金融市场基础设施，既要利用数字技术建立企业碳排放信息管理系统，监测、统计、分析、查询、预测、企业的碳排放情况；又需对相关单位及企业进行全面、系统的碳交易、碳金融参与的工作能力培训。长期来看，应

探索建立碳价格机制相关教育体系，通过相应专业与学科建设，培养该领域专业人才，促进碳市场长期可持续发展。

### （三）扩大价格机制覆盖范围，将碳税作为有效补充

应逐步扩大碳市场的覆盖范围，并适时推出碳税补充调节作用。在发电行业碳市场运行良好的基础上，可分批次纳入更多高排放行业，降低纳入标准，增加控排单位数量。同时，应择机开征碳税，考虑将中度排放企业、小微企业及个人纳入征收范围，倒逼大排放量企业转型的同时鼓励小微企业及个人开展减排行动，有效避免碳泄漏。但需注意碳税的征收不可一蹴而就，应在平衡减排效果与经济冲击的基础上渐进推行。此外，可考虑将碳税收入以政府补贴等形式返还给企业和民众，用于支持企业低碳技术的研发以及补贴受影响的低收入居民。

# 下篇

# 第九章　新能源与高能产业融合发展的途径

民盟甘肃省委员会

近年来，随着国家对清洁能源需求的不断增加，光伏、风电等新能源产业发展也进入了快车道，尤其是拥有良好资源的西北地区，吸引着越来越多的大项目加速落地。据统计，西部地区可再生能源资源占全国资源总量的70%以上。其中，风力资源占85%以上，太阳能资源占90%左右。同时，9个大型清洁能源基地中，7个在西部地区。

2022年1月，习近平总书记在中央政治局第三十六次集体学习中明确提出，要加大力度规划建设以大型风光电基地为基础、以其周边清洁高效先进节能的煤电为支撑、以稳定安全可靠的特高压输变电线路为载体的新能源供给消纳体系。2022年6月，国务院办公厅转发国家发展改革委、国家能源局《关于促进新时代新能源高质量发展的实施方案》，明确提出"到2030年风电、太阳能发电总装机容量达到12亿千瓦以上的目标，加快构建清洁低碳、安全高效的能源体系"，"创新新能源开发利用模式：加快推进以沙漠、戈壁、荒漠地区为重点的大型风电光伏基地建设；促进新能源开发利用与乡村振兴融合发展；推动新能源在工业和建筑领域应用；引导全社会消费新能源等绿色电力"。

习近平总书记的重要讲话和指示为打造新时代新能源和能源化工基地建设提出了具有针对性指导思想和发展要求，提供了根本遵循。

# 一、西北地区风光煤资源与资源利用情况（以甘肃为例）

## （一）资源情况

### 1. 风光新能源资源

甘肃风光资源富集、区位优势明显、地域面积广阔，是国家重要的新能源基地和"西电东送"战略重要通道。特别是位于河西走廊西端的酒泉市风光资源量位居全国前列，可用于大型风光电基地建设的沙漠、戈壁、荒漠土地资源优势得天独厚，且距离新疆，以及蒙古国这两个煤炭资源富集区并不远，具备风光电基地化、规模化、一体化开发条件。

位于甘肃东部的平凉、庆阳两市俗称陇东，是陕甘宁革命老区，与陕北延安和榆林、宁夏宁东和著名的太阳山风光电新能源基地相邻，是我国正在崛起的新型油煤电风光新能源基地。仅庆阳市风能可开发利用量约1000万千瓦，太阳能可开发利用量约300万千瓦，主要分布在环县大部分、华池县北部、镇原县北部、庆城县西部等区域。尽管风光能源资源比酒泉差一些，但是地处蒙陕甘宁能源"金三角"的主要通道上，从西电东送通道和拥有丰富煤油气能源资源的特殊位置来说，具有多能互补的最鲜明优势。同时，作为黄河流域生态保护最主要的黄土塬水土流失保护区，风光新能源对环境修复的功能也有助于黄土高原的生态修复防止水体流失，具有重要意义。

### 2. 煤炭资源

甘肃的煤炭资源十分丰富，是蒙陕甘宁能源"金三角"的重要组成部分。甘肃煤田地质局2010年完成的全省煤炭资源潜力评价成果表明，甘肃全省预测煤炭资源总量为1824亿吨，居全国第六位，其中1200米以浅的资源量占资源总量的30.32%。预测总量超过宁夏，与排名第四、第五的陕西和贵州基本持平。甘肃已探获煤炭资源储量478.12亿吨（查明煤炭资源量381.89亿吨，潜在资源96.23亿吨），也居全国第六位。陇东地区已探明地质储量占全省查明资源量的84%。其中位于鄂尔多斯盆地同属黄陇煤炭基地的陇东地区（庆阳、平凉两市）煤炭资源最丰富（按照长庆油田地质勘察，仅庆阳市煤炭预测储量2360亿吨，占全国的4.3%，占鄂尔多斯盆地的11.8%，占全省的94%，预测储量超过全国第四名的陕西省）。此外，庆阳市油气资源也十分富集，境内油煤气风光资源共生，其中石油资源储量78.8亿吨，占鄂尔多斯盆地的41%，已探明地质储量32.1亿吨；天然气资源储量2万亿立方米，占鄂尔多斯盆地的10%，探明储量423亿立方米。

## （二）开发利用情况

### 1. 风光新能源资源开发情况

截至2021年，甘肃全省新能源项目建设总规模达3355万千瓦，新增并网装机规模达740万千瓦。2022年前9个月，又新增新能源装机达到3258万千瓦，装机占比突破50%排名全国第3，成为省内第一大电源；新能源发电量占比27.6%，排名全国第2位。与其他省市相比，甘肃省新能源发展呈现出装机占比高、外送占比高、消纳水平好、区域开发均衡等特点。新能源已经成为全省经济发展的重要支撑和产业构建的重要牵引。

位于西部的河西走廊，风光电新能源总装机占全省3355万千瓦时的70%以上，已经成为国内陆上最大的新能源基地。仅酒泉市已建成全国首个千万千瓦级风电基地和3个百万千瓦级光伏发电基地，新能源总装机达1717万千瓦（占全省的51%），累计发电量1811亿千瓦时。为了消除新能源电力调峰、输出、消纳三大瓶颈制约因素，同时建设完成了酒泉至湖南±800千伏特高压直流输电配套工程建设，建设在酒泉瓜州的配套电源4×100万千瓦的长乐煤电调峰电厂的2台机组于2021年投入运行。已经输出新能源300亿千瓦时（满负荷400亿千瓦时），有效缓解了湖南季节性缺电问题。正在谋划实施的河西第二条特高压直流输电工程和750千伏、330千伏等骨干电网项目，以及哈密—郑州、哈密—安徽和青海—重庆的过境电网，将成为河西走廊新能源风光煤多能互补基地建设的重要组成部分。

陇东的庆阳市正在建成百万千瓦新能源基地。已经引进华电、华能、华润、甘肃龙源等企业开发风光资源，全市建成并网风电项目101万千瓦，建成并网光伏发电项目10.58万千瓦，在建风光电项目39万千瓦（不含特高压外送配套新能源项目600万千瓦）。2021年，全市风电、光伏发电量16.5亿千瓦时，全部实现上网消纳。

2. 煤炭开发利用情况

目前，甘肃全省煤炭生产及在建矿井已占用查明资源量115.48亿吨，生产矿井43处，矿井产能5719万吨/年，实际年产量约3800—4000万吨。2020年，全省煤炭消费量已经达到7475万吨，其中煤炭消费占61.77%、化工13.47%、冶金9.57%、8.3%居民生活和建材行业6.89%。甘肃省"十三五"期间煤炭消耗情况见表9-1。

表9-1　甘肃省"十三五"期间煤炭消耗情况一览表　（单位：万吨）

| 项目 | 2016年 | 2017年 | 2018年 | 2019年 | 2020年 |
|---|---|---|---|---|---|
| 煤炭生产总量 | 4254 | 3738 | 3834 | 3663 | 3850 |
| 煤炭消费总量 | 6302 | 6240 | 6650 | 6729 | 7475 |
| 1.电力行业煤炭消费量 | 3580 | 3600 | 4100 | 4 206 | 4616 |
| 2.建材行业煤炭消费量 | 680 | 672 | 550 | 700 | 715 |
| 3.冶金行业煤炭消费量 | 850 | 855 | 861 | 512 | 515 |
| 4.化工行业煤炭消费量 | 591 | 580 | 624 | 714 | 1007 |
| 5.居民生活及其他 | 601 | 551 | 515 | 597 | 622 |

甘肃省煤炭资源呈现"陇东富、中部有、河西贫"的分布特征，煤

炭消费又呈现出"西中高、东南低"的地域特征，加之狭长的特殊地理走向，供需逆向分布特征较为明显。由于国家规定东煤不能西调，河西所缺的煤炭是从新疆，乃至蒙古国调入，陇东煤则向重庆等地调运。每年从新疆、内蒙古策克口岸调入煤炭3500万吨左右，重点保障河西地区火电、冶炼、化工用煤。2021年调出煤炭1458.9万吨，主要供给西南地区。根据《甘肃省煤炭工业发展"十四五"规划》，随着陇东—山东特高压电力外送通道和河西第二条直流外送工程建设，调峰电力装机容量大幅度增加，预计到2025年全省煤炭消费达到13410万吨，电力行业煤炭消费量预计从4616万吨/年上升到7844万吨/年。为此，国家批复规划矿区8个，省级批复规划矿区3个，共规划矿井47处，到"十四五"末，产能总规模可达1.41亿吨/年。甘肃煤炭产能进入国内前四名的亿万吨级煤炭产能的省区。陇东地区煤炭资源富集，目前生产及在建矿井占用资源量89亿吨，生产产能2497万吨/年，在建矿井7个，设计产能2790万吨/年，探明未利用煤炭资源量为231.49亿吨。多年来，因为陇东煤田地质层主要在800米以下，开采成本比内蒙、山西等省高而没有利用，却为今天和未来煤炭的大量需求留下了巨大的资源禀赋。甘肃省政府《关于推动矿产资源勘查开发高质量发展的意见》指出"充分发挥陇东煤炭资源优势，强力推动陇东能源化工基地建设"和甘肃省第十四次党代会提出"重点建设陇东综合能源基地，着力建设全国重要的能源供应基地，使能源产业成为全省经济发展的重要支撑和产业构建的重要牵引"的指导方针，为陇东丰富的煤炭、石油和天然气资源开发利用吹响了集结号。

## 二、西北地区风光煤资源与产业发展存在的问题

### （一）弃风弃光仍然是新能源发展的最大瓶颈问题

西北地区风光新能源发展较快，但新能源电力系统调峰能力不足，多能互补还无法保障电网平稳运行，存在电网调峰、输出、消纳三大瓶

颈制约因素。新能源发电的随机性、间歇性和波动性等特性，特别是以这种几百万甚至于千万千瓦级超大规模风电场整装直接接入电网，对系统调峰能力和电网安全运行也带来巨大挑战。尽管现在提出抽水蓄能调峰、光热发电调峰和源网储能调峰等措施为风电光伏电厂调峰。但鉴于地理条件对抽水蓄能的限制、光热发电和源网储能技术条件及巨大投资成本等原因，煤电调峰仍然是短期内最具有基础保障性和系统调节性作用的传统能源。预计甘肃省到2025年全社会最大用电负荷3072万千瓦，跨省区外送电量1500亿千瓦时，外送电力1770万千瓦，内用和外送电力总需求4842万千瓦，全省冬季晚高峰存在超过580万千瓦时段性电力缺口。由于自用煤电调峰能力有限，加之国家"十四五"电力规划中未安排新增内用调峰煤电指标，电力调峰缺口将逐年增大，内用和外送电力供需面临严峻形势。

### （二）打造以煤电支撑的风光煤多能互补基地仍然困难重重

由庆阳、平凉组成陇东特大型煤田资源储量区，合计总探获煤炭资源411.08亿吨（预测储量3010亿吨），查明煤炭资源量338.99亿吨。从煤炭储量、油气储量、地理位置和煤电产业等诸多方面看，完全具备独立成为国家前六位大型煤炭矿区，以"陇东矿区""陇东煤电基地"和"陇东能源化工基地"命名列入国家重点煤炭能源基地建设项目中。2014年国务院发布的《能源发展战略行动计划（2014—2020年）》重点建设14个亿吨级大型煤炭基地中，陇东的平凉华亭煤矿合入黄陇基地。探明拥有特大型煤炭储量228.02亿吨的庆阳市（预测储量2360亿吨）并没有列入国家重点建设的14个亿吨级大型煤炭基地中，至今也未列入国家重点建设基地计划中，致使煤炭及煤电产业发展不足，打造以煤电支撑的风光煤多能互补基地仍然困难重重。

### （三）煤化工产业发展不足，减碳增效的思路仍然难以实施

"十三五"期间国家规划布局了内蒙古鄂尔多斯、陕西榆林、宁夏宁

东、新疆准东4个现代煤化工产业示范区。经过多年努力，我国现代煤化工技术已取得全面突破，关键技术水平已居世界领先地位，煤制油、煤制天然气、煤制烯烃、煤制乙二醇基本实现产业化，煤制芳烃工业试验取得进展，成功搭建了煤炭向石油化工产品转化的桥梁。有效促进我国煤炭从燃料向原料的华丽转身，并找到能源化工减排二氧化碳的新路径。陇东煤田与煤质与陕北煤炭基本一致，同属鄂尔多斯盆地煤区东南部，煤种以低变质程度的长焰煤、不粘煤和弱粘煤为主，是我国优质动力煤的主要生产地之一。同时，陇东还有储量更丰富的石油和天然气资源，更有利于发挥现代煤化工与原油加工中间产品互为供需的优势，开展煤炭和原油联合加工示范。但由于陇东地区未进入国家现代煤化工产业示范区规划行列，新建煤制烯烃、煤制芳烃项目无法按照国务院关于简政放权的精神和《政府核准的投资项目目录（2016年本）》的要求，下放省级政府核准。虽然陇东庆阳、平凉地方政府已经准备了几处备用的煤化工园区土地，开展了城市规划、用地预审、环境影响评价、水资源论证等前期工作，却迟迟不能获得上级有关部门的批准。导致陇东良好的资源优势没有充分转换为经济优势，前期确定的一些重大煤电化项目推进缓慢，落地实施难度较大，实现煤炭资源延伸增值任重道远。

## （四）现有的冶金、化工等高耗能产业技术改造滞后和电网的体制机制问题，导致新能源利用率不高

一是目前国家电网公司对各省均有新能源利用率不低于95%的考核要求，但对西北地区而言，由于外送通道不足，经济社会发展水平有限，在省内用电负荷没有大幅增长的情况下，如果追求过高的新能源利用率，会极大提高系统的备用率，带来过高的边际消纳成本，影响整个能源系统经济性。二是目前我国供电系统只有国家电网一家担负着全国的电力供应和输送，垄断经营必然导致新能源供应的非市场关系或服务意识的缺失，电网与新能源自用和区域直供之间的矛盾，虽然国家目前推出的

工业绿色微电网、源网荷储一体化、新能源直供电等模式其目的是促进新能源的就地消化，但是实际情况操作仍然困难较多，新能源自我供应对工业企业来说难度较大。三是与传统能源相比，新能源能量密度较低，占地面积大。随着新能源规模快速扩大，土地资源已经成为影响新能源发展的重要因素。2022年5月14日国务院办公厅转发国家能源局发布的《关于促进新时代新能源高质量发展的实施方案》中明确提出，地方政府应严格依法征收土地使用税费，不得超出法律规定征收其他费用。但在土地使用税费上国内各地操作不同，土地使用税费过高直接影响新能源企业投资积极性。

## 三、新能源与能源化工融合发展的建议

### （一）构建风、光、火、储、输互补的综合能源高效利用新格局

煤电作为新能源调峰调压配套输出的基础性地位在目前我国新能源技术发展中不可或缺。为此，建议在新能源与传统能源发展模式上：一是坚持以风光资源优势主导型的多能互补模式。以风光资源优势主导型的风光产业化集群新能源基地主要采用"风电+光伏+光热发电+煤电""风电+光伏+光热发电+源网储能+煤电""风电+光伏+光热发电+抽水蓄能+源网储能+煤电""风电+光伏+光热发电+抽水蓄能+源网储能+氢能+煤电"等多组合的风光水火储新能源多能互补模式。二是以煤炭和油气资源主导的多能发展模式。陇东地区煤炭、石油和天然气资源富集区，是国家近期和将来最重要的"能源化工"基地之一。陇东地区风光资源丰富，也是黄土高原黄河流域生态保护退耕还林还草控制水土流失重点地区，有大量退耕土地，是发展风光新能源较好的地区。在国家"双碳"战略和能源发展的窗口期，全面重新规划以煤炭为主导的新能源创新发展模式正当时，创新发展模式可以采取"风电+光伏+煤电""风电+光

伏+源网荷储+煤电""风电+光伏+源网荷储+煤电+煤化工+CCUS+驱油""风电+光伏+源网储能+氢能+煤电+油煤化工+CCUS+驱油"等多组合的风光火储多能互补耦合能源化工与碳捕捉模式，结合特高压大电网外送和本地多产业消纳，构建低碳多能综合发展的绿色能源化工基地。

### （二）做好顶层设计，形成各具特色的综合能源基地

西北地区尤其是甘肃风光资源富集、区位优势明显，且煤炭、石油和天然气等资源富集。建议在河西走廊和陇东地区打造量大综合能源发展基地，从国家层面做好规划，统一部署，按照国家"双碳"战略、《黄河流域生态保护和高质量发展规划纲要》和国家发改委、国家能源局发布的《关于促进新时代新能源高质量发展的实施方案》等国家战略的部署，谋划建设风光煤多能互补及煤资源综合利用基地，在河西走廊打造以风光资源为主导的"风电+光伏+光热发电+抽水蓄能+源网储能+氢能+煤电"等多组合的风光水火储多能互补模式，结合特高压大电网外送和本地多产业消纳构建风光储输配一体的绿色能源体系。在陇东地区打造以煤炭为主导的"风电+光伏+源网储能+氢能+煤电+油煤化工+CCUS+驱油"等多组合的风光火储多能互补耦合能源化工与碳捕捉模式，建立低碳多能综合发展的绿色能源化工基地。

### （三）加大对陇东绿色能源化工基地示范区建设的支持力度

煤电调峰和煤电能源化工产业发展是新能源基地发展与煤炭材料化绿色转化的两个关键必要条件。一是增加对新能源发展迅速地区内用煤电指标，在酒泉、张掖等地规划布局调峰电厂，解决新能源调峰能力不足问题。二是根据"坚持以煤为主的基本国情，保障国家能源安全"的基本战略方针和全面落实陕甘宁革命老区振兴发展的政策，发挥陇东油煤气和新能源富集的资源优势，将陇东煤炭化工产业发展纳入国家《现代煤化工产业创新发展布局方案》第5个示范区建设项目，加大支持力

度。将陇东打造为国家级战略性能源资源稳定供应核心区，创建国家现代能源化工经济示范区。

### （四）做好新能源用地政策支持

实践证明，新能源开发与生态保护修复可以有机融合，实现土地的高效利用，且光伏发电、光热发电具有一定生态修复的效果。为此，建议对新能源发展用地保障作出统一明确的规定，要求地方政府在做好符合国土空间规划和用途管制要求基础上，在基地规划建设运营中，开展具有生态环境保护和修复效益的新能源项目。严格落实生态环境分区管控要求，统筹安排大型风光电基地建设项目用地用林用草。同时，促进新能源开发利用与乡村振兴融合发展。要充分调动农村农民发展新能源的积极性，加大力度支持农民利用自有建筑屋顶建设户用光伏，积极推进乡村分散式风电开发。协调做好退耕还林还草土地资源的生态保护与做好风光煤多能互补基地建设结合起来，把新能源扶贫与土地资源入股等政策支持与做好风光煤多能互补基地建设结合起来。要加强模式创新，培育农村能源合作社等新型市场主体，鼓励村集体依法利用存量集体土地通过作价入股、收益共享等机制，参与新能源项目开发，共享新能源发展红利。

### （五）加强对新能源补助和新能源上下游企业供求关系的管理与协调

一是建议参照国家对抽水蓄能政策性补贴政策，对太阳能光热发电项目进行补贴（"十三五"末，国家出台政策对抽水蓄能项目和煤电调峰电厂进行电价补贴优惠，抽水蓄能调峰电厂电价可以从新能源电价的0.378元/千瓦时优惠提高到0.55元/千瓦时，调峰煤电电价从0.15元/千瓦时优惠到0.3元/千瓦时，以此鼓励新能源企业和煤电参与新能源调峰的积极性），保持国家新能源政策管理的一致性。二是新能源补贴资金由地方政府统一统计向国家能源核算转拨对新能源的补贴资金，不分央企和民营，一视同仁都享受到国家补助资金的政策优惠。三是加强新能源企业与电网系统的输送电关系的沟通协调，解决国家电网与新能源自用和区域直供之间的矛盾。

### （六）做好产业规划，招商引资与多元投资同步进行

一是把新能源产业与新能源项目、风光煤多能互补、煤炭和新能源优化组合、煤电与新能源企业联营、工业绿色微电网、源网荷储一体化和能源化工结合起来，形成"多能多业联合"招商引资，"肥瘦搭配"共同促进新能源多能多业共进、能源化工共进、减碳与碳捕捉共进、新能源与生态修复共进、产业发展与扶贫工作共进的多效模式。二是统筹整合各类产业发展专项资金，发挥财政资金杠杆作用，逐步构建以政府投资为引导、企业投资为主体，金融机构积极支持、民间资本广泛参与的投融资机制。三是做好产学研结合，为多能产业基地提供技术支撑。政府牵头组织并邀请国内相关专业的知名大专院校科研院所联合建立研发平台、研发中心，政府提高专项研究经费，提供优惠条件吸引学校和科研单位的科研人员参与本地新能源和能源化工产业的技术难题攻关和新技术产业化研发。

| 专栏9-1　新能源产业发展面临的问题及建议 |
|---|

随着双碳战略推进，我国新能源产业得到跨越式发展。调研发现，现阶段新能源产业发展存在国际竞争环境恶化、国内项目建设环境有待优化、资本化水平有待提升等问题，对此提出政策建议如下：

一、国际竞争环境恶化，建议进一步助力光伏产业争取更加有利的全球合作与发展局面

我国光伏产业是具有全球竞争力的优势产业，为全球市场供应超过70%的组件。但欧美恶意打压，对我国光伏企业的全球化合作和发展形成严重干扰，超出了企业层面可以应对的范围。建议外交、商务等相关主管部门加强对上述领域的经贸磋商，保护企业合法权益，同时从应对气候变化，深化与欧美等国家合作，减少地缘政治影响；对企业给予国际维权、出口标准规范等切实可行的政策指引，提升其应对能力；同时加大对新能源产业出口及国际合作的相关支持。

二、行业发展存在卡点和壁垒，建议进一步优化新能源项目审批及源网协同机制

一方面，特高压等新能源建设、光伏上网等审批环节多，流程复杂，有的地方甚至出现专门办理审批的中介服务，并攫取了新能源项目的利润大头，偏离了政策预期。另一方面，由于源网归属主体不同，协同运行机制不统一，部门间协调难度大，以及缺少促进清洁能源跨省跨区消纳的强有力政策、合理电价和辅助服务等必要补偿机制，省间壁垒突出，导致电力上网、送出与消纳问题。建议进一步优化新能源项目审批，推动源网协同机制建设，促进部门与部门、部门与地方政府之间实现更好的数据共享及规划协同、审批协同、运营协同。

三、资本支撑水平不足，建议进一步提升资本服务新能源产业发展水平

新能源产业多数具有资金、技术密集特点，社会融资需求旺盛，但企业发展前期往往利润水平不高，创业板等资本市场准入门槛较高，难以满足上市融资要求；我国现阶段绿色金融产品结构和种类都还比较单一，最为常见的是商业银行能效融资，而其他绿色金融产品屈指可数，企业发展也面临融资难问题。建议梳理、借鉴发达经济体绿色金融产品的创新经验，形成更加多元化、多层次的绿色金融产品体系；通过国家绿色母基金等方式，撬动市场化股权基金投资等社会资本，加大对绿色创业创新研发支持和挖掘；推进资本市场改革，提升资本市场服务绿色低碳发展水平。

（周青燕，民盟玉泉智库专家，民盟中央经济委员会秘书长、委员，中国人寿股份公司投资管理中心高级主管）

## 专栏9-2　加快推进制造业领域绿色低碳发展

工业制造业是能源资源消耗和碳排放的重点领域，对全社会实现碳达峰碳中和具有重要影响。我国是制造业大国，亟待推动传统制造业融入"双碳"发展战略，实现绿色低碳发展。这其中，推行绿色制造是重要举措之一。我国高度重视绿色制造，自2006年起，通过多部规划政策加以推动，绿色制造实践已逐渐在制造业各行业、各领域开展实践，加速了行业绿色化转型步伐。各地方积极落实中央部署，或在"十四五"规划中加入绿色制造相关内容，或通过出台专门规划政策、实施专项行动等方式加以推进。

但从各地"十四五"规划中相关内容表述看，仍存在不足。一是对绿色制造体系重视程度不够。地方政府对构建绿色制造体系的重视程度仍需进一步加强。有12个省市在规划中直接提及绿色制造或相关内容，仅占全国的1/3左右。仅个别地方在规划中提及构建绿色制造体系，大部分地方在建立常态化、长效化管理机制方面谋划不足，难以充分发挥绿色制造体系在制造业绿色发展中的作用。二是节能与绿色能源作用发挥不充分。大多数地方对节能技术、节能模式创新的关注不够，对数字技术与节能、绿色能源的结合重视不够，在提高终端用能设备以及生产过程中能源效率，提升风能、光伏等绿色能源接入比等方面，还缺少系统、可行设计。三是绿色制造措施和协同保障机制尚不完善。部分地方政府提出的绿色制造措施多元但不全面，在节能、节水等方面尤其存在缺失。提出的方案措施未能考虑到各地产业优势、绿色发展水平的差别，特色不足、重点问题针对性不足；技术创新、法律保障、绿色金融等措施尚不细化，需进一步完善。

为强化绿色制造规划政策引导，加快推进制造业领域绿色低碳发展，提出三点建议：

一是构建"部—省—市"多级绿色制造体系，激发地方主观能动性。加强不同层级联动，把处于不同绿色制造水平的企业、园区等主体纳入绿色制造体系，扩大绿色制造覆盖面。在体系构建过程中，持续深化各级地方政府和市场主体的绿色制造意识，形成积极主动、自觉自愿开展绿色制造的氛围。

二是推动数字化和绿色化融合发展，加大能源清洁高效利用力度。推动制造业深化数字化改造和绿色化改造，以数字化赋能绿色化，优化设备和生产过程效率，提高能源利用效率。以数字化管理手段开展需求侧能源管理，提高工业消纳绿色能源的能力，实现提高绿色能源使用比例的目的。

三是完善绿色制造协同保障机制。构建节能减污降碳协同治理体系，考虑不同实体的能源和环境表现差异，充分挖掘协同减排潜力。做好产业、能源、交通运输等领域发展规划的衔接配合，形成绿色制造合力。扩大绿色低碳产品消费，形成绿色低碳的生活方式和消费模式，倒逼绿色生产。

（安晖，玉泉智库专家，民盟中央科技委副主任）

专栏9-3　世界主要经济体低碳政策对中国碳中和目标的经济政策
及未来行动的启示与借鉴

一、积极构建应对气候变化的统一理念

应对气候变化正在从一个科学议题向一种价值观演变。在这一进程中，国际机构、非政府组织、学术团体以及商业咨询公司借助话语权优势，成为低碳发展水平的"裁判员"，并开始对国家、跨国企业以及重要行业的投资融资、生产经营形成实质影响。欧洲政府及企业事实上主导了全球低碳发展方向的议题设置，其他国家和地区及企业总体处于跟随状态。中国应在国际低碳发展趋势深入分析的基础上，形成关于应对气候变化认识的统一理念，打造中国特色的气候智慧型应对框架，同时建立易于大众接受的传播和表述方式，讲好应对气候变化的"中国故事"，宣传中国低碳经济发展的优良实践，为发展中国家提供转型借鉴，为解决人类应对气候变化问题贡献中国的独特智慧和方案。

二、加大绿色低碳产业链条科技创新

依托国家工程技术研究中心、重点实验室及各级科技创新平台，支持和鼓励企业、科研院所、高校等产学研有机融合，大力研发先进技术以适应碳中和目标的需要。在煤炭资源绿色开发、油气与非常规油气资源开发、金属资源清洁开发、风电太阳能大规模技术应用等方面，突破一批核心关键技术。建立先进实用技术推广平台，畅通社会各界获取先进技术信息渠道，引导研发单位指导企业应用先进适用技术，实施技术工艺和设备升级改造，提高机械化、信息化、智能化水平。研究打破省间壁垒，循序渐进形成统一市场规则，积极稳妥推进现货交易试点，努力构建清洁低碳、安全高效的能源体系。实现以新技术、新业态、新模式为支撑，通过"造链、补链、延链、强链"，构筑生命周期的全链条，科学合理地进行全产业链的空间布局和发展体系。

（金锋，广东带路城市发展规划研究院）

| 专栏9-4　基于碳中和的内蒙古绿色低碳发展路径与策略 |
| --- |

摘要：碳中和目标对"降碳、减污、扩绿、增长"具有系统牵引作用。本文着眼全国现实分析，探讨了内蒙古实现"双碳"目标所面临的挑战和机遇、问题和误区，从能源、生态和自然禀赋视角探讨了碳中和关键路径，涉及清洁能源供给、大型风电光伏基地、自然碳汇能力、发展生态产业等；针对性提出清洁能源与生态产业融合发展、提升生态与农业系统固碳能力、建立生态产品价值实现机制、优化黄河流域"水—能源—粮食"协同配置等政策建议。

实现碳达峰碳中和目标应加强顶层设计和绿色战略规划，国家长远目标与区域自然禀赋条件有机结合，探索出中长期的绿色低碳发展关键路径与应对策略。实现碳中和目标对"降碳、减污、扩绿、增长"有系统牵引作用，对于内蒙古坚定不移走以生态优先、绿色发展为导向的高质量发展新路子，切实履行维护国家生态安全、能源安全、粮食安全、产业安全的重大政治责任，加快推进国家重要能源和战略资源基地绿色低碳转型，提供了总体行动遵循。内蒙古自治区有着独特的自然资源禀赋和能源产业基础优势，担负落实这一国家战略的重大责任，必将能够为实现碳中和做出不可替代的特殊贡献。

一、实现"双碳"目标的挑战和机遇分析

（一）我国碳达峰碳中和的现实需求

目前，全球二氧化碳排放量为401亿吨，其中86%源自化石燃料，14%由土地利用变化产生，这些排放量被陆地和海洋分别吸收31%和23%，剩余在大气中的46%最终要由碳中和吸收和固定。据IPCC评估报告显示，全球农业和畜牧业碳排放约占碳排放总量的1/3和1/6。"十三五"时期，我国的碳排放量迈入"平台期"，能源多元结构进入过渡期，但资源禀赋决定了煤炭在较长时期内仍将是主力能源。2020年我国二氧化碳排放总量约104亿吨，预计5—10年碳达峰，峰值约110亿吨，其中煤炭占一次能源消费的一半以上和二氧化碳排放总量的70%以上，实现"双碳"目标任重道远。

（二）内蒙古碳达峰碳中和需关注的问题

内蒙古作为一个产业结构偏重、能源消费偏煤、能源效率偏低、可再生能源设备制造能力较强的发展中大区，年产煤量超过10亿吨，超过全国总量的四分之一，火电发电装机容量接近9000万千瓦，不论是人均装机容量还是人均发电量均为我国第一。"十三五"以来，内蒙古碳排放强度不降反升，碳锁定效应较难破除，通过要素投入降碳的边际效应越来越小。2020年，内蒙古碳排放约为6.3亿吨，居全国第四，仅次于山东、河北、江苏；单位GDP碳排放和人均碳排放是全国平均水平近4倍。"双碳"目标压力将会倒逼内蒙古产业变革和能源结构调整，甚至构成前所未有的颠覆性冲击。

实现双碳目标要避免落入各种认识"误区"，首先不能是"短期视角"，也不能"就碳论碳"，双碳目标是中国全面由工业文明走向生态文明的标志性转折点，"双碳"变革是一场深刻的社会性变革，未来40年的经济社会和各领域都会生翻天覆地的变化。在这过程中，要避免"一刀切"和"运动式"减碳；要先立后破，又不要"高碳"达峰；统筹做好"能耗双控"向碳排放总量和强度的"碳双控"转变。

（三）内蒙古实现碳中和的禀赋条件和产业优势

1.清洁能源产业发展迅猛，为碳中和打造能源基础

能源产业是内蒙古当家的支柱产业，能源经济在全国实现"六个第一"。内蒙古风能技术可开发量占全国可开发量的一半以上，太阳能年总辐射量居全国第2位，新能源并网规模稳居全国第一。2021年新能源装机超过5000万千瓦，已占全区电源总装机的34.6%，占总发电量的18.8%，有超1/3的电力装机和超1/5的全社会用电量来自新能源，为能源变革打下坚实基础。新能源发展释放超大规模市场需求，为内蒙古产业升级和经济转型提供了前所未有的重大机遇。

2.重大生态工程成效明显，为碳中和筑牢生态基础

我区1978年开始实施"三北"防护林体系建设，现已完成五期并覆盖全区。天然林资源保护工程、京津风沙源治理工程、退耕还林还草和退牧还草工程等生态保护及部分生态工程措施的实施取得了显著成效，发挥了巨大的生态系统服务功能。2021年我国完成造林种草666.67万公顷，其中，完成造林360万公顷、种草改良草原306.67万公顷；治理沙化、石漠化土地144万公顷。2015—2019年，全区生态产品总值（GEP）由3.94万亿元增长到4.48万亿元，增长了13.75%，达到GDP的2.6倍。内蒙古巨大的生态系统服务功能对"扩绿"和"增汇"作用必将凸显。

3.光热和空间资源得天独厚，为碳中和扩展自然基础

大力发展可再生能源，空间资源和光热资源缺一不可。内蒙古从西向东分布有毛乌素、浑善达克、科尔沁、呼伦贝尔等沙地，西部有巴丹吉林、腾格里、乌兰布和、库布齐等沙漠，合计面积超过2000万公顷。科学认识广袤区域沙漠、沙地、戈壁的生态价值与功能，发挥气候资源优势，因地制宜发展能源经济和生态产业，将空间资源优势转变为经济发展动力，将生态优势转化为特色产业优势，协同推进生态与能源的绿色低碳发展。"化石能源资源化，自然资源能源化"是未来的发展方向，协同构建可再生能源经济和沙区生态产业有着巨大潜力。

二、实现"双碳"目标的关键路径分析

（一）绿色低碳发展路径概述

"双碳"目标下，绿色发展路径的分析视角主要涵盖三大方面：一是结构调整视角，包括能源结构优化、新能源开发、技术创新助力产业转型升级，以及创造新产业新业态新模式；二是功能提升视角，如灵活的智能电网、能源消费观念的转变及增加生物固碳、增强生态系统碳汇能力；三是空间布局视角，统筹规划国土空间，优化清洁能源、自然资源、生态环境的要素配置；同时，各地区要因地制宜分产业推进和分阶段实施，对"降碳、减污、扩绿、增长"有着重要的牵引作用。

（二）内蒙古碳中和关键路径分析

1.基于能源视角

实现"双碳"目标，需大幅增加零碳能源和可再生能源供给水平。围绕碳中和

目标着力构建"双端发力"体系：一是能源供应端，尽可能用非碳能源替代化石能源发电、制氢，构建"新型绿电供应系统"；二是能源消费端，实现电力、氢能、地热、太阳能等非碳能源对化石能源消费的替代。

2.基于生态视角

农业碳中和、林业碳汇、草地碳汇等增汇资源通过光合作用吸收和储存大气中的二氧化碳，这类自然碳汇能力和潜力巨大，进一步实现市场化交易，对实现碳中和具有重要作用。首先摸清我区草原和森林生态系统碳储量和增汇潜力，探索发展碳汇经济的路径、模式和机制。再者，"水—能源—粮食"作为维持社会稳定发展的生存资源，存在着相互关联的纽带关系，内蒙古黄河流域面临着资源要素空间分布不匹配、水资源短缺等困境，着力协调好资源供给与需求的矛盾，将有力促进经济社会的高质量发展。

3.基于自然视角

未来风电光电等新能源都要依托广阔的空间资源支撑，我国西北地区风光热资源丰富，自然资源禀赋和空间资源优势明显，构建风力发电和光伏发电优势产业，将空间资源优势转变为经济发展动力，将生态优势转化为特色产业优势，发展沙区能源经济，优化区域能源布局，进而实现生态与能源协同推进绿色发展的目标。

三、实现碳中和的应对策略与政策建议

（一）推进清洁能源与生态产业融合发展

结合内蒙古生态屏障和能源基地的功能定位，在戈壁沙漠建设大型风电光伏基地，推进清洁能源与生态产业融合发展，将我区自然资源优势转变为特色产业优势，让"沙漠变绿洲，绿洲产绿电，黄沙变黄金"。一是设立沙区清洁能源与生态产业高新技术园区，大力发展风能、光伏产业，配套建设智能特高压外送电网，将"风光无限"转化为经济动能，推动内蒙古由化石能源大区向清洁能源大区转变，建成国家可再生能源大基地和现代能源经济示范区。二是推广和创新光伏治沙产业模式，支持发展"光伏产业+生态农业"，在园区种植乔、灌和草本植物防风固沙，高架光伏板下种植优质牧草，板间可养殖家禽家畜，打造以"光伏+生态+农业"一体化的沙区生态能源产业链，建设特色产业样板间，推进沙区固碳增汇和零碳能源的双向碳中和，实现生态、生产、生活"三生共赢"。

（二）提升生态系统与农业系统固碳能力

首先是实施生态筑基工程，持续强化森林、草原、湿地、沙地等自然生态系统修复行动，增加生态碳汇，控制温室气体排放，提高适应气候变化的能力。建议国家新增实施绿色"一带一路"生态工程、黄河流域保护生态廊道、北方风沙源生态防治等重大生态工程。在农业领域，创新推进发展方式变革，支持发展富碳农业，利用工业二氧化碳废气纯化技术，推广施用二氧化碳气肥，增加光合生物固碳和促进增产增收。实施生物质资源化利用行动，采用畜禽废物、生物质碳化、秸秆资源转化等碳基有机肥利用措施，改善农牧区人居环境，统筹好生态振兴和乡村振兴。

（三）建立不同生态系统的生态产品价值实现机制

建立生态产品价值实现机制可贯通"绿水青山"转化为"金山银山"的通道，自然生态系统的主体功能是提供生态产品。生态产品价值市场化实现方面要先行先试，探索草原（森林、荒漠、湿地、沙区）生态产品的实现路径，创新建立碳汇生态补偿机制，实现生态价值向经济效益的转变，促进区域可持续发展。其次是进一步完善草原生态保护补助奖励的长效机制，逐步建立和完善荒漠生态保护补偿机制，提出沙区发展光伏风电等相关政策。另外，尽快建立碳汇资源价值核算标准，完善碳交易市场自愿交易机制，建设规范的碳汇交易市场，推动森林和草地碳汇项目实现区域自愿减排交易。

（四）优化黄河流域"水—能源—粮食"协同配置

统筹黄河上游水资源和沙漠沙地空间资源互补优势，提出南水北调"西线工程"分段实施路线图，推进"山水林田湖草沙"系统治理，构建沿黄流域城市集群经济带。一是重点把握"水—能源—粮食"之间的协同机制，突出系统思维和全域统筹，实现全流域粮食生产、能源开发与水资源调配的协同优化共赢。二是改善供水体系，合理实施黄河凌汛溢水截流工程，实现防凌防汛和引水治沙双赢；在有效保障生态安全前提下，因地制宜实施沿黄区域沙漠沙地变良田工程。三是推进水能转换工程，形成水资源牵引的"绿氢产业+生态产业"新模式，建设北疆绿氢产业主力基地，打造国家现代能源经济示范区。

（五）持续完善绿色低碳创新技术体系

科技创新对实现"双碳"目标具有不可替代的支撑和引领作用，可贡献出内蒙古解决方案。一是立足我区以煤为主的基本区情，研发煤炭清洁高效利用关键创新技术，推动煤基产业智能化、绿色化转型升级。二是打造零碳科技产业园，力争在太阳能、风能装备制造，生物质能、氢能及储能、环保绿色技术的科技创新实现突破，支持研发智能电网、绿氢制备、电动和氢燃料汽车、碳捕集利用和封存等具有推广前景的低碳零碳负碳技术。

（赵吉，内蒙古自治区科学技术协会主席，中国民主同盟内蒙古自治区第九届委员会主任委员）

# 第十章 黄河流域泛源低碳绿色智能电网建设

民盟山东省委会

实现碳达峰碳中和目标是我国向国际社会做出的庄严承诺，黄河流域生态保护和高质量发展是我国的重大战略部署。我国能源需求量大，电力供应以煤电为主，减碳降碳任务重。黄河流域能源富集，风、光、水等低碳绿色能源较为丰富，低碳绿色能源的利用对构建清洁低碳、安全高效的能源体系，实现碳达峰碳中和具有重要意义。推进黄河流域泛源低碳绿色智配电网建设，是实现"碳达峰、碳中和"目标的有效途径。

## 一、黄河流域各类型能源电力现状

2021年全国发电量81112.8亿千瓦时，主要发电量有5种类型：火力发电，水力发电，风力发电，太阳能发电和核能发电。2021年，沿黄九省（自治区）全年总发电量为29872.5亿千瓦时，占当年全国总发电量的36.8%。黄河上流的青海与四川以水力发电为主，其中四川主要利用的是长江中上游的水资源发电；中下游的甘肃、宁夏、内蒙古、山西、陕西以及河南和山东都是以火力发电为主，除甘肃火力发电占比为58.2%之外，其他六省（自治区）的火力发电占比都接近或者超过80%以上，其中山东省2021年火力发电占比达89.8%。

2021年我国光伏发电新增装机5488万千瓦，累计装机容量3.06亿千瓦，增长率20.9%；风电新增装机4757万千瓦，累计装机容量3.28亿千瓦，增长率为16.6%。2021年沿黄九省（自治区）光伏新增装机容量为2418.7万千瓦，占全年全国新增总装机容量的44.1%；风电新增装机容量为2153.9万千瓦，占全年全国新增总装机容量的45.3%。黄河流域各省

（自治区）都在充分利用本地的风光条件，加快新能源转型的步伐，其中四川、甘肃、陕西、河南、山东更是在光伏或风电装机容量新增比例上大幅超过全国增长率。

表1　2021年风光装机容量　　　　　　　单位：万千瓦

| 省份 | 光伏装机容量 | | | | 风电装机容量 | | | |
|---|---|---|---|---|---|---|---|---|
| | 新增 | 累计 | 新增比例/% | 累计占比/% | 新增 | 累计 | 新增比例/% | 累计占比/% |
| 青海 | 63 | 1610.8 | 3.9 | 39.7 | 113 | 896 | 12.6 | 21.8 |
| 四川 | 4.8 | 195.9 | 2.5 | 1.7 | 124.4 | 527 | 23.6 | 4.6 |
| 甘肃 | 159.5 | 1124.8 | 14.2 | 18.6 | 379.4 | 1725 | 22.0 | 28.0 |
| 宁夏 | 186.8 | 1384 | 13.5 | 22.3 | 103.1 | 1455 | 7.1 | 23.4 |
| 内蒙古 | 173.9 | 1402 | 12.4 | 9.1 | 433.1 | 3996 | 10.8 | 25.8 |
| 山西 | 149.2 | 1457.7 | 10.2 | 12.9 | 201 | 2 123 | 9.5 | 18.7 |
| 陕西 | 229.6 | 1313.7 | 17.5 | 17.2 | 214.2 | 1021 | 21.0 | 13.4 |
| 河南 | 381 | 1555.6 | 24.5 | 14.0 | 424 | 1850 | 22.9 | 16.6 |
| 山东 | 1070.9 | 3343.4 | 32.0 | 19.3 | 161.7 | 1942 | 8.3 | 11.2 |
| 沿黄九省 | 2418.7 | 13388 | 新增比例为 | | 2153.9 | 15535 | | |

数据来源：全国新能源消纳监测预警中心、风能专委会

在"双碳"政策的背景下，新能源的发展速度持续加速，2021年，全国风电、太阳能新增装机容量（74803MW）已超过火电（57023MW）。但是从发电量占比来看，传统发电还是占据优势地位，推动电网的低碳绿色转型任重道远。

## 二、存在的问题

黄河流域风光发电等新能源装机在逐年增加，大部分省（自治区）仍以火力发电为主，在双碳背景下，新能源发电大比例提升有强烈的政策和长远发展的需求。总体上看，黄河流域的能源电力转型仍存在以下问题：

## （一）流域内化石能源发电占比高，水资源利用过度，生态系统脆弱

总体上，黄河流域能源结构偏重，我国超过70%煤炭产量集中于晋陕蒙3省区，全国重点建设的9个千瓦级大型煤电基地中，有6个位于黄河流域。黄河流域以我国河川径流量的2%，匹配全国13%的耕地面积和超过50%的化石能源储备，成为我国粮食矛盾和工业用水矛盾的聚焦地。黄河流域当前水资源开发利用率高达80%，远超40%的生态警戒线。黄河流域当前以火电为主的能源结构，耗水较大；煤炭产业的全生命周期，都在加剧了黄河流域的水危机。煤电资源的开发和输出进一步加重了黄河流域水资源稀缺和地下水超采等问题。

## （二）风光新能源发电装机容量快速提升所带来的并网消纳、储能以及调控挑战

新能源的随机性、波动性特性与经济社会对能源的刚性需求和时段需量不匹配，能源紧缺和弃风弃光在不同时段交替出现。风光等新能源大规模高比例的接入，电网侧波动性加大，对电力系统的安全性和经济性带来了很大的挑战，也对火电调节能力带来了很大的冲击。电网线路建设周期长，风电场、光伏电站建设只需要两三个月，而目前储能建设成本仍然较高，相关设施在能源系统中配建不足。随着大规模新能源接入电网，随机波动的负荷需求与随机波动的电源之间的供需平衡，也对目前电力系统的结构形态、运行控制方式和规范建设带来了根本性的变革挑战。

## （三）新能源发电消纳和储能面临长期不足

风电、光伏年度新增装机总体呈现先慢后快、逐步增长的发展态势，新能源装机容量占比也逐年增加。新能源风电场和光伏电站建设周期较输电线路建设周期明显短，消纳和储能需求逐年累积性增加，电力系统调节能力长期面临严重不足，负荷尖峰化加剧，消纳能力将成为制约新

能源快速发展的桎梏。

# 三、关于推动黄河流域泛源低碳智能电网的建设

黄河流域生态保护和高质量发展是我国的重大战略部署。能源发展一头连着物质文明建设、一头连着生态文明建设，实现经济社会发展全面绿色转型，必须跨越能源转型变革这个关口。黄河流域能源富集，风、光、水等低碳绿色能源较为丰富，低碳绿色能源的利用对构建清洁低碳、安全高效的能源体系，实现碳达峰碳中和具有重要意义。为此，建议推动黄河流域泛源低碳智能电网的建设，具体建议如下：

## （一）推动新能源发电占比大幅提升，水电转型为主力调节性发电资源，改造火电调节能力

黄河流域不仅是我国重要的能源和煤化工基地，更是重要的生态区域。推动黄河流域各类型发电资源的利用方式转变，实现以电量新能源发电为主，以水电为主要发电调节手段，以火电等其他形式发电为辅助调节手段。推动将水力发电转型为主力风光调节资源，积极推进现有水电基地扩机电站机组增容改造，进一步提升梯级水电灵活调节能力，支撑新能源大规模发展。推动火电灵活性改造，促进火电从电量供应主体向辅助电力调节转型升级。

在上游的青海与四川省份，在空间上将流域丰富的水电资源与周边富集的风光资源整合开发，通过一体化、规模化实现优势互补，实现既有水电站与新建的大型风光基地的联合运营，降低新能源发电的波动性和间歇性，并逐步将水电由电量为主转变为电量和容量支撑并重，长期助力高确定性的新能源发电大规模外送。

在中下游的甘肃、宁夏、内蒙古以及山西和陕西、河南、山东等省份（自治区），除甘肃水力发电占比为19%，其他省份（自治区）的水力发电占比都在5%以下，火力发电占比在80%以上。在对新能源发电占

比大比例提升中，将有限的存量水力发电站作为能源转型中的灵活性调节资源，积极参与风光发电的平抑调节，能够有效地发挥更大作用。

## （二）鼓励根据风光发电特性安排工业生产活动，引导居民生活的"削峰填谷"

2021年全国工业用电量55090亿千瓦时，占全社会用电量的比重为66.3%。全国制造业用电量41778亿千瓦时，其中四大高载能行业全年合计用电量22671千瓦时，占制造业用电量的54.3%。

鼓励根据风光发电特性安排钢铁、化工、建材、有色等高载能行业的工业生产活动，挖掘生产活动错峰实现电网调峰作用的潜力。建议在现有电网体制下，根据电网负荷历史曲线，针对高载能企业制定电价差异政策，以制度化、市场化鼓励企业的错峰生产活动。推进工业生产方式绿色转型，转变发展思路，以管理和技术为手段，推动构建绿色低碳循环发展的产业体系。

鼓励政府制定风光绿电消费的价格差异政策，以市场化的手段推动日常电力消费场景的削峰填谷。通过在居民日常生活领域鼓励建设绿色低碳试点，推动绿色低碳生活方式的倡导，比如绿色低碳社区、绿色低碳学校、绿色低碳机关、绿色低碳医院等，来引导公众积极参与其中，形成良好风尚。

## （三）推动黄河流域输配电网转型升级

在构建新型电力系统的新形势下，大规模、高比例、市场化、高质量成为可再生能源发展的新特征新要求。积极推动低压配用电网的自动化，开展分布式智能电网建设，降低分布式光伏接入电网的难度，促进分布式光伏推广应用。开展多能互补的绿色低碳的智慧能源微网建设，并通过虚拟电厂等技术手段实现微网集群化调度管理，鼓励各地在智慧能源微网的基础上开展低碳零碳园区的试点建设。增强电网设备一、二次融合研发，利用物联网技术推动用电设备的信息化，并在此基础上根据不同用电设备的性质，提高其负荷响应能力，在电能供应不足时能快速切除可中断负荷，支持电网安全运行。

通过人工智能等信息技术手段提高大电网与其他分布式智能电网、智能微网等的互动协调运行能力；提高电网侧与用户侧的互动能力，制定和实施电网与用电设备互动接口规范。提高大电网调度运行管理水平，强化仿真分析与优化控制，利用电磁暂态仿真、数字孪生电网等高科技手段来保障泛源低碳智能电网的安全稳定运行。根据黄河流域能源资源与负荷呈逆向分布的特点，开展信息流动替代能量流动的置换，减轻能源输送通道建设的压力。将中下游地区的计算机算力需求向中上游地区转移，在中上游能源富集地区建设计算中心和数据中心，将部分能源就近转化为算力，并以信息方式输送到东部中下游地区，实现部分西电东送向西"信"东送的转变。

政府层面，在现有沿黄九省常态化合作交流机制的基础上，开展能源电力规划专项交流合作，协调统一黄河流域能源电力规划，促进泛源低碳智能电网建设。电网层面，鼓励和引导沿黄九省电网公司开展黄河流域泛源低碳智能电网规划与建设的协调与合作，选择合适的区域开展新型电力系统示范试点建设。

### （四）创新海上风力发电输送调配和消纳方式

我国海上风电潜力巨大，拥有超过1.8万公里的海岸线，海上风能资源丰富，可开发容量达到30亿千瓦。从世界海上风电建设和规划来看，离岸距离大于100km、水深超过50m的深海区风能资源更加丰富，海上风电未来将呈现规模化、集群化、深远海化的特点。

相对于目前海上风场常用的交流输送方案和柔性直流方案，探索深远海风力发电场就地制氢储运到岸的能源输送方式，到岸后主要用于氢燃料电池汽车为主的交通领域以及钢铁、化工等工业需求。推动氢能开发利用和新能源风光产业融合共生，加快推进风光气氢微电网集群建设，加快推动海上风电集群化开发、集约化利用。

### 专栏10-1　加快数字赋能低碳发展创新

数字经济正推动着智能制造引领全球制造业的变革。数字赋能资源性产业的创新将助力"低碳"走向高质量发展，一批智能制造、智慧矿业、智慧能源的品牌企业，正在形成数字经济新动能的支柱板块，使"资源双碳""产业双碳"向"数字双碳""智能双碳"跃升。

"大智移云块+5G"的新技术革命使新业态"无中生有、层出不穷"和传统产业"有中出新、日新月异"交织演进，与经济高质量发展合力推动双碳目标与低碳发展过程中人力资源开发出现三个趋势性变化：一是需求上正由数量型走向数字化的质量型，中国是个技工大国，技能劳动者超2亿人，高技能人才近6000万人，约占技工的30%，与世界智能制造强国占比50%尚有较大差距，数字化差距就是潜力、缩差就是动力；二是供给上正由无限供给走向有限供给，数字化使网约劳动者成为宝贵的人力资源；三是一大批新生代投身到数据驱动、网络支撑、平台协同的现代服务新业态。

数字化的浪潮呼唤着我们加快"低碳"发展中的创新：一是要加快激发数字经济活力的机制创新，最大限度释放劳动技术管理资本数据等要素的能量，让数字经济创造财富的源泉在充满活力的体制机制中迸发；二是加快数字赋能的技术创新，工业时代消耗多的是电和材料，而智能制造时代数据和算法成为越用越有价值的新型生产要素；三是加快产业融通和场景应用的模式创新，推进工业互联网的产智融合、智慧城市建设的城智融合，和人力资源服务线上线下人智融合，新制造正与新营销形成新产业链条；四是加快数字经济的人才创新，着力提升人力资本，才能提高全要素生产率；五是加快数据要素聚集的环境创新，让人才流、物流、资金流、技术流、数据流源源不断地流入低碳发展的经济"洼地"。

（杨志明，国务院参事室特约研究员，中国劳动学会会长，国家人力资源和社会保障部原副部长、副书记）

**专栏10-2　关于"构建'双碳'政策人工智能社会实验平台"的建议**

随着我国"碳达峰、碳中和"（简称"双碳"）的各项政策推进，国民经济各领域的绿色低碳转型取得长足进展。但实现"双碳"目标是一项极为复杂的系统工程。当前，一些地方政府出现的"一刀切""层层加码"等简单粗暴式的执行政策现象层出不穷。地方政府制定和执行政策的过程中，没有兼顾考虑政策制定和实施成效的合理性和可行性，极有可能引发次生风险。其内在原因主要体现在两个方面：一方面，在真实"双碳"政策决策场景下，反馈链条相对较长，政策决策者和参与公众的行为具有复杂性，政策制定和实施效果及其影响因素的过程信息没有得到全方位监测与分析；另一方面，"双碳"政策相关不同个体、群体间交互关系的复杂性、政策环境的不确定性、政策影响要素的隐蔽性等，极大地影响了"双碳"政策从制定到执行全过程的客观性和合理性。

近年来，先进的大数据和人工智能技术将能有效弥补当前"双碳"政策制定与实施过程中存在的难题。一方面，大数据主动感知与监测技术将能够监测"双碳"政策从制定到实施过程的全维度变量信息，较传统经验驱动的政策制定和实施模式更为客观，并能够及时感知并纠正政策偏差，避免发生"刻舟求剑"的困境。另一方面，深度学习、因果推理和多智能体建模等人工智能技术能够帮助智能化挖掘和推理"双碳"政策实施过程中的潜在风险要素，切实打破"双碳"政策制定与实施"中间层"的藩篱。

因此，建议需要充分运用大数据、人工智能等新一代信息技术，构建大数据驱动的"双碳"政策要素信息主动感知功能模块与动态评估系统，实现基于人机混合智能的"双碳"政策社会实验平台，将大数据和人工智能技术作为关键要素广泛地渗透到"双碳"决策制定和评估的全过程，为科学化的"双碳"政策制定和实施提供科学的决策依据。

（郑晓龙，玉泉智库专家，中国科学院自动化研究所复杂系统管理与控制国家重点实验室，中国科学院大学人工智能学院）

---

**专栏10-3 建设区域统一新能源电力市场助力东北振兴取得新突破**

为忠实践行习近平总书记生态文明思想,全面贯彻落实习近平总书记视察东北重要讲话重要指示批示精神,抢抓世界能源转型持续深入和新能源快速发展机遇,勇担保障国家能源安全和实现"碳达峰、碳中和"战略目标重任,东北地区依托风光资源丰富、未利用土地多、产业体系健全等优势,围绕东北中部"'风光储一体化'松辽清洁能源基地"规划,加快推进一系列"风光储"等新能源及配套项目建设。

风光等新能源及配套设施项目建设,从全国大局看,有助于优化我国能源消费结构、助力产业绿色转型升级、更积极主动应对日益复杂多变的国际能源市场局势;对东北地区而言,可以加快培育壮大新的发展动能,带动形成新的产业集群,扩大有效投资拉动质效,在东北振兴取得新突破进程中具有重要作用。然而,由于风光等新能源具有"不稳定"的特点,东北地区新能源产业健康可持续发展中面临以下主要困难:电力自我消纳能力不足,电网结构较弱,电力外送能力受限,国家产业政策依存度高等。

为此,我们认为,东北地区应加快落实《中共中央国务院关于加快建设全国统一大市场的意见》,率先建成区域性统一新能源电力市场,提高新能源电力消纳区内区外"双循环"能力,为国家能源安全及东北地区绿色转型实现高质量发展提供强有力清洁可再生能源保障。

一、东北地区新能源产业发展现状及未来规划

作为国家重要的能源基地,在实现保障国家能源安全和加快推进东北地区绿色低碳发展的同时,东北三省不断加快核能、风能、太阳能、储水蓄能以及氢能源等新能源产业发展步伐,且已经取得显著成效。

辽宁省深入推进"四个革命、一个合作"能源安全新战略,能源结构持续优化,电源结构明显改善。至2020年,全省非化石能源装机达2178万千瓦,占比从2015年的29.5%提高至36.9%。其中,风电装机规模981万千瓦,光伏装机规模400万千瓦,实现了跨越式增长。吉林省通过实施"西部国家级清洁能源基地发展规划",全力打造"陆上风光三峡"重大工程项目。截至2022年4月,已建成风电、太阳能发电装机1134.8万千瓦,其中风电装机772.27万千瓦,太阳能发电装机362.53万千瓦。在建新能源项目377.85万千瓦,其中风电353.35万千瓦,光伏24.5万千瓦。

面向新能源产业发展的未来,根据公开规划资料,辽宁省提出,计划到"十四五"末期,全省力争风电、光伏总装机容量超3700万千瓦。其中,风电:一期工程(续建)150万千瓦,二期工程330万千瓦,三期工程1360万千瓦左右;光伏:一期工程(续建)190万千瓦,二期工程150万千瓦,三期工程260万千瓦左右。吉林省的目标是,力争到2025年,新能源装机规模达到3000万千瓦以上(其中风电2200万千瓦,太阳能发电800万千瓦),超过长江三峡水电站装机规模;到2030年,

新能源装机达到6000万千瓦（其中风电装机4500万千瓦，太阳能发电装机1500万千瓦）。黑龙江省提出，以"哈大齐新能源产业高质量发展示范带"为重点，开发建设集中式风电光伏项目，打造哈大齐新型储能示范基地。到2025年，全省新能源装机规模力争达到3100万千瓦以上。

二、东北地区新能源产业发展面临的主要问题及措施

通过对前述东北三省风光等新能源产业发展规划目标的梳理，东北地区新能源产业规划目标实现后，对标著名长江三峡水电站总装机2250万千瓦的规模，等于在东北地区再造三至四个"陆上风光三峡"。然而，去年东北电网限电刷屏，使新能源发电间歇性、随机性等特点与现行电网安全运行标准要求之间的矛盾进一步凸显，成为制约东北地区乃至全国新能源产业健康可持续发展的最大问题。从发电端看，面临的问题主要表现在以下几个方面：

一是电力自我消纳能力不足。2021年，吉林省全社会用电量仅843.18亿千瓦时，且年增速一直在5%以下，属于用电小省。受限于省内消纳能力不足，吉林省的发电和电网企业成本高、收益少，边际成本无从发挥，制约了新能源产业发展。

二是电力外送能力受限。目前东北三省一区仅能通过鲁固直流特高压通道、高岭直流背靠背2个途径进行电力外送，送电能力非常有限。吉林省每年仅能跨区域送出新能源电量40亿千瓦时左右，导致大量新能源资源未被开发利用，在全国能源资源优化配置中无法充分发挥作用，影响新能源发展。

三是电网结构较弱。仅在中部地区形成500千伏单环网结构，辐射东西方向的电网结构较弱，省间电网断面输电能力不足，农网变电容量及线路长度偏低，导致电力平衡困难，对电网调峰和网架输送能力提出更高的要求。

四是新能源发电过度依赖国家优惠政策，尚未形成科学市场化运行盈利模式。在国家及地方支持政策激励下，近年来各类资本纷纷大举进入东北地区新能源发电端市场。然而，由于尚未形成完整的新能源发电及消纳的产业体系，大批上马的新能源项目虽然形成可观的产能，由于没有科学适用的"虚拟电厂"等独立储能主体参与电力交易，电网移峰填谷作用薄弱，难以从根本上解决电力能源供求矛盾。

为更好将风光资源优势转化为产业及经济优势，在大力推进新能源装机规模扩容的同时，部分地区开始采取多种措施化解新能源发电产能压力，切实提高有效投资占比。一是加大用能型项目引进力度。二是打通外送通道。三是制氢转化。四是建设抽蓄应急调峰保障基地。五是加强电网基础设施建设。

三、以区域统一新能源电力市场为目标，提高新能源电力消纳区内区外"双循环"能力

（一）赋予东北地区新能源产业项目立项绿色通道支持

一是建议国家改发委、能源局进一步加大对"北电南送"特高压输电通道项目支持力度，尽快将该项目从研究论证项目转为实施项目，力争项目早开工、早投产、早见效，为东北地区新能源电力融入国内大循环奠定坚实基础。二是进一步加大完善区域内电网架构的支持力度。将东北地区拟建重点变电站，纳入《国家"十四

五"电力发展规划》，电网建设规划与新能源项目布点密切结合，持续提升电网汇集能力和送出能力，协调保证电网送出工程与风光发电项目进度相匹配。

（二）赋予东北地区新能源绿电用能特殊优惠政策

一是高效运用税收杠杆，探索在东北地区给予优先选用可再生新能源电力的用能企业税收减免政策，鼓励支持企业将用能生产环节设立于国家级新能源生产基地区域内。二是新能源电量消纳不纳入能耗统计。由于新能源产生的电能可再生且发电过程没有排放，因此，建议终端使用的新能源电能不纳入能耗双控的统计，这有利于刺激终端用户使用新能源。

（三）加快完善东北地区新能源电力交易市场体系

一是尽快完善电力市场运行机制，出台"绿电交易"定价制度。支持东北地区率先试点绿色定价机制，加快新能源产业发展与碳排放权交易深度融合，采取"电能量价格+环境溢价"新型机制，以市场化手段增强清洁能源价格优势。二是加快推广区域统一"绿电交易"市场体系建设，建议在吉林省建立东北区域新能源电力统一交易市场，开展多品种、高频率的跨省区电力交易。尽快实现区域内中长期电力市场交易周期全覆盖，现货市场实现跨省区交易，进一步丰富辅助服务市场品种、健全相关补偿机制，最大限度考虑新能源发电特点，提高新能源资源市场化配置效率，加快推动电力资源生产与消费方式的绿色低碳变革。

（丁肇勇，吉林省政协委员，民盟中央经济委委员，民盟吉林省委常委，民盟吉林省委经济委主任，吉林大学经济学院副教授，吉林大学国有经济研究中心研究员）

**专栏10-4　建设韧性城市管理体系提高超特大城市抗风险能力**

城市的发展过程不可避免地受到各种突发性事件的袭扰。气候变化背景下，干旱、洪涝、冰雹、沙尘暴等极端天气和气候事件频发；全球经济危机背景下，能源短缺、失业、社会动乱事件接踵而至。2020年春节前夕武汉疫情爆发，全城静默；2021年郑州特大暴雨，受灾严重；2022年重庆多地突发山火，全城抢险救灾……与中小型城市相比，各种突发性事件发生在超大、特大城市的几率更大，造成的后果更加严重。我国目前有7个超大城市和14个特大城市，城区人口总和超过2.1亿人。超、特大城市规模大、人口多、更难做出调整和改变，在各类不确定因素和突发事件面前表现出极强的脆弱性。如何建设韧性城市管理体系、提高超特大城市抗风险能力，成为一道必须回答好的时代命题。

一、我国超、特大城市韧性建设中存在的问题

（一）自上而下的韧性城市建设缺乏战术指导

2012年5月联合国气候变化专门委员会（IPCC）发布《管理极端事件及灾害风险，推进适应气候变化》特别报告，提醒国际社会未来全球极端天气和气候事件及其影响将持续增多增强，纽约、伦敦、鹿特丹等城市开展城市适应规划，从灾害评估、组织建设、行动指南、资金支持都有详尽的规划。2013年，洛克菲勒基金会启动全球100韧性城市项目（100RC），在全球选择100个城市进行探索实践，我国浙江义乌、四川德阳、浙江海盐、湖北黄石四座城市成功入选。2015年，联合国大会第七十届大会通过《2030年可持续发展议程》，提出将建设"包容、安全、有韧性的可持续城市"作为人类共同的奋斗愿景，2016年10月联合国人居大会将"韧性城市"作为《新城市议程》的创新内容。对标国际，我国自上而下的韧性城市建设刚刚起步。2020年10月，党的十九届五中全会首次提出"建设韧性城市，加强特大城市治理中的风险防控"，2021年3月，建设"韧性城市"被正式写入"十四五"规划纲要。北京在城市总体规划（2016—2035）中提出强化城市韧性、减缓和适应气候变化的要求，上海城市总体规划"上海2035"提出建设可持续的韧性生态之城的目标。我国超、特大城市的政府部门已认识到应急管理和风险管理的重要性，提出建设韧性城市的目标和要求。但这种自上而下的韧性城市建设还停留在战略规划层面，缺乏战术层面的适应性规划，没有制订出切实可行的本土化行动指南。

（二）自下而上的韧性城市实践缺乏提炼

城市化进程不可逆转，城市建设过程中遇到压力与冲击难以避免，我国超、特大城市应对灾难、处理冲击时积累了丰富的实践经验。武汉疫情"封一座城、护一国人"、郑州特大暴雨"一方有难、八方支援"、重庆山火"众志成城、千里驰援"，我国超、特大城市在应对灾害的过程中表现出巨大的凝聚力、伟大的奉献精神，韧性之强令世界瞩目。

2002年，联合国可持续发展世界首脑会议首次将"韧性"概念引入城市防灾减灾领域，但在此之前、自此以后，我国城市韧性建设的实践脚步从来都没有停止。

在党的领导、基层干部的努力、老百姓的支持与参与下，我国超大、特大城市表现出强大的城市韧性。这种自下而上、公众参与的城市韧性建设无疑是丰富的宝藏，但从目前的研究成果来看，这些经验缺乏总结提高，没有提升到理论层面，未能探索出一条具有中国特色的韧性城市建设之路。

（三）韧性城市智慧管理水平有待提高

经过调查分析，我国超大、特大城市的韧性仍有较大的提升空间，特大城市的韧性低于超大城市，韧性的空间分布呈现"东部—西部—中部—东北"梯次下降的格局，21个城市韧性管理最大的问题是智慧管理水平没有跟上快速发展的网络信息时代。互联网时代，政务新媒体建设是政府治理能力的重要反映，政务新媒体订阅用户数越多，说明公民参与城市治理的积极性越高，而广泛的公民参与能够显著促进城市韧性的形成。2018年，国务院办公厅出台《关于推进政务新媒体健康有序发展的意见》，明确指出要努力建设利企便民、亮点纷呈、人民满意的"指尖上的网上政府"。政府网站工作年度报表显示，超大、特大城市中有部分城市尚未开通政府微博、微信公众号，部分城市虽然开设了上述两类账号，但其订阅用户规模很小，超、特大城市政务新媒体运营管理工作仍然任重道远，政务新媒体在提升城市韧性方面的关键作用仍然有待深入挖掘。

政府对热点或舆论的关切和回应，有助于联系群众、了解民意，进而发现问题、解决矛盾，是促进城市韧性提升的重要方面。当前，信息化媒介的快速发展，使得社会舆情变得愈发难以控制，也对政府的舆情回应能力提出了新的挑战。数据显示，有部分超大、特大城市在2020年中回复热点或舆论的次数少于20次，这一现象暴露了我国超大、特大城市不重视舆情、不理睬民意、不积极回应的问题，未来我国的超大、特大城市必须以更加积极主动的姿态来对待舆论和热点事件。

（四）韧性社区建设相对滞后

社区是城市治理体系的基本单元，是基层基础、城市治理的"最后一公里"。社区在发生突发事件时如何能及时应对并在短时间内快速恢复正常秩序，是未来城市安全建设的核心环节之一。超大、特大城市体量规模大，韧性城市管理体系必须深入到基层，构建韧性社区，才能切实提升全社会应对危机的能力。课题组制定社区韧性评价表，以疫情防控经验丰富的武汉市为例进行问卷调查、实地走访，发现目前我国超、特大城市的社区联系与关怀不足、灾害应急培训与演练不足、社区管理与成长不足，社区共治共享、良性互动的局面尚未形成。

二、对策与建议

建议打造"四个一工程"，不断提升我国超、特大城市韧性建设水平。

（一）一项行动指南——理论联系实践，制订韧性城市行动指南

我国韧性城市建设国家重视、战略目标清晰，但真正落地实施还需要科研院所、规划部门的参与，理论与实践相结合，编写详尽全面的《韧性城市行动指南》，指导超大、特大城市因城施策、加强城市韧性建设。《韧性城市行动指南》的内容应该包括以下几个部分：（1）灾难与压力发生之前的预判与准备：包括城市风险

评估、韧性城市发展目标与基本原则、更具韧性的城市空间布局调整、先进的城市风险评估预警平台建立。（2）灾难与压力发生之中的应对与适应：包括建立快速响应、权责清晰、公开透明的城市韧性管理体系，实施自然灾害、经济危机、战争及社会冲突等各种紧急情况下的应急演练，应急基金、人员队伍、器械装备、应急避难场所纳入管理清单进行统一管理，确保城市发生紧急状况时各种资源得到有效配置。（3）灾难与压力发生之后的恢复与重建：包括加强城市生态环境建设、提高民众的韧性意识和和社会凝聚力、坚实的韧性实施保障等。

（二）一套测评标准——以评促建，推行城市韧性星级评选

国内外城市韧性水平评估体系并没有形成统一标准，从目前的科研成果来看主要有三大流派。第一类从城市系统的构成，如技术、组织、经济、社会等方面对韧性水平进行测度；第二类从城市韧性的基本特征，如冗余性、快速性、适应性、创新性、连通性等进行测度；第三类从城市系统在危机各个阶段的表现，如抵抗力、吸收力、恢复力进行测度。建议由政府牵头，建立详细规范的韧性水平评价指标体系，制作《韧性城市测评标准》，推动全国韧性城市建设。根据各项指标对城市韧性水平打分，最终汇总得出一星到五星级别，由政府颁发星级证书，三星及以上者给予一定的奖励。以评促建，各地政府对照手册中的建设标准，逐项自查，针对存在的弱项短板进行整改，提升韧性城市管理能力和建设水平。由超、特大城市开始，逐渐向中小型城市辐射，以先进带动后进，促进我国韧性城市建设均衡发展。

（三）一条网络通道——加强政务新媒体建设，认真应对网络舆情风险

城市管理者应加强政务新媒体建设，建设好网络通道，将政府与群众紧密联系在一起。政务新媒体要切实发挥联系群众、服务群众、凝聚群众的功能，通过高质量内容供给和及时有效的反馈，让政务新媒体成为市民了解城市历史文化和政策法规的主平台、参与城市治理的主阵地。同时还应做好公务员队伍培训工作，强化公务员队伍对舆情处置工作的重视程度，不断提高公务员队伍应对舆情的方法艺术。定期开展网络舆情排查工作，及时发现舆情工作中的不足和隐患。引进大数据等先进技术手段主动发现网络舆情，发挥主动发现、提前介入、及时处置的效果。建立舆情风险整改机制，总结经验教训，为未来可能潜在和未知的危机事件处理提供参考。

（四）一本社区手册——全民参与，构建一体化新型社区关系

社区韧性是一系列能力的集合，是一个动态的过程，贯穿于灾前预防、灾中抵抗、灾后恢复和发展整个过程。超、特大城市更要认识到建设韧性社区的重要意义，评选示范性韧性社区，颁发《韧性社区手册》，指导社区管理者更好、更贴心地为居民服务，让社区在防范化解各种风险中更好地发挥基础性作用。

《韧性社区手册》以建设一体化社区关系为目标。社区管理者应打破社区之间的"藩篱"、开展社区间的交流活动，促进双方交流融合，居民与居民间、居民与社区间、社区与社区间"与邻为善、以邻为伴"。

《韧性社区手册》以加强应急宣传教育为抓手。通过大力开展应急宣传教育不

断提升社区应急管理水平，通过开展灾害演练提升社区居民的防灾避险意识和能力，牢固树立"抓宣教就是抓基础，抓宣教就是抓预防，抓宣教就是抓治本"的理念，扎实有效开展应急宣传教育各项工作。

《韧性社区手册》以关注社区居民心理健康为核心。一体化新型社区建设的核心在"人"，儿童、老人以及残障人士等社会弱势群体，是灾害来临时最敏感的人群，社区需要经常性地开展关爱弱势群体身心健康的活动，降低其在灾害来临时遭受进一步伤害的可能性。此外，灾难后可能出现各种应激心理反应，会加重灾害对民众的伤害，也不利于灾后社区的恢复工作。社区应主动为受灾群众提供针对心理健康的咨询、治疗服务，宣传心理健康的重要意义，持续性提供帮助避免延迟性心理创伤。

《韧性社区手册》以多元主体参与为特征。社区居民参与社区规划工作，增强居民归属感和对社区发展的信心，是灾害发生时社区居民可以保持稳定、灾害发生后积极参与社区重建工作的重要保证。社区应该加强宣传，呼吁居民参与社区规划建设，增强居民主人翁意识。政府也需要建立健全相关法律法规，为民众参与社区规划提供途径和保障。

（李悦，湖北大学商学院副教授，民盟湖北大学委员会副主委）

# 第十一章　双碳背景下的城市治理创新

清华大学产业发展与环境治理研究中心[①]

　　以城市为基本单元推动双碳治理体系的建设并不是城市应对气候变化的被动选择，而是城市发展转型和治理变迁的重要契机，是推动城市发展模式向高质量发展跃迁的系统工程，过程中涌现出的新的治理难点迫切需要城市治理体系的更新与完善。报告基于全域治理理念提出城市双碳治理的概念，对其目标、原则、边界、主体和措施等要素的内涵进行界定；遵循从宏观到微观、从目标到工具的方法论，阐释了城市双碳治理的总体思路；最终形成一套适用于城市双碳治理的策略框架，具体包含从双碳底层逻辑出发的核心体系建设、符合城市治理规律的系统生态营造以及有利于实现多目标协同和要素配置的关键机制创新三个层次，用以回应城市复杂系统在迈向双碳目标的过程中全场域、多主体的价值权衡和行动协同问题，为面向双碳的城市治理标准和工具选择提供理论基础，为公共管理部门和社会主体互动关系的创新提供实验场景，为城市双碳治理的实践提供理论支撑和决策依据。

## 一、城市在气候问题中的多重角色

　　任何国际和国家的气候政策最终都要落实到地方来具体执行，城市因其在气候问题中的多重角色成为双碳治理的主体和对象。

　　① 作者为：杨越，中国科学院大学玉泉智库，助理研究员，清华大学产业发展与环境治理研究中心博士后，兼职研究人员。陈玲，清华大学公共管理学院教授，清华大学产业发展与环境治理研究中心主任。薛澜，清华大学文科资深教授，博士生导师，清华大学苏世民书院院长。

　　第一，城市是能源消费和温室气体排放的主要来源，是实现关键领域减排的主战场。城市聚集了人类大部分的能源活动、经济活动和社会活动，是一个国家和地区经济发展的牵引力量，同时也是二氧化碳等温室气体排放的主要来源，是实现工业、建筑、交通、农业、废物处置等关键领域减排的主要战场。尽管城市面积只占全球陆地面积约2%，却容纳了近55%的人口，支撑了80%以上的GDP，同时消耗了全世界近三分之二的能源，贡献了四分之三的温室气体排放。来自联合国经济和社会事务部（UNDESA）的数据显示，2015年至2020年间，全球城市人口增长了3.97亿，预计到2050年将有超过三分之二的世界人口居住在城市，人口向大城市、特大城市（人口超过1000万）聚集的比例也将继续缓慢增加。人们通常需要更多的基础设施和服务以满足日益扩张的城市规模和增加的人口的需求，由此带来的用能需求和排放压力使得城市成为控制温室气体排放的焦点。

　　第二，城市是受气候变化影响和遭受气候风险的高暴露区，是主动开展气候适应行动提升气候韧性的关键单元。城市作为生产要素的集聚地，人口、产业、基础设施高度集中，容易遭受灾害影响并造成重大损失，使得城市成为规模庞大的承灾体。近些年，城市受到气候影响的脆弱性讨论逐渐从对那些沿海、河口三角洲、小岛屿地区遭受海平面上升威胁的关注，拓展到了极端天气给建筑物能耗、市政生命线运行成本、城市运输保障系统、水资源供需矛盾、农产品供应链、城市居民健康、生态环境脆弱性等方面造成的影响，而这些影响会通过高度关联的城市社会经济系统扩散，从而引起级联风险。为了进一步降低气候变化使城市暴漏在高温热浪、洪水内涝、极寒天气、病毒流行等极端事件的风险，降低极端气候事件给城市基础设施、人身健康、供应保障、经济运行、甚至社会稳定等造成的或单一或复合的损失，城市开展气候适应性行动、寻求气候韧性提升的内生动力逐渐加强。

　　第三，城市是形成系统性气候解决方案和创新实践的重要行动空间，地方试验机制将成为双碳制度创新的重要源泉。作为财富和创新中心，城市往往在资源动员能力、地区战略贯彻能力、绿色技术推动能力等方面表现出较强优势。城市在气候变化面前的脆弱性使其更加积极愿意发挥自身的资源、信息和技术优势参与气候治理。尤其是在处理具体问题时，城市拥有气候治理的更多制度空间和操作弹性，展现出更大的灵活性和适应性，地方试验机制也成为国家气候治理制度创新的重要来源，为双碳目标的实现不断提供典型案例和优秀经验。城市空间所承载的诸多社会经济主体和生产生活功能，也为双碳行动中政府治理角色定位、治理工具选择、以及部门间科层间的统筹协调提供了丰富的试验场域和创新土壤。

## 二、城市气候应对研究进展与政策实践

越来越多的学者开始将城市作为研究对象讨论应对气候变化问题，研究聚焦于如下议题：

一是阐释城市应对气候变化的动机和意愿。学者们认为城市是能源消费和温室气体排放的主要来源，城镇化过程中不断增加的用能需求以及随之而来的温室气体排放，使得城市成为实现工业、建筑、交通、农业、废物处置等关键领域减排的主战场；而抵御因气候变化和极端天气事件给城市带来的单一、符合或级联风险和灾害损失，则是城市主动寻求气候韧性提升的根本动力。

二是讨论城市应对气候变化的路径和政策工具。这类研究较为丰富，学者们分别围绕气候目标拆解、能源结构优化、关键领域减排、低碳产业布局、基础设施更新、消费行为引导、城市气候合作等议题展开讨论。研究指出，任何国际和国家的气候政策最终都要落实到地方来具体执行，其主要路径有：（1）通过能效提升促进能源结构优化改革，在多用能领域通过政策激励刺激温室气体减排；（2）通过低碳城市规划、土地用途管制、智慧城市建设、数字化技术应用、气候投融资等途径给城市气候行动赋能；（3）通过提升居民气候素养和生活方式转型，引导各行业供应链上处于末端的消

费者行为，以倒逼全产业链的低碳转型；（4）通过加强城市之间的交流协作等多方路径，不断扩大其规模和影响力，成为全球气候治理的中流砥柱。

三是评价城市气候行动的政策效果和现实阻力。这类研究多以案例的形式分析代表性城市的气候行动策略，或将城市作为次国家行为体，强调其在全球气候治理中的主体贡献，关注治理中的主体间关系和权力分配问题，并围绕城市双多边气候伙伴关系和跨国城市气候治理网络①的行动实践剖析其制度优势和治理困境。

上述文献大多在气候治理的框架下讨论城市角色和城市行动，要么将城市作为气候治理的空间，分析城市责任边界内的具体减排行动，包括开发新的技术和制度应用场景；要么将城市作为气候治理的主体，讨论城市参与气候治理的动机和现实路径，包括次国家行为体参与气候治理的合理性以及跨国家城市气候网络的建设等参与气候治理的模式。然而，将气候问题纳入城市治理框架进行系统性讨论的文献并不多，如有学者提出双碳目标的提出将会使得原有城市治理重点发生转移，也有学者尝试从城市规划管理的视角探讨城市实现双碳目标的具体措施，包括城市规划和分区规划、建筑规制、城市基础设施（特别是能源和交通领域）和公用事业规制（集中供热供暖）、垃圾和污水的收集处理等。但已有讨论较为分散，并未从城市系统和全域治理责任的视角回答气候变化冲击下双碳治理面对的复杂挑战。

## 三、双碳背景下城市治理体系的创新需求与现实挑战

### （一）城市治理体系创新的内在需求

改革开放以来，城镇化对我国经济社会发展的支撑作用持续增强，

---

① 主要包括：美国市长气候保护协定、C40 城市集团、欧盟委员会发起的"市长盟约"、世界低碳城市联盟（World Allience of Low Carbon Cities）气候联盟（Climate Alliance）组织等。

人口持续向城镇地区集聚，特别是向高能级的超大特大城市集聚，在优化国土空间格局、提升经济效率与产出的同时，不可避免使城市"生命体征"更趋复杂，对当前城市治理体系带来了一系列挑战。城市治理被认为是城市为了谋求经济、社会、生态等方面的可持续发展，对辖区内的资本、土地、劳动力、技术、信息、知识等生产要素进行整合从而实现整体地域协调发展的机制和过程。有关城市治理理论的研究继承了公共治理研究范式的基本特征，即关注多元治理主体关系的建构及其权力分配，而对城市发展中具体问题关注不够。

2015年中央重启"中央城市工作会议"，引发了中国城市治理理论与实践的巨大变革。会议明确指出我国城市发展已经进入新的发展时期，强调为了做好城市工作这项系统工程，需要转变城市发展方式，完善城市治理体系，提高城市治理能力，着力解决城市病等突出问题。自此一批前沿学者根据中国特色探索中国城市治理知识体系创新，新时代的城市治理体系正在形成之中。与传统城市管理不同，现代城市治理存在高度复杂性与不确定性，城市治理既要在效率层面提升处理速度与数量，又要从机制层面保障城市问题能够被灵活应对和妥善处理，对城市治理的精细化程度和问题解决速度提出了更高要求。城市治理理论研究呈现出抽象化的特征，抽象掉了城市作为复杂系统所呈现出来的真实世界的纷繁复杂，而主要关注城市治理的价值导向、治理主体结构及其权力分配机制。这种优势在另一方面由于缺乏对城市实践问题的系统关注和深入研究，恰恰禁锢了理论对城市治理重点难点问题的回应，造成理论与实践的脱节，也限制了理论研究的进一步深化。面对内部结构有限理性和外部环境战略转型的双重约束，城市治理不断催生出新的治理难点以及对治理体系的创新需求。

（二）城市治理体系面临的全新挑战

双碳目标的提出给原有工业化和城镇化背景下的城市治理带来了新的挑战：

第一，传统城市发展理念往往存在误区和路径依赖。气候治理方案和行动常被认为是制约城市发展的环境规制，在高碳时期的发展理念下，企业生产发展、城市规模扩张与政府的经济增长目标是一致的，考虑地方财政税收、企业扩张需求和居民生活便利和舒适度，地方政府、企业、居民的行为与碳排放控制存在激励不相容问题。这使得过去一段时期内气候政策偏离城市发展和运行的一般规律，严重制约治理意愿和治理成效。排放权即发展权的思想被错用，地方政府为了争取更大的城市发展空间，盲目冲峰攀峰，高碳能源和基础设施投入使得城市更新改造陷入高碳锁定，殊不知现有的高排放的生产生活方式已与社会、政治、文化体系紧密结合在一起，形成了技术锁定和制度上的路径依赖，要改变现状，仅仅做单方面的突破将只是边际上的贡献，而且很容易在一段时间后重新回到高排放的发展轨道上。以政府行政主导的减碳模式需要进一步向内生性更强的多元自主减排新模式转变。如何转变城市治理思路形成一套激励相容的体制机制，从原有的城市治理体系转变为既能促进快速深度降碳、同时又能保障经济高质量发展和人民生活水平提高的治理体系是双碳背景下城市治理体系创新要面对的第一个挑战。

第二，传统城市治理中气候问题的工作思路存在局限性。以往地方政府大多将气候问题作为城市治理中的单一事项，由地方气候问题主管部门主导相关政策规划、工具选择、工作开展和成效评估，气候政策在城市政策体系中的优先级往往低于经济政策，气候部门在开展各项减缓和适应行动时常存在缺乏政治支持、财政、技术和人力资源、不足等现象，加之各级温室气体排放核算与统计口径不一致，报送精度等要求不统一也使得跨部门的联合行动和部门间的协调存在一定障碍。双碳目标提出后，地方政府往往由发改部门牵头统筹推进总体方案的设计，在实际操作过程中常面临缺少专门机构、专职人员、专项经费等问题，双碳政策体系的设计很可能因缺乏系统性思考而成为各部门原有减碳政策的加强版集合，无法实现"一盘棋"。这种公共产品的供给问题并非是出于顶层设计方案缺乏协调效率，而是因为缺乏行政资源和政府治理基础设施的预投资，或造成相应主体开展治理的权能不足、制度韧性和社会嵌入能力不足，需要进一步提高气候相关政策优先级和各项考核中双碳指标的权重。因此，如何将双碳目标纳入城市整体规划和政策体系中是双碳背景下城市治理需要面对的第二个挑战。

第三，传统城市治理的地域管辖责任受到双碳全局性思维的挑战。国家双碳目标的实现是全局性、全域性概念，依赖全社会的共同努力，要求所有排放责任主体（每个地区、城市、行业、企业、个人）实现净零排放所需要承担的经济社会成本过高。因此，面向全域可持续发展城市双碳治理需要考虑、评估和超越现有行政主体在地理空间和职能领域上仍存有的区隔性。受自然条件、资源禀赋、地理区位、社会经济、技术水平和地方文化等多个维度的影响，不同城市碳排放在总量、结构和所处减排阶段等方面均表现出显著的异质性，各地方推进双碳工作的重点、难点和亮点也有所不同。电力输送、人才流动、贸易流通、流域治理等使得城市层面的排放责任无法在地理管辖范围内被框定，减排目标往往需要依赖地区间的合作以及跨区域产业链上下游的协同共同完成。然而，对于城市间合作，不同城市所处的发展阶段、气候状况、利益诉求不同，寻找到理念相投、步调一致、双向奔赴的伙伴城市实属不易，且城市气候治理存在外部性问题，很难在合作者之间平衡利益，导致城市间的合作不充分、不平衡。这种行政管辖区隔造成的差异，又被不同部门不同产业在边际减排成本、企业社会责任、对双碳目标的理解认知和信息掌握程度等方面的异质性所强化，造成复杂的公共产品供给失灵问题。如何使地方决策者充分掌握自身的排放特征和双碳工作基础，识别双碳行动的优化空间和推进次序，使其在跨区域、跨部门城市间合作的过程中提高匹配度和自主能动性是双碳背景下城市治理创新要解决的第三个挑战。

此外，传统城市治理体系城市在实现双碳目标的过程中，也会产生出新的要素和信息市场（如碳交易、碳金融及衍生品市场），培育一系列更具有绿色创新活力、知识技术禀赋和行业号召力的市场主体，并产生更大的的市场监管与配套制度需求，地方政府需要进一步发挥市场培育和行为规范的元治理功能，构筑双碳行动底线和良好秩序；与此同时，这一过程亦能够有效提升政府动员市场主体和社会资本参与的能力和水平，增强政府部门在全社会多个技术密集型领域的嵌入程度和绿色治理经验，使得城市治理体系在双碳目标的驱动下得到不断完善，为面向现代社会的治理能力建设做有效补充。综上，地方决策者应该意识到积极开展双碳工作除了实现目标本身，更是一次提高城市气候韧性、将城市发展模式向高质量跃迁的系统性工程，不仅需要科学谋划、勇于变革、开阔思路以及切实行动，还需要进一步提升城市治理水平、治理体制和治理能力，实现双碳背景下城市治理体系的创新。

## 四、城市双碳治理的基本概念和内涵界定

城市双碳治理的具体内涵包括治理目标、治理边界、治理主体、治理措施以及治理原则等基本要素。

### （一）城市双碳治理的目标[①]，即开展城市双碳治理的根本动因和价值取向

城市开展双碳治理及其制度体系建设，其根本目标在于建构双碳工作的底线和秩序，更好实现"有为政府"与"有效市场"的有机结合，形成良好的双碳工作局面，提升双碳背景下城市治理意愿、治理能力和治理水平，最终实现经济、社会、生态、环境等多方面的全域协调可持续发展。城市双碳治理目标的确立不仅对城市双碳工作的整体布局有着重要的指导意义，还可以成为未来城市双碳工作推进成效的评价依据。

---

① 此处需要与"实现碳达峰、碳中和目标"中的目标区别开来。

## （二）城市双碳治理的原则

城市双碳治理要遵循一定的原则，既要符合双碳行动的底层逻辑，同时也要符合城市治理的规律。有效的城市双碳治理有利于对各类生产要素进行整合配置，实现科学高效、审慎稳妥的双碳工作局面，有利于实现经济、社会、生态等多方面的协调发展。

## （三）城市双碳治理的边界，即城市双碳治理的主要客体和基本任务

开展城市双碳治理的前提是确立责任边界，边界划定的基础是治理主体及其责任的明确。与传统节能减排、低碳城市建设等工作不同，城市双碳治理的边界需要在囊括传统排放部门的基础上，纳入实现固碳增汇的吸收部门，以及能够为减排增汇提供技术、资金、人才等要素保障的支撑部门。

## （四）城市双碳治理的主体，即哪些主体可以参与到城市双碳治理中来

治理主体由单一走向多元是由城市管理走向城市治理的主要标志。双碳是一场经济社会系统性变革，任重而道远。目标的实现不仅需要坚定不移的治理决心和切实有效的解决方案，还需要努力突破现有制度、技术与社会认知的边界，在城市开展双碳行动的过程中要充分发挥政府、企业、社区、居民、机构等治理主体的作用，由于不同主体的价值偏好存在着共性与差异，城市双碳治理需要构建多元主体协商的底线和秩序，在不同利益主体间寻求协商，形成全社会的共识与行动。

## （五）城市双碳治理的措施，通过怎样的制度安排来推进城市双碳工作，实现城市双碳目标

这里同样可以划分为正式制度和非正式制度，其中正式制度是指人

们有意识建立起来的并以正式方式加以确定的各种制度安排，包括双碳相关的法律、法规、政策、规章、条例、标准等；非正式制度则是人们在长期交往中形成并受社会认可的行为准则，具有自发性、非强制性、广泛性等特征，包括公众就双碳的认知、技能、态度与行动等气候素养的提升以及低碳消费和生活理念的转变等。

## 五、城市双碳治理的总体思路

城市双碳治理应遵循从宏观到微观、从目标到工具的方法论。具体而言，就是首先需要明确城市双碳治理的边界，进而制定阶段性的治理任务，基于本地社会经济条件和资源禀赋设计相应的治理方案，最后构建完善的政策工具体系。

### （一）明确治理边界

开展城市双碳治理的前提是确立治理的边界，边界划定的基础是排放责任的明确，而城市温室气体排放清单的编制与排放核算成为这项工作的关键。通常城市的温室气体排放主要来自以下三个部分，如图1所示。当前，城市排放治理主要集中在范围一和范围二，这部分通常被认为是城市狭义的减排责任，而针对范围三，也即常规温室气体排放清单核算和报送工作范围外的、隐含在物质交换中的碳排放问题讨论并不多。本文认为，城市推动双碳工作需要逐步深入，从城市内部的直接排放和间接排放，逐步扩大到外部影响的隐含碳足迹方向。因而，基于负责任城市形象的考虑，那些经济基础较好、服务业较为发达的区域中心城市可以进一步考虑城市双碳工作的广义责任问题，将范围三的部分纳入城市的双碳工作中来，以起到良好的标杆示范作用。

**图11-1 城市排放范围与减排责任界定示意图**

## （二）制定阶段任务

城市双碳目标的实现绝非一蹴而就，任务开展同样需要根据目标的阶段性进行科学部署。从各机构对国家层面排放路径的预测可以判断，城市双碳任务同样可以划分为达峰期、降碳期和脱碳期三个阶段。多项研究表明，越早达峰的省市将越早实现中和。不同城市需要充分考虑自然资源禀赋、经济发展水平、人口结构和流动趋势、产业基础与绿色化程度、能源消耗强度和历史排放水平、城市扩张和基础设施更新需求以及人均消费排放等因素划定不同的阶段性任务，并依据上述因素从"自然—经济—社会"等多个方面对城市排放类型进行综合评估，在科学理性的基础上差异化地划定各自阶段性任务，切忌盲目冲峰攀峰，将城市推向高碳锁定的发展轨道上去。

## （三）设计治理方案

受自然条件、资源禀赋、地理区位、社会经济、技术水平和地方文化等多个维度的影响，不同城市碳排放在总量、结构和所处减排阶段等方面均表现出显著的异质性。因此城市双碳治理方案的设计和实施需要因地制宜，体现差异化特色化；同时，不同部门的治理方案需要相互协调，具有内在一致性的底层逻辑。这就需要城市依据一个基本的策略框架对自身双碳工作基础进行系统性梳理和评估，识别出该城市双碳治理的重点、难点和亮点，并从强化优势领域和应对约束挑战两个层面制定城市双碳治理方案。

### （四）完善制度配套

城市管理者需要理解系统转型才是双碳工作的本质，推动各项双碳工作开展应注意理顺体制机制，营造支撑双碳目标实现的工作氛围，充分发挥政府、市场、社会的作用，推动整个经济社会绿色低碳转型，确保城市双碳治理过程中各阶段性目标的顺利实现。为确保双碳治理策略的顺利实施，城市需要就相关组织领导、能力建设、资金支持等人力物力财力给予基础性保障，形成双碳相关政策工具体系和制度配套，如对责任界定、绩效考核、奖惩机制、风险防范等作出具体规定，确保形成全社会层面的联合行动，形成长效激励机制。

## 六、城市双碳治理的策略框架

基于上述总体思路，城市双碳治理的策略框架提供了具体实施的主要内容和可供选择的政策工具。策略框架旨在为地方政府提供工作指南，比照自身工作基础，识别行动优化空间，因此，框架设计应遵循内在一致性的底层逻辑，体现系统性和完整性。策略框架包括核心体系建设、系统生态营造和关键机制创新三个层面，即城市双碳治理的三大主要内容。

### （一）核心体系建设

城市双碳治理的核心体系建设从控制排放和移除排放两个维度出发，包括绿色能源体系建设、高效用能体系建设和固碳增汇体系建设三部分。三大核心体系建设的实现路径包括但不限于如下几个方面：

### 1. 绿色能源体系的建设

一是针对化石能源的清洁高效有限利用，开展包括化石能源开采技术清洁化、开采区修复和创新利用、最小化石能源用量动态核算等方面的工作；二是针对非化石能源的快速替代，其中包括优先发展可再生能源、建设新型电力系统、推进经济部门的电气化转型以及大力发展"新能源+储能"产业等；三是针对提升能源综合服务能力，包括加强源网荷储一体化、多能互补、区域综合能源规划等方面的工作。

### 2. 高效用能体系的建设

需要从生产和消费侧两端同时发力，促进节能增效，发展循环经济，推广绿色生活方式。从生产侧看，这一体系的建立要求各个产业部门关注生产活动中的碳排放过程，推动工业减排、绿色交通、绿色建筑与可持续农业等方面的工作，通过改进设备、改良工艺、发展循环经济等手段推动高效化、清洁化生产，完成生产方式转型；而在消费侧，这一体系的建设要求实现生活方式的绿色化和低碳化，引导居民走向绿色消费、优化居住、低碳出行、合理饮食等，完成生活方式的绿色转型。

### 3. 固碳增汇体系的建设

绿色能源体系和高效用能体系的建设，将会大幅度降低城市的碳排放。然而，一方面全社会经济系统近零排放能否实现受到关键技术突破、技术经济性等诸多不确定因素影响；另一方面即使大规模应用可再生能源，仍有部分化石能源消费是无法替代的，这就凸显了固碳增汇体系建设的重要性。城市固碳增汇体系建设的关键主要包括了两个部分：即基于城市自然生态系统的增汇机制和基于工业技术的碳捕集技术应用。其中，碳捕集封存利用技术与工业过程结合将会是实现净零排放即"碳中和"的重要技术选择；我国很多城市管辖范围内的山水林田湖草以及未建成区给城市推动自有生态固碳增汇留有了大量空间。值得注意的是，自然生态系统增汇真正发挥负排放作用，往往需要十几年，甚至几十年的提前布局，因此在城市双碳行动方案的顶层设计阶段便要对此加以重视。

## （二）系统生态营造

城市双碳治理的第二个重要内容就是构筑双碳工作的底线和秩序。要想顺利推动各项双碳工作开展，就需要地方政府营造良好的双碳行动氛围，通过综合规划、科技创新、资金支持、交流合作、新一代基础设施建设等人力物力财力方面的基础保障，加速形成有利于整体目标实现的工作局面。

### 1. 综合规划

有必要将双碳目标纳入整个城市的治理与规划中，并加强各级各类规划间的衔接协调。在发展规划方面，将双碳战略决策和目标要求融入区县（市）发展规划、各行业专项规划及区域发展规划的编制和实施，进一步明确双碳目标下的城市形态以及社会技术系统变迁情况；在空间规划方面，应科学部署国土空间整体布局，减少人类活动对自然空间的占用，考虑土地利用和住宅供需，避免重复性建设的合理空间规划，同时也要从城市交通可达性、施工建设减排新工艺、后期运营低能耗、水电供应低损耗等环节考虑优化减排；在基建规划方面，应对城市更新、老城区改造和新基建纳入碳约束，严防高碳锁定，从根本上削减碳需求，以改善人居环境，探索自然、人、社会、居住和支撑网络五大系统如何在城市这一单元有机融合；在能源规划方面，建立综合能源规划制度，对城市能源的需求与供给进行一体化的统筹和协调，可优化能源系统整体规划及能量流，实现多种能源的互补协调优化，实现科学安全降碳。

### 2. 科技创新

传统技术条件下实现双碳目标的难度和压力不容忽视，只有突破现有技术和认知的边界，实现科学技术的创新和管理的现代化，才能有助于双碳目标的顺利实现。双碳目标必然会引发以去碳化为标志的科学革命，催生基础研究领域的一系列新理论新方法新手段，推动孕育一系列重大颠覆性技术创新。地方政府可以聚焦低碳、零碳、负碳关键技术需求，建立双碳战略新兴产业目录，重点发展可再生能源、智能电网、储能、绿色氢能、电动和氢燃料汽车、碳捕集利用和封存、资源循环利用、可控核聚变等成本低、效益高、减排效果明显、安全可控、具有推广前景的双碳技术。此外，随着人工智能、大数据、互联网等信息技术的发展，技术在城市治理的应用中越来越广泛，智慧化、网络化城市大脑为识别和解决城市治理问题提供了重要的技术支撑。其中，智慧化技术将降低双碳目标下社会经济转型中的诸多风险。比如，充分发挥水电资源辅助调峰的作用需要智慧化技术的配合，通过电力专网、5G、北斗通信等技术，将区域内水利发电信息聚合，搭建源网荷储互动平台，增加清洁能源消纳，提升电网弹性调节能力。智慧化也将全面提高生产、生活的用能效率。比如，智能电器、智能化的家庭能源管理系统、智能网联汽车、用电行为感知等技术将影响民众生活的方方面面，为碳达峰、碳中和工作做出巨大贡献。

### 3. 资金支持

加大公共资金对气候变化领域的支持，发挥政府对资本的引导和激励作用，对低碳产品、绿色建筑、新能源汽车等技术和产品在财政、税收和价格上给予政策支持和财税激励。在公共财政之外，地方政府还需要撬动更多的社会资本进入低碳减排领域，引导企业、个人在低碳行业的投资，建立健全绿色金融体系，为企业绿色创新提供多元化的融资渠道。充分发挥绿色债券、绿色基金、绿色保险等绿色金融工具的作用，鼓励银行、金融机构积极开展金融创新，拓宽绿色创新企业融资渠道与融资模式，构建多层次、统一、规范的资本市场。

### 4. 开放合作

促进开放交流将有助于降低绿色低碳转型的成本。一方面，加强技术、产品和模式的对外交流，可获得更多的零碳技术和解决方案。另一方面，加强城市间的区域合作，能够发挥不同城市的禀赋优势，实现能源、产业等要素在一定区域内的优化配置。比如，氢能的消费利用一般在大城市，而可再生能源制氢产业往往分布在可再生能源发电量大的周边城市，不同城市的良性互动将形成氢能的供需平衡，有效提升区域内非化石能源供给与消纳。

### 5. 基础设施

基础设施作为我国经济社会发展的重要支撑，对提升生产效率、改善人民生活质量起到了巨大的促进作用。但随着双碳目标的提出，社会生产生活模式的改变使得城市基础设施建设面临着前所未有的挑战。原有基础设施逐渐难以满足绿色低碳运作的需求，新一代基础设施建设的呼声越来越高。除了适应新能源为主的新型电力系统、低碳建筑、绿色交通的基础设施外，人工智能、5G、大数据等技术支持的智慧城市基建已成为未来城市双碳行动的重要保障。智能化将直接服务于整个城市用能体系的效率提升、城市碳代谢的监测以及城市管理运行的优化等方面，都将为实现全域双碳目标提供重要的决策依据。

## （三）关键机制创新

城市系统整体绿色低碳转型是城市双碳治理的本质，城市发展模式向可持续发展和高质量发展方向跃迁的过程中，难免遇到原有工作思路陈旧、已有政策措施不适用、治理边际效应递减等问题，这就需要在体制机制方面进行突破创新，使得城市治理体系不断更新迭代，适应可能不断涌现的新问题。为此，地方政府需要科学谋划、勇于变革、开阔思路以及切实行动，设计新的机制和制度环境以尽可能低的成本激励和促进双碳相关任务的推进，通过地方试验机制为国家双碳治理制度创新提供宝贵经验。

### 1. 市场调节机制

在双碳背景下，未来的城市治理必须要解决如何在充分利用市场的同时有效处理市场失灵问题，治理创新的重点是要让市场在资源配置中发挥决定性作用。其中，最关键的一环就是建立碳定价机制。价格机制能够通过将碳排放造成的环境成本内部化，改变企业行为决策，引导绿色技术创新，倒逼产业链脱碳转型，通过市场调动，配置整个城市的减排资源，激发绿色、低碳、气候友好型投融资市场活力，促进生产和消费模式的转变，降低总体减排成本，助力双碳目标的实现。当前，全国碳市场尽管已经建立，但距离发挥有效的价格发现功能仍需要不断努力，地方政府需要进一步帮助市场主体提高减排能力，鼓励企业积极参与碳市场，探索碳积分、碳普惠制度等个人参与碳市场的地方经验，生态资源禀赋较好的地区亦可积极推动森林、草地、湿地、海洋等自然碳汇开发和碳汇交易等方面的工作。

2. 试点示范机制

地方试点示范机制是国家双碳工作制度创新的重要来源。以低碳城市试点为例，我国自2010年国家发改委启动第一批试点工作以来，先后在不同类型、不同发展阶段、不同资源禀赋的地区选取三批87个省市区县开展试点，探索经济增长与碳排放脱钩的模式。该试点政策客观上为城市低碳发展工作累积了重要经验，但也暴露出城市在低碳工作开展过程中普遍存在的碳监测数据基础差、规划方案系统性科学性不足、行动实践缺乏部门协调等问题。鉴于目前双碳工作尚未完全开展，政府管理人员仍缺乏管理经验，在双碳工作的推进中，有必要在低碳城市建设等已有气候应对工作的基础上使用试点、示范等自下而上的机制，创建样板，总结经验。那些有条件的地区可以组织开展先行示范，形成一批可复制、可推广的有效模式，为如期实现全国层面碳达峰碳中和目标提供有益经验。

3. 产业联动机制

产业联动的本质是实现各功能区的产业结构重组，重点是理顺各区域的产业分工。在此前提下，需注意产业异地转移过程中高能耗产能的无序扩大，抓住产业结构重塑的机会，加大对高耗能、高污染落后产能的淘汰力度。一方面，地方可以以布局低碳产业体系为重点，鼓励创新以及发展战略性新兴产业落地生根，通过提供人才、财税、技术、服务、基础设施等方面的支持，建成一批低碳零碳产业合作示范园区；另一方面，激励龙头企业通过提升绿色低碳采购标准带动产业链上下游企业共同实现绿色技术进步。此外，还可以引入低碳产品认证和标签制度，如能够反映产品全生命周期碳排放信息的足迹类标签，鼓励地方企业参与低碳零碳产品认证，将企业在产品生产、流通和使用环节的减排努力显性化，与低碳消费领域政策共振，增加这类企业产品差异化低碳化的市场竞争力，同时也为消费者提供更加清晰的低碳决策依据。

4. 区域协同机制

城市运行并非仅依赖于内部产品和服务的供应，城市消费了来自外部的大量产品、服务、资源和能源。特别对大城市而言，城市经济以服务业和先进制造业为主体，城市建筑原料、机械设备、居民消费品等产品都直接从外部获取。这一部分产品生产的碳排放发生在其他地区，因而城市很大一部分的消费并没有产生直接碳排放，碳减排的责任通过贸易和产业链转移到了其他地区。与此同时，城市自身生产的产品一部分也会出口到其他地区，产品消费在外地但耗能和排放却在本地。考虑城市间的隐含碳和碳足迹问题，可以探索建立区域协同机制，既有利于解决治理边界超出城市范围的碳排放问题，也有利于发挥区域协同的规模效应。一方面，污染产业转移、固体废物违规处置等城市负外部性问题需要城市合作、共同解决，区域生态廊道建设等正外部性价值的开发也需要城市间达成共识。另一方面，区域合作有利于形成市场构建、资源利用、人才集聚等方面的规模效应，区域合作本身也有利于形成更大的示范效应。在区域协同方面，城市双碳工作可通过制定区域一体化规划、建立区域产业集群、搭建绿色低碳市场要素平台、建立区域生态补偿机制、推动固体废物协同治理等方式进行。

综上，城市双碳治理不仅是城市应对气候变化的被动选择，也是城市发展转型和治理变迁的重要契机，更是推动城市发展模式向高质量发展跃迁的系统工程。气候压力下双碳治理体系的建设，为公共管理部门和社会主体互动关系的创新提供了契机，也为政府整合直接干预性政策工具和间接性社会介入策略提供了实验、磨合的场景。笔者仅仅是提供了一个粗略的理念和框架，我们期待更多的研究发现能够在实践中不断提炼和总结，丰富城市双碳治理的中国理论。

## 参考文献

[1] 中国大数据网双碳大数据与科技传播联合实验室. 中国双碳指数大数据白皮书.

[2] 徐立军，樊小朝，王维庆，等. 影响新疆光伏发电产业发展的因素分析研究[C]. 2018中国环境科学学会科学技术年会论文集（第一卷）. 2018：642-657.

[3] 米尔扎提江·木艾塔尔江，等. 基于MODIS数据的新疆土地利用/覆被时空变化及驱动因素分析[J]. 湖北农业科学，2022，61（16）：58-63.

[4] 阿依加马力·艾尼，塔伊尔江·巴合依. 新疆地区光伏产业的发展现状与前景分析[J]. 太阳能，2021（8）：19-25.20200612.01.

[5] 王世英，龚新蜀. 经济新常态下新疆光伏产业发展战略研究[J]. 新疆社科论坛，2016（6）：74-80.

[6] 弋智勇. 新疆光伏产业发展前景研究[J]. 合作经济与科技，2015（18）：41-42.2015.18.018.

[7] 萨代提古丽·麦合木提. 新疆经济增长与碳排放关系研究[D]. 新疆大学，2021.

[8] 何颖，赵争鸣. 新疆光伏发电现状及发展对策[J]. 能源工程，2004（4）：35-37.

[9] 秦春艳. 新疆风电产业发展现状及对策建议[J]. 企业改革与管理，2021（14）：219-220.

[10] 胡志康. "双碳"目标与国家治理现代化[J].华中科技大学学报（社会科学版），2022，36（5）：136-140.

[11] 屈燕. "碳中和"愿景下的绿色金融路线图——访中国金融学会

绿色金融专业委员会主任、北京绿色金融与可持续发展研究院院长马骏[J].当代金融家，2022（1）：27-31.

[12] 项目综合报告编写组.《中国长期低碳发展战略与转型路径研究》综合报告[J].中国人口·资源与环境，2020，30（11）：1-25.

[13] 潘家华，孙天弘.关于碳中和的几个基本问题的分析与思考[J].中国地质大学学报（社会科学版），2022，22（5）：45-59.

[14] 庄贵阳，窦晓铭，魏鸣昕.碳达峰碳中和的学理阐释与路径分析[J].兰州大学学报（社会科学版），2022，50（1）：57-68.

[15] 刘华珂，何春.基于中介效应模型的绿色金融支持经济高质量发展实证研究[J].新金融，2021（10）：21-27.

[16] 丁辉.双碳背景下中国气候投融资政策与发展研究[D].中国科学技术大学，2021.

[17] 王遥，任玉洁."双碳"目标下的中国绿色金融体系构建[J].当代经济科学，2022，44（5）：1-13+139.

[18] 朱兰，郭熙保.党的十八大以来中国绿色金融体系的构建[J].改革，2022（6）：106-115.

[19] 李雪林.中国绿色金融发展水平、机制及其实现路径研究[D].云南财经大学，2022.

[20] 陈辰.我国绿色金融驶入发展快车道[J].中国商界，2022（7）：14-15.

[21] 曾宪影."双碳"背景下商业银行转型策略[J].科技智囊，2022（3）：31-37.

[22] 陶然.绿色金融驱动绿色技术创新的机理、实践与优化研究——基于"政、企、学、金"协同发展视角[J].金融理论与实践，2021（12）：62-72.

[23] 李雪林．中国绿色金融发展水平、机制及其实现路径研究[D].云南财经大学，2022.

[24] 朱民，郑重阳，潘泓宇.构建世界领先的零碳金融地区模

式——中国的实践创新[J].金融论坛，2022，27（4）：3-11+30.

[25] 刘社芳，种高雅.我国绿色金融改革创新试验区实践进展及启示[J].西部金融，2021（5）：64-66+78.

[26] 安国俊.碳中和目标下的绿色金融创新路径探讨[J].南方金融，2021（2）：3-12.

[27] 陈诗一，许璐."双碳"目标下全球绿色价值链发展的路径研究[J].北京大学学报（哲学社会科学版），2022，59（2）：5-12.

[28] 胡勇，刁赞焜，侯宜彤.中国绿色金融制度体系构建现状、不足与完善[J].石河子大学学报（哲学社会科学版），2022，36（1）：34-42.

[29] 西南财经大学发展研究院、环保部环境与经济政策研究中心课题组，李晓西，夏光，蔡宁.绿色金融与可持续发展[J].金融论坛，2015，20（10）：30-40.

[30] 赵先立，王睿儒，卢丁全，薛晶晶，崔小妹."30·60"目标下绿色财政金融政策的宏观经济效应——基于存量流量一致性模型[J].上海金融，2022（6）：12-22.

[31] 洪艳蓉.论碳达峰碳中和背景下的绿色债券发展模式[J].法律科学（西北政法大学学报），2022，40（2）：123-137.

[32] 沈芸.险企参与绿色治理的探索与路径[J].中国保险，2022（6）：23-27.

[33] 冯帅.论"碳中和"立法的体系化建构[J].政治与法律，2022（2）：15-29.

[34] 钱瑾.关于绿色金融地方性立法的思考[J].上海经济，2022（3）：77-86.

[35] 张雷.我国绿色信贷法律问题研究[D].哈尔滨商业大学，2021.

[36] 夏俊.绿色债券信息披露分析研究[D].河北经贸大学，2020.

[37] 朱民，潘柳，张娓婉.财政支持金融：构建全球领先的中国零碳金融系统[J].财政研究，2022（2）：18-28.

[38] 董萌.政策试点视角下中国碳交易市场政策问题研究[D].华中师范大学，2020.

[39] 贺丰果，雷鑫."双碳"目标下绿色金融发展的国外经验及国内建议[J].国际金融，2022（4）：15-22.

[40] 翁智雄，察忠，段显明等. 国内外绿色金融产品对比研究[J].中国人口·资源与环境，2015，25（6）：17-22.

[41] 胡泊.全球碳中和背景下的绿色金融发展[J].国际研究参考，2021（11）：7-16.

[42] 翁孙哲.美国环境行政执法和解及其司法审查论析[J].公法研究，2021，21（1）：361-382.

[43] 赵斯彤.中国股票市场的ESG责任投资研究[D].中国社会科学院研究生院，2021.

[44] 王遥.绿色金融的国际发展现状及展望[J].海外投资与出口信贷，2016（6）：14-16.

[45] 贾辉.国际投资环境保护之国家责任研究[D].中国政法大学，2021.